Peter Grupp

Theorie der Kolonialexpansion
und
Methoden der imperialistischen Außenpolitik
bei
GABRIEL HANOTAUX

Europäische Hochschulschriften
Publications Universitaires Européennes
European University Papers

Reihe III
Geschichte und ihre Hilfswissenschaften

Série III   Series III
Sciences historiques et sciences auxiliaires de l'histoire
History, paleography and numismatics

Bd./vol. 15

Peter Grupp
Theorie der Kolonialexpansion
und
Methoden der imperialistischen Außenpolitik
bei
GABRIEL HANOTAUX

Herbert Lang Bern
Peter Lang Frankfurt/M.
1972

Peter Grupp

Theorie der Kolonialexpansion
und
Methoden der imperialistischen Außenpolitik
bei
GABRIEL HANOTAUX

Herbert Lang Bern
Peter Lang Frankfurt/M.
1972

ISBN 3 261 00725 7
© 1972, Verlag Herbert Lang & Cie AG, Bern (Schweiz)
Verlag Peter Lang GmbH, Frankfurt/M. (BRD)
Alle Rechte vorbehalten.
Nachdruck oder Vervielfältigung, auch auszugsweise, in allen Formen
wie Mikrofilm, Xerographie, Mikrofiche, Mikrocard, Offset verboten.
Herstellung: fotokop wilhelm weihert, Darmstadt

DISPOSITION

I Einleitung   9 - 15
   1) Problemstellung und Zielsetzung   9
   2) Arbeitsmethode und Quellenlage   12

II Die Person Gabriel Hanotaux'   16 - 38
   1) Karriere   16 - 19
   2) Hanotaux' Werk als Historiker, Schriftsteller und Publizist   19 - 32
     a) Das schriftstellerische Werk im allgemeinen   19
     b) Die Aufgaben des Historikers nach Hanotaux   20
     c) Der Wandel in der Methodik Hanotaux'   23
     d) Das Verhältnis zwischen Geschichtsschreibung und Politik bei Hanotaux   25
     e) Hanotaux' Verhältnis zum Katholizismus   28
     f) Hanotaux und die Literatur seiner Zeit   31
   3) Hanotaux' politischer Standort: Opportunismus   32 - 38
     a) Der historische Kontext   32
     b) Der Opportunismus nach der Definition Hanotaux'   33
     c) Hanotaux' allgemeine politische Ideen   35

III Die Theorie der Kolonialexpansion   39 - 63
   A: Die Begründung und Rechtfertigung der Kolonialexpansion   39 - 53
     1) Die vitalistische Begründung der Kolonialexpansion   39
     2) Kolonialexpansion zur Erhaltung des politischen Gleichgewichts   41
     3) Die "Mission civilisatrice de la France"   43
     4) Sekundäre Argumente   48
     5) Die ökonomischen Aspekte der Kolonialexpansion   49
     6) Zusammenfassung   52
   B: Die Ziele und Methoden der Kolonialherrschaft   53 - 63
     1) Hanotaux' Vorliebe für Afrika   53

2) Das Verhältnis der französischen Zivilisation zu den Zivilisationen der kolonisierten Völker	55
3) Assimilation und Assoziation	56
4) Das Regime des Protektorats	57
5) Die Rolle der Armee	60
6) Der Islam	61
7) Die patriarchalische Einstellung Hanotaux'	63

IV Die Praxis der Kolonialexpansion — 64 - 145

1) Die allgemeinen Prinzipien der Hanotaux'schen Außenpolitik — 64 - 78

    a) Voraussetzungen und Möglichkeiten außenpolitischer Aktion in Frankreich zur Zeit Hanotaux' — 64

    b) Der Glaube an die Diplomatie — 68

    c) "Le Concert Européen" und "La Politique de l'Equilibre" — 70

    d) Bündnispolitik — 73

2) Hanotaux' Verhältnis zu den europäischen Großmächten — 78 - 84

    Vorbemerkung — 78

    a) Hanotaux' Verhältnis zu England — 78

    b) Hanotaux' Verhältnis zu Deutschland — 81

3) Ägypten und der Sudan als Fernziel der Hanotaux'schen Außenpolitik — 84 - 88

4) Die Nigeraffäre — 88 - 93

5) Die ägyptisch-sudanesische Frage — 93 - 136

    A: Überblick über die Entwicklung der Frage — 93 - 102

        1) Einführung — 93

        2) Der Kongovertrag von 1894 — 97

        3) Die britisch-französischen Gespräche im Herbst 1894 — 99

        4) Die Entwicklung bis zum Ministerium Méline — 101

    B: Systematik der Hanotaux'schen Ägypten-Sudan-Politik — 102 - 131

1) Grundtendenz	102
2) Das offizielle Ziel des Quai d'Orsay	104
3) Ägypten	106
4) Das Osmanische Reich	108
5) Rußland	111
6) Abessinien	117
7) Italien	121
8) Deutschland	122
9) Die Mission Marchand	127
C: Resümee und Kritik der Hanotaux' schen Ägypten-Sudan-Politik	131 - 136
6) Zusammenfassung	136 - 138
7) Die nachträgliche Darstellung der Politik Hanotaux' durch ihn selbst und seine Anhänger	138 - 142
8) Interpretation der Tagebucheintragung von 1892	142 - 145
V Schlußbetrachtung	146 - 147
VI Anhang	148 - 169
1) Dokumentenanhang	148 - 155
2) Quellen- und Literaturverzeichnis	156 - 169
A: Archivmaterial	156
B: Schriften Hanotaux'	156
a) Bücher	157
b) Artikel	159
C: Offizielle Quellenpublikationen	160
D: Privatpapiere, Memoiren, Korrespondenzen	161
E: Literatur	163
VII Anmerkungen	170 - 218

I. EINLEITUNG

1) Problemstellung und Zielsetzung

Mit Gabriel Hanotaux steht eine der bedeutenden Gestalten der dritten französischen Republik im Zentrum vorliegender Arbeit; eine der wenigen Persönlichkeiten, die Anfang und Ende dieser Republik bewußt miterlebt haben. Als Siebzehnjähriger kam er im Jahre 1871 erstmals nach Paris, welches noch unter dem Eindruck der Kommune stand, - als Neunzigjähriger starb er 1944 ebendort, wenige Monate vor der Befreiung der Stadt. Gambetta führte ihn in die Politik ein und Pétain schrieb ein Vorwort für die Festschrift anläßlich seines neunzigsten Geburtstages. Als Politiker, Diplomat, Minister, Publizist, Historiker und Mitglied der Académie Française hatte er aktiven und zum Teil maßgeblichen Anteil am öffentlichen Leben seiner Zeit. Dies allein rechtfertigte es, sich näher mit den Ideen und Taten dieses Mannes zu beschäftigen; wichtiger aber ist, daß durch die Betrachtung dieser Persönlichkeit und von ihr ausgehend, ein Beitrag zur Erhellung und Klärung einiger wichtiger historischer Phänomene dieser Zeit geleistet werden kann.

Wenige Begriffe des heutigen Sprachgebrauchs sind so verschwommen, können die verschiedensten Sinninhalte annehmen und, mit diversen Ideologien befrachtet, beliebig mißbraucht werden, wie der terminus "Imperialismus". Gehörig definiert kann er dennoch vom Historiker als wertneutraler terminus technicus verwendet werden:

In seinem weitesten Sinne, als jedes Herrschaftsstreben der Staaten, die danach drängen, ihren Machtbereich über ihre Grenzen hinaus auszudehnen, bezeichnet er eine in allen Perioden und Bereichen der Geschichte auftauchende Erscheinung. Spätestens seit Heinrich Friedjung wird darunter, den Begriff eingrenzend, vorrangig die Epoche von etwa 1880 bis 1914 verstanden, wie diese denn geläufig als "Zeitalter des Imperialismus" bezeichnet wird. Spektakulärster Ausdruck dieses Geschichtsabschnittes ist das stürmische Vordringen der Großen Mächte in die noch freien Räume des asiatischen und afrikanischen Kontinents. Die forcierte Kolonialexpansion wird zum vorrangigen Kennzeichen imperialistischer Bestrebungen, wir können mit Maurice Baumont von einem "impérialisme colonial" sprechen.

Im Sinne dieser Definition sind wir berechtigt, Gabriel Hanotaux als "Imperialisten" zu bezeichnen. (1) Seine Wirksamkeit fällt gerade in die Jahre, da der Wettstreit um die Kolonien am heftigsten tobte. Er erscheint als die wohl bedeutendste Gestalt der französischen Außenpolitik in den neunziger Jahren des Neunzehnten Jahrhunderts und war sein Leben lang einer der eifrigsten Befürworter einer Politik der kolonialen Expansion. William L. Langer nennt ihn: "one of the moving spirits of the new imperialism" (2) und Hanotaux selbst ist stolz darauf, maßgeblichen Anteil am Aufbau des französischen Kolonialimperiums gehabt zu haben:(3)

"Après quelques années passées au Parlement, je rentrais au ministère des Affaires Etrangères et j'y arrivais juste au moment où la politique de l'expansion coloniale, si impopulaire, semblait renoncer à son décisif accomplissement. Comme chef du service des protectorats, et comme ministre des Affaires Etrangères, j' eus pour devoir de la reprendre, de la soutenir, de la développer, avant que la concurrence, soudainement éveillée, des grandes Puissances nous barrât les routes, et j'ai eu en main le 'devenir' colonial de la France en son caractère diplomatique pendant dix années, de 1889 à 1898." Hanotaux identifiziert sich so ausdrücklich mit den zur imperialistischen Kolonialexpansion drängenden Tendenzen seines Zeitalters.

Die Bemühungen um Analyse von Ursprung und Wesen des modernen Kolonialimperialismus stehen mit im Zentrum der Bestrebungen der modernen Forschung.

Am verbreitetsten und bekanntesten ist die ökonomische Interpretation des Imperialismus. Zuerst bei bürgerlichen, vor allem angelsächsischen Theoretikern wie Charles A. Conant und John A. Hobson aufgetaucht, wurde sie von sozialistischer Seite übernommen und durch Karl Kautsky, Otto Bauer, Rudolf Hilferding weitergeführt, um bei Rosa Luxemburg und besonders Wladimir I. Lenin ihre klassische Form zu erhalten. (4) Der Imperialismus wird als "höchstes Stadium des Kapitalismus" interpretiert: zur kolonialen Aufteilung der Welt drängen die dem kapitalistischen Gesellschafts- und Wirtschaftssystem inhärenten Tendenzen, wobei die entscheidenden Faktoren die immer mehr zunehmende Macht der Monopole, die Bildung des Finanzkapitals und die Notwendigkeit des Kapitalexportes sind.

Gegen diese rein ökonomische Interpretation haben sich von Anfang an liberal-bürgerliche Theoretiker gewandt. Sie leugnen im allgemeinen die von den Marxisten angenommene notwendige Verbindung zwischen Kapitalismus und Imperialismus und betonen demgegenüber als Ursachen des Imperialismus Faktoren wie Prestigedrang, Sicherheitsbedürfnisse, Autarkiestreben, ethische und nationalistische Motive. (5) Mit am originellsten ist hier die Auffassung Schumpeters, der den Imperialismus aus einem atavistischen Streben nach Macht um der Macht, aus Aggression um der Aggression willen ableitet. (6)

Alle hier aufgezeigten Interpretationen finden wir auch in der neuesten Literatur wieder. Die leninsche Interpretation beherrscht bis heute die osteuropäische und allgemein die marxistische Geschichtsschreibung. Wir lesen etwa bei Fritz Klein in seinem Werk über Deutschland im Zeitalter des Imperialismus: (7) "Grundlegende Bedeutung für das Verständnis der hier dargestellten Zeit haben die Werke Lenins." Auch bei westlichen Forschern findet sich die ökonomische Interpretation, wenn auch weniger dogmatisch durchgeformt, so u. a. bei Maurice Baumont. Raymond Aron dagegen kritisiert Lenin scharf als zu einseitig ökonomisch bestimmt und betont das Streben der Staaten und Völker nach Ruhm,

Prestige und Größe. Henri Brunschwig und besonders Wolfgang J. Mommsen heben ihrerseits die Rolle des Nationalismus hervor. Letzterer bezeichnet den Imperialismus eindeutig als "Extremform nationalistischen Denkens".(8) Durchgehend geht die Tendenz dahin, alle möglichen Momente aufzuführen und deren eines dann besonders zu betonen, so auch bei Geoffrey Barraclough, der etwa den "politischen Erwägungen" das Hauptgewicht beimißt. Manches bleibt hierbei unscharf - immer wieder wird bei allen Autoren etwa das "irrationale Element" betont - und Barraclough meint denn auch, der neue Imperialismus sei "eine etwas vage Angelegenheit" gewesen. (9)

Das Problem, welches durch den Imperialismus gestellt wird, ist so nach wie vor noch weit von einer befriedigenden Lösung entfernt. (10) Es kann und soll hier nicht gelöst werden; auch eine neue Theorie im augenblicklichen Stadium der Diskussion würde nicht weiterführen. Dagegen ist es möglich und nützlich zu untersuchen, wie einer der Hauptakteure, ein Imperialist, die Dinge selbst gesehen hat, wie er die imperialistische Politik begründet und gerechtfertigt hat. (11) Die bisherigen Imperialismustheorien sind häufig zu theoretisch, z. T. auch zu spekulativ gewesen und konnten sich nicht auf genügend Einzelforschungen stützen. (12) Indem an Hand Hanotaux' ein Einzelfall genau untersucht wird, soll hier ein Beitrag zu dieser nötigen Grundlagenforschung geleistet werden.

Hanotaux als Franzose ist ganz besonders interessant, da ganz allgemein der französische Imperialismus etwas vernachlässigt wird. Der Anteil der Franzosen an der Imperialismusdiskussion bis zum zweiten Weltkrieg ist nur gering. Der ganz überwiegende Teil sowohl der marxistischen als auch der bürgerlichen Beiträge stammt von Deutschen und Angelsachsen, die ihrerseits wieder fast ausschließlich den englischen, deutschen oder amerikanischen Imperialismus analysieren. Auch Lenin zitiert mit ganz geringen Ausnahmen nur deutsche und englische Literatur und verarbeitet verhältnismäßig wenig französisches Material. William L. Langer beschränk sich bewußt ausschließlich auf das englische Beispiel (13), Barraclough legt dorthin den Hauptakzent, (14) und auch Wolfgang J. Mommsen widmet eine Spezialuntersuchung dem britischen und nicht dem französischen Imperialismus. (15) Aber das "empire colonial français" ist doch in kurzer Zeit zum zweitgrößten Kolonialreich des Zeitalters des Imperialismus geworden, in seiner Bedeutung nur mit dem britischen in Parallele zu setzen. Es drängt sich hier geradezu auf, den Vergleich der beiden Imperialismen untereinander und den übrigen gegenüber durchzuführen. Behindert wird dieses Vorhaben durch ungenügende Vorarbeiten, dadurch, daß der englische Imperialismus weit besser und gründlicher bekannt und analysiert worden ist. In dieser Situation kann es weiterführen, wenn am Beispiel Hanotaux' die Theorie und Praxis eines französischen Vertreters der imperialistischen Kolonialexpansion dargestellt wird. (16)

Neben dem Imperialismus ist Hanotaux' Name mit einer weiteren bedeutsamen historischen Erscheinung verbunden, die die Anfänge der dritten

Republik stark geprägt hat - Hanotaux ist "Opportunist", hat sich stets voll und ganz mit dieser politischen Richtung identifiziert und bezeichnet sich als Schüler Gambettas und Ferrys, den Hauptvertretern dieser Strömung, die sich den Radikalsozialisten entgegenstellten. (17)

Hanotaux wirkte fast ausschließlich in der Außenpolitik - der Parteiname "Opportunisten" dagegen wurde im Verlauf einer innenpolitischen Auseinandersetzung geprägt und bezeichnet dementsprechend essentiel eine innenpolitische Haltung. Die Frage ist damit naheliegend, ob die Bezeichnung Opportunist auch auf die Außenpolitik übertragen werden kann, ob der ideologische Gegensatz zwischen Opportunisten und Radikalsozialisten von der innenpolitischen auf die außenpolitische Ebene transferiert werden kann. Arbeiten, die sich mit diesem Problem befassen, liegen nicht vor, wie denn das Problem des Opportunismus ganz allgemein bisher nur sehr unzureichend untersucht worden ist.

Auch hier kann unsere Arbeit ein Element zur Schließung einer Forschungslücke sein. Wir können zeigen, wie ein französischer Minister, der sich innenpolitisch zur Richtung Opportunismus bekannte, Außenpolitik betrieben hat; wir können seine Methoden und seine Zielsetzungen untersuchen. Weitreichende Schlüsse dürfen nicht erwartet werden. Erst zahlreiche weitere ähnliche Arbeiten können die Frage beantworten, ob die französischen Opportunisten der achtziger- und neunziger Jahre auch gemeinsame außenpolitische Vorstellungen hatten und ob andererseits sich gar ein Zusammenhang zwischen Opportunisten und Imperialisten feststellen läßt.

2) Arbeitsmethode und Quellenlage

Die rein diplomatische Geschichtsschreibung spürt minuziös den Fakten nach, deckt die Handlungsabläufe auf und stellt sie dar. Sie liefert uns das "wie" und "was" der Geschichte und damit die unentbehrlichen Grundlagen. Zur wesentlichen historischen Erkenntnis gehört aber auch die Frage nach dem "warum". Neben die Fakten müssen die Motive treten. Hier versagt die diplomatische Geschichtsschreibung häufig, da sie sich nur an der Oberfläche der handelnden Personen, an ihren Taten aufhält. Die Akteure wirken oft wie auswechselbar, ihre Handlungen wie zufällig. Jede Aktion eines Menschen entspringt aber aus der Tiefe seiner Persönlichkeit, ist Resultat, nicht nur des von außen an ihn Herangetragenen, sondern auch seines Charakters, seiner Herkunft, seiner Ideen. In der gleichen Situation, bei gleichem Informationsstand, können zwei Menschen durchaus verschieden reagieren. Die Persönlichkeit des Handelnden muß berücksichtigt werden wenn die tiefere Motivation seines Tuns erkannt werden soll. Eben diesen Aspekt vernachlässigt die diplomatische Geschichtsschreibung. Selbst bei genauestem Studium von Akten und Urkunden lassen sich häufig entgegengesetzte Interpretationen vertreten. Die richtige Deutung kann nur gefunden werden, wenn die Persönlichkeiten der Akteure, ihre Ideen und allgemeinen politischen Haltungen als Kontext in die Untersuchung einbezogen werden. Dadurch scheiden einzelne, vom bloßen Aktenmaterial her mögliche Interpretationen aus. Ideen und Aktionen, theoretische und praktische Haltungen der handelnden Personen müssen zusammen gesehen werden, um zu einer tieferen, sich nicht in reiner Beschreibung begnügenden, historischen Erkenntnis zu gelangen.

Die Außenpolitik Gabriel Hanotaux' ist in zahlreichen Veröffentlichungen behandelt worden, zum Teil ausführlicher, zum Teil nur flüchtig im Vorbeigehen. Neben zahlreichen Arbeiten, die, vor und nach dem Ersten Weltkrieg erschienen, nur noch beschränkten Wert haben, da sie ohne Kenntnis des amtlichen Aktenmaterials geschrieben wurden und die zum Teil nur deshalb für uns wichtig sind, weil sie häufig die parteiische, Hanotaux' sche Lesart der Ereignisse bieten, (18) sind die Arbeiten P. Renouvins, A. J. P. Taylors und Th. I. Iiams neben dem großen Standardwerk W. L. Langers die maßgeblichen Darstellungen dieser Politik, zu denen auch die Arbeit Sandersons über die Sudanauseinandersetzungen zählt, die Hanotaux einen recht breiten Platz einräumt. Renouvin und Taylor behandeln Hanotaux jeweils im Rahmen größerer, die ganze Epoche umfassender Werke und befassen sich darüberhinaus in sehr wichtigen Zeitschriftenaufsätzen mit Entstehung und Verlauf der Faschodakrise. Als einziger widmet Iiams Hanotaux eine geschlossene Monographie, die jedoch den großen Nachteil aufweist, die Hanotaux' sche Politik getrennt nach geographischen Schauplätzen zu behandeln, ohne sich zu bemühen, die leitenden Prinzipien dieser Politik und einen inneren Zusammenhang der einzelnen außenpolitischen Handlungen aufzuzeigen. Auf diese leitenden Prinzipien und den inneren Zusammenhang, der sich unserer Meinung nach aus der bisher nicht genügend beachteten imperialistischen Zielsetzung ergibt, wollen wir in der vorliegenden Arbeit besonders eingehen. Alle drei von uns genannten Historiker sind Vertreter der rein diplomatischen Geschichtsschreibung und ihre Arbeiten, so minuziös sie den Fakten nachspüren mögen, sind aus den oben genannten Gründen nicht völlig befriedigend. Wir werden uns im folgenden auf diese Arbeiten stützen können, sie aber durch eine ausführliche Behandlung der Persönlichkeit Hanotaux' und seiner allgemeinen und speziell seiner politischen Ideen ergänzen und gegebenenfalls korrigieren. (19)

Person und Ideen Hanotaux' sind bisher nur unzureichend behandelt worden. Abgesehen von dem recht guten Beitrag Vetters über Hanotaux' historisches Werk, liegt kaum eine Arbeit vor, die den Anforderungen kritischer Geschichtsforschung entspräche. Insbesondere verfügen wir noch über keine befriedigende Biographie Hanotaux'. Das Buch Gillets, zum achtzigsten Geburtstag Hanotaux' erschienen, ist im wesentlichen ein Panegyrikus und bietet wenig objektive Informationen. Letztere finden sich am ehesten im Einleitungskapitel der Arbeit Iiams. Hanotaux' politische Meinungen und insbesondere seine Überlegungen und Thesen zur imperialistischen Kolonialpolitik sind bisher in der Forschung unbeachtet geblieben.

Für unsere Untersuchung war die große Zahl der historischen und publizistischen Veröffentlichungen Hanotaux' von vorrangiger Bedeutung. Sein Schriftenverzeichnis umfaßt etwa fünfzig zum Teil mehrbändige geschlossene Werke, circa zweihundert Zeitschriftenaufsätze und überdies etwa fünfzig Vorworte, unter anderem zu den Memoiren und Büchern so wichtiger Persönlichkeiten wie Iswolsky, Lyautey, Gallieni und A. Gérard. (20)

Daneben war sein überaus umfangreicher Briefwechsel von größter Bedeutung. Allein die in den Archiven des Quai d'Orsay liegende Korrespondenz aus seinen Ministerjahren 1894 - 1898 umfaßt dreizehn Bände mit jeweils circa zweihundert Seiten. Kleinere Bestände fanden sich in den Archives Nationales, der Manuskriptenabteilung der Bibliothèque Nationale, der Bibliothèque de l'Institut und im Archiv der Librairie Plon. Der private Nachlaß des Generals Raoul Le Mouton de Boisdeffre enthielt einige besonders für Hanotaux' Verhältnis zu Rußland interessante Schreiben. Der Dank des Autors gilt daher den beiden Töchtern des Generals, Madame Jean Néraud und Mademoiselle Germaine de Boisdeffre, die ihm die Benutzung dieses Nachlasses freundlicherweise gestatteten.

Mit am interessantesten waren einzelne Fragmente aus dem Tagebuch Hanotaux' aus den Jahren 1882 - 1896, die sich im ersten der vierunddreißig Bände "Papiers Hanotaux" am Quai d'Orsay fanden und von denen bisher nur einzelne Auszüge von G. Jaray und G. Dethan veröffentlicht worden sind. Weitere Teile dieses Tagebuchs scheinen verschollen zu sein, falls sie überhaupt existiert haben sollten, denn es gelang uns trotz intensivster Bemühungen nicht sie aufzuspüren. Für das amtliche Aktenmaterial wurden zunächst die bekannten offiziellen Publikationen herangezogen. Nur die Große Politik und die Documents Diplomatiques Français sind vollständig für die Jahre 1894 - 1898, in denen Hanotaux Außenminister war erschienen. Die Documenti diplomatici italiani beginnen mit dem Jahr 1896, die British documents on the origins of the war erst 1898. Daneben wurden für einzelne Präzisionen selbstverständlich die Archive des französischen Außenministeriums am Quai d'Orsay benutzt.

Memoiren aus der uns interessierenden Zeit sind recht zahlreich. Neben Hanotaux selbst seien unter anderen Hohenlohe, Nicolas Giers, Edward Grey und Auguste Gérard genannt. Interessant war darüberhinaus der Briefwechsel der beiden wichtigsten französischen Botschafter jener Zeit, Paul Cambon und Alphonse de Courcel. Außerdem sei auf die Schriften so wichtiger Persönlichkeiten des französischen Imperialismus wie Jules Ferry, Eugène Etienne und Paul Leroy-Beaulieu verwiesen. Eine unschätzbare Hilfe für unsere Arbeit stellte der historische und geographische Weltatlas aus dem Jahre 1894 von Vidal-Lablache dar.

In der Bibliographie von Talvart-Place fand sich erfreulicherweise eine recht vollständige Zusammenstellung der Arbeiten und Veröffentlichungen, die sich mit Hanotaux befassen. Es seien unter anderen folgende Namen genannt: M. Barrès, G. Calmette, L. Daudet, E. Faguet, L. Halphen,

H. Hauser, Ch. Maurras, H. de Régnier. Abschließend kann die Quellenlage, vor allem dank der umfangreichen schriftstellerischen Tätigkeit Hanotaux' und des großen Kreises seiner Korrespondenten als recht günstig bezeichnet werden.

II. DIE PERSON GABRIEL HANOTAUX'

1) Karriere

Gabriel Hanotaux wurde am 19. 11. 1853 in Beaurevoir, Département Aisne, im äußersten Nordosten Frankreichs geboren. Er stammt aus einer einfachen, soliden Familie der picardischen Kleinstadtbourgeoisie. Mütterlicherseits ist er mit dem damals sehr bekannten und populären Historiker Henri Martin verwandt; seine Vorfahren väterlicherseits waren Bauern und erst sein Vater war vom Lande in die Stadt gekommen, um sich dort als Advokat niederzulassen. Die Herkunft aus dem bäuerlichen Milieu hat Hanotaux nie verleugnet, er bekannte sich vielmehr stolz zu ihr. Ein Kapitel seiner Memoiren überschreibt er denn auch: "Fils de la terre et terrien." (1) Bauernstand und Landwirtschaft sind für ihn die tragenden Pfeiler der soziologischen und wirtschaftlichen Struktur Frankreichs, und er ist stolz darauf, dem Kabinett Mélines angehört zu haben, dessen Agrarpolitik sich so segensreich ausgewirkt habe. (2) Dagegen ermangelt es ihm deutlich am Verständnis für die Neuerungen des technischen und kapitalistischen Zeitalters. An der Börse zu spekulieren wird ihm nie in den Sinn kommen; er zieht es stets vor, Land und Immobilien zu erwerben; (3) Handel und Industrie bleiben ihm suspekt. Er meint, es gereiche der französischen Kolonisation zur Ehre, die landwirtschaftlichen Aspekte betont zu haben; die Begabung der Engländer für den Handel neidet er ihnen nicht, eher verachtet er sie etwas darob. (4)

Nach dem Kriege von 1870/71, in dem er die zweimalige Eroberung St. Quentins durch die preußischen Heere erlebte, beginnt er seine Studien in Paris, die er mit der Licence de Droit abschließt. Die Juristerei sagt ihm allerdings nicht sehr zu; so besucht er nebenher Kurse am Conservatoire, nimmt Zeichenunterricht, beginnt ein Literaturstudium, um sich alsbald zur Geschichte hin zu orientieren, die er, angezogen von der Größe Frankreichs im Siebzehnten Jahrhundert und der Gestalt Richelieus, dem Begründer dieser Größe, zunächst als Amateur betreibt. An der Ecole pratique des Hautes Etudes begegnet er Gabriel Monod, der ihn ermutigt, diese historischen Studien zu intensivieren. Ab 1878 besucht er die Kurse der Ecole des Chartes und arbeitet daneben an seinen Richelieustudien in den Archiven des Außenministeriums am Quai d'Orsay, nachdem er dank der Fürsprache Henri Martins "attaché à la direction des archives" geworden war, womit er gleichzeitig die ersten Schritte in der Diplomatenkarriere getan hatte. 1880 wird er Sekretär in der neugeschaffenen "Commission des Archives diplomatiques", die gerade mit der Publikation der Akten des Außenministeriums beauftragt worden war. Neben der Arbeit in den Archiven hält er Vorlesungen an der Ecole Pratique und schreibt regelmäßig für Gambettas La République Française, bei der er wiederum durch Henri Martin eingeführt worden war, historische Abhandlungen unter der Rubrik "Variétés historiques".

Gambetta ist es dann, der ihn im Dezember 1881 zum "Chef adjoint du cabinet des affaires étrangères" ernennt. Den Eintritt in das Kabinett Gambettas bezeichnete er später als einen der bedeutendsten Augenblicke seines Lebens: (5) "Ainsi ma vie prenait son sens plein et uni dans sa double vocation, cherchant dans l'histoire les préceptes de la politique. " Der baldige Sturz seines Gönners Gambetta schadet ihm nicht; er wird vielmehr zum Redakteur im Außenministerium ernannt und verfaßt für die jeweiligen Minister, aus den Akten des Archivs, Memoranden über die historischen Hintergründe der gerade aktuellen politischen Fragen. Nachdem er im zweiten Kabinett Ferry 1883 wiederum den Posten eines Kabinettschefs im Außenministerium innegehabt hatte, wird er 1885 als Botschaftssekretär nach Konstantinopel gesandt. Dort verhandelt er in der Balkankrise von 1885/86 als Geschäftsträger mit dem Sultan Abdul Hamid und nimmt im April 1886 an der Konferenz von Top Hané teil.

Er verläßt Konstantinopel um 1886 bei einer Nachwahl in seinem heimatlichen Departement zu kandidieren. Als Deputierter stimmt er in den folgenden drei Jahren unter anderem für die Ausweisung der Thronprätendenten, für die gerichtliche Verfolgung Boulangers und dreier Abgeordneter, die Mitglieder der "Ligue des Patriotes" gewesen waren; daneben aber auch für das die Pressefreiheit beschränkende "Loi Lisbonne" (6) In denselben Jahren beteiligt er sich am Aufruf zur Gründung einer "Association de propagande républicaine". Nachdem er bei der Wahl des Jahres 1889 seinem konservativen Gegner, dem Comte Jean-Louis Maximilien Caffarelli, der als Beruf "Propriétaire" angegeben hatte, unterlegen war, kehrt er in den diplomatischen Dienst zurück. (7) Er bekleidet nacheinander die Posten eines "Sous-directeur des Protectorats", "Directeur des Affaires commerciales" und "Directeur des Affaires coloniales".

Hanotaux' Karriere erreicht ihren Höhepunkt mit der Berufung zum Außenminister in den Kabinetten Dupuy (30. 5. 1894 - 14. 1. 1895), Ribot (27. 1. 1895 - 28. 10. 1895) und Méline (29. 4. 1896 - 14. 6. 1898). Nur unterbrochen von der halbjährigen Episode des Kabinetts Bourgeois mit den Außenministern Berthelot und Bourgeois, lenkte er somit beinahe vier Jahre lang die französische Außenpolitik. Auf seinem neuen, verantwortungsvollen Posten konnten ihm seine langjährigen Erfahrungen nur zu gute kommen; er kannte die Geschäfte bis ins Einzelne und entfaltete als Minister eine erstaunlich intensive persönliche Tätigkeit. Kaum ein Minister der Dritten Republik schrieb soviele Notizen, Telegramme und Depeschen eigenhändig. Die Archive legen darüber ein beredtes Zeugnis ab. "En somme il dirigeait tous les détails de la politique extérieure française, comme peut seul le faire un homme 'du métier' ".(8) Neben diesen Kenntnissen setzte er auch kräftig seinen unleugbaren persönlichen Charme ein. Sein auf den gemeinsamen historischen Interessen beruhendes überaus herzliches Verhältnis zu Lobanow ist in diplomatischen Kreisen beinahe sprichwörtlich gewesen; und auf den russischen Zaren muß er bei dessen Besuch in Paris im Herbst 1896 einen sehr guten Eindruck gemacht haben. (9) Aber auch der deutsche Reichskanzler Hohenlohe scheint persönlich sehr von ihm angetan gewesen zu sein: (10) "Gestern ging ich mit Münster um 12 Uhr zu Hanotaux. Ich fand in ihm einen recht angenehmen Mann. Es fehlt ihm zwar an ampleur, wie man hier sagt. Er hat nichts Imposantes, nichts 'Geschwollenes', aber er hat ein kluges Gesicht, und man hat den Eindruck, mit einem vielseitig gebildeten, liebenswürdigen Gelehrten und Kunstkenner zu sprechen. Unsere Unterhaltung bewegte sich in allgemeinen Fragen. Von auswärtiger Politik war nicht die Rede. " Offensichtlich war es Hanotaux' Taktik, durch nichtgeschäftliche, unpolitische Gespräche ein angenehmes Klima zu schaffen, um den Gegenüber persönlich für sich einzunehmen. (11) Hanotaux selbst hatte von seinen Fähigkeiten als Außenminister eine sehr hohe Meinung. Er sprach deutlich aus, daß er sich Richelieu zum Vorbild genommen hatte und sah es offensichtlich gern, wenn man ihn mit seinem Helden verglich. (12) In der von Hanotaux herausgegebenen Histoire des Colonies françaises et de l'expansion de la France dans le monde bezeichnen Marius und Ary Leblond ihn als "Historien et héritier de Richelieu".(13) Sein erbitterter Gegner Léon Daudet meint, Hanotaux' schlimmster Fehler sei, sich von der zu guten Meinung, die er von sich selbst hatte, habe blenden zu lassen, und er schreibt recht spitz: "Le malheur de Gabriel Hanotaux, ce fut toujours de s'imaginer qu'il ressemble au cardinal de Richelieu et qu'il ferait un modèle excitant pour un nouveau Philippe de Champaigne. " (14)

Mit dem Rücktritt des Kabinetts Méline verschwand auch Hanotaux aus der vordersten Linie der großen Politik. Die hohe Zeit der Opportunisten war zu Ende, sie wurden endgültig von den Radikalsozialisten abgelöst, die unter Bourgeois, zwei Jahre zuvor, noch gescheitert waren. Diese aber hatten für den erklärten Opportunisten Hanotaux nichts übrig. Darüber hinaus trat bald nach Hanotaux' Abgang ein deutlicher Wandel in der französischen Außenpolitik ein, der seine Rückkehr an den Quai d'Orsay praktisch ausschloß.

Neben seiner diplomatischen Karriere hatte Hanotaux aber weiterhin seine historischen Arbeiten fortgeführt und 1893 - 1896 die ersten Bände seines Richelieu veröffentlicht, die ihm 1897 die Tore der Académie Française öffneten. (15) Nach dem Abschied vom Quai d'Orsay widmete er sich stärker diesen historischen und schriftstellerischen Arbeiten. Dennoch nahm er weiterhin regen Anteil an der aktuellen französischen Außenpolitik, die er in zahlreichen Zeitschriftenaufsätzen kommentierte. Er begnügte sich jedoch nicht allein mit Kommentaren, sondern war darüberhinaus bestrebt, auch jetzt noch aktiv Politik zu machen. Ein Versuch 1904 im Departement Aisne, bei der Wahl zum Senat nochmals ein offizielles Amt zu erlangen, endete zwar mit einem schweren Mißerfolg, doch begegnen wir ihm auch später noch mehrmals am Rande der großen Politik. So setzt er sich mit der Gründung des "Comité France-Amérique" im Jahre 1910 für enge und gute Beziehungen zwischen Frankreich und den USA ein. (16) Während des Krieges macht er Goodwilltouren durch Italien, um den Verbündeten enger an Frankreich zu binden und versucht mit seiner schon im Oktober 1914 begonnenen, in einzelnen Heften erscheinenden Histoire illustrée de la Guerre de 1914 die Moral des französischen Volkes zu stärken. 1918 geht er als erster französischer Vertreter in den Genfer Völkerbund, 1920 anläßlich der Heiligsprechung der Jeanne d'Arc, die neben Richelieu stets zu seinen Lieblingsfiguren der französischen Geschichte gezählt hatte, als Sonderbotschafter nach Rom, wo er auch einen gewissen Anteil an den Verhandlungen um die Wiederaufnahme der diplomatischen Beziehungen zwischen Frankreich und dem Heiligen Stuhl hat. Endgültig aus der aktiven Politik zurückgezogen, leitet er in den zwanziger Jahren die Publikation mehrerer großer historischer Sammelwerke (Histoire de la Nation Française, Histoire de la Nation Egyptienne, Histoire des Colonies françaises et de l'expansion de la France dans le monde), außerdem veröffentlicht er in Zusammenarbeit mit dem Duc de la Force die Bände 3 - 5 seines Richelieu. Seine besondere Sorge aber gilt dem französischen Kolonialreich; der Kolonialmüdigkeit in der französischen Öffentlichkeit tritt er mit mehreren Schriften entgegen und wird im Jahre 1922 erster Präsident der auf Initiative von René Pinon und Paul Bourdarie gegründeten "Académie des Sciences Coloniales".

Nachdem er 1933 und 1943 anläßlich seines achtzigsten bzw. neunzigsten Geburtstags große Ehrungen erlebt hatte, stirbt Gabriel Hanotaux am 11. 4. 1944 als Neunzigjähriger in Paris.

2) Hanotaux' Werk als Historiker, Schriftsteller und Publizist

a) Das schriftstellerische Werk im allgemeinen

Hanotaux' Produktion als Historiker und Publizist ist überaus umfangreich (17) und dabei von sehr unterschiedlicher Qualität. Neben den eigentlich historischen Arbeiten findet sich eine umfangreiche Gruppe von Schriften zur Tagespolitik. Einerseits apologetische Schriften, wie L'Affaire de Madagascar und Le Partage de l'Afrique - Fachoda, in denen er seine Arbeit als Außenminister erläutert und verteidigt, andererseits sehr zahlreiche Artikel in verschiedenen Zeitschriften, vor allem der Revue Hebdomadaire, in denen er besonders in den Jahren vor 1914, zu aktuellen politischen Fragen Stellung nimmt. Eine dritte Gruppe seines Werkes besteht aus einer großen Anzahl kleinerer, feuilletonistischer Gelegenheitsarbeiten, aus Reiseberichten, Vorträgen, Reden und Vorworten. Die Grenzen zwischen diesen Gruppen sind dabei zum Teil recht fließend.

Man kann Hanotaux zweifellos als Vielschreiber bezeichnen. Er hatte eine flinke Feder, einen flotten Stil und war als Akademiker in weiten Kreisen bekannt, was ihm ein festes Publikum sicherte. Überdies hatte er eine erstaunliche Technik, beinahe alles was er schrieb, zwei- oder dreimal zu verkaufen. Sein Richelieu erscheint nicht nur als wissenschaftliche Ausgabe, sondern auch in feuilletonistischer Fassung, mit etwas mehr Klatsch und "petite histoire" durchsetzt, ohne Anmerkungen und Quellen-

angaben in der Revue des Deux Mondes; später wird die erste Hälfte des
ersten Bandes separat unter dem Titel Tableau de la France en 1614
veröffentlicht, ohne daß darauf verwiesen würde, daß es sich um den bloßen
Nachdruck eines schon erschienenen Werkes handelt. Über Jeanne d'Arc
veröffentlicht er mehrere Bücher, in denen er sich häufig wiederholt; dazu
erfolgen Vorabdrucke, Auszüge und verkürzte Fassungen in diversen Zeitschriften. Auch seine tagespolitischen Arbeiten faßt er ohne Änderungen
in einzelnen Sammelbänden als Etudes Diplomatiques zusammen. Viele
dieser Arbeiten sind recht flüchtig geschrieben und weisen zum Teil zahlreich Ungenauigkeiten und falsche Zitate auf. (18)

Abgesehen von seinem Hauptwerk, dem Richelieu und einigen anderen
historischen Arbeiten, die ihn dank ihrer Qualität auch heute noch überdauern, gelingt es ihm selten, den feuilletonistischen Charakter seiner
Arbeiten zu überwinden, ein Thema gründlich durchzuarbeiten und systematisch darzustellen. Er hat es fast immer zu eilig. Hier liegt wohl sein
größter Mangel. Sein ganzes Leben lang hat er sich für das französische
Kolonialreich eingesetzt, es in zahlreichen Arbeiten gerühmt und verteidigt; aber nie hat er eine zusammenhängende Doktrin entworfen oder dargestellt. Man muß seine Ansichten zu diesem Thema aus zahllosen, verstreuten Werken zusammensuchen. Selbst ein Buch wie Pour l'Empire
colonial français, das doch die Franzosen aufrütteln und überzeugen soll,
ist keine zusammenhängende, in sich geschlossene, logisch fortschreitende
Arbeit, sondern ein ziemlich buntes Gemisch aus historischem Abriß,
Reisebericht, Apologie der französischen Kolonialpolitik, Verbesserungsvorschlägen und allgemeinen Überlegungen ohne zwingende innere Kohärenz.
Schon 1898 schrieb ein anonymer Autor, gewiß etwas zu scharf aber doch
nicht unrichtig: (19) "He has very simple constructive ideas, which he
has borrowed from another, but he has never been able to give them any
true unity or rational ground in deducing them from some metaphysical
system as the hidden spring of all his action." Der Literaturkritiker und
Académicien Emile Faguet seinerseits wirft ihm vor, sich mit großen
Ideen zu begnügen, sie aber nicht wirklich auszuführen und zu begründen.
"Il faudrait, en tous cas, être plus précis." Gleichzeitig spottet er über
Hanotaux' Eloquenz, die gedankliche Mängel überdecke. (20) Hanotaux
hat sehr viel geschrieben, aber man darf wohl behaupten, daß weniger mehr
gewesen wäre.

b) Die Aufgabe des Historikers nach Hanotaux

Für Hanotaux wie Taine gilt gleichermaßen, daß sie als Historiker die entscheidenden Eindrücke von den Ereignissen des Jahres 1871 empfangen
haben. Die Katastrophe dieses Jahres hat beider historisches Werk geprägt, jedoch in grundverschiedener Weise. Hippolyte Taine, besonders
von dem Erlebnis der Kommune berührt, versucht zu erklären, wie es
soweit hatte kommen können, betrachtet Les origines de la France contemporaine , glaubt eine radikale Fehlentwicklung der französischen Geschichte feststellen zu können und kritisiert scharf alles, was bis auf ihn,

von Ludwig XIV bis Napoléon I, als deren Höhepunkte angesehen worden war.

Ganz anders reagiert Hanotaux: Ihn berührte vor allem die nationale Niederlage gegenüber dem äußeren Feind. In dieser Lage wird Geschichte schreiben für ihn eine patriotische Aufgabe und er wendet sich resolut der Zukunft zu. Das zu Boden geworfene Frankreich muß wieder aufgerichtet werden. Jeder hat sich hierfür nach Kräften einzusetzen: die Politiker müssen Frankreich den ihm gebührenden Platz in der Welt zurückverschaffen und die Historiker sollen die Moral des Volkes stärken, indem sie zeigen, daß es stolz auf sein Vaterland sein kann. Die Vergangenheit wird denn bei Hanotaux nicht, wie bei Taine, in Frage gestellt, sondern überhöht und verklärt. In einer Rede vom 29. 2. 1912 vor der Académie Française stellt er dies rückblickend dar, als er über Albert Vandal, Albert Sorel und Henry Houssaye spricht und damit auch sich selbst indirekt charakterisiert, denn er ordnet sich stets in die Reihe dieser Historiker ein: (21) "La France avait tant souffert! Elle était vaincue, elle avait perdu deux provinces; elle avait à refaire sa vie sociale, sa vie nationale, ses forces, à retrouver sa confiance en elle-même. Comment la rétablir, la revivifier, lui rendre sa vigueur, l'élan, la foi? Comment rouvrir à son optimisme déconcerté la porte d'or de l'avenir? ... Ces hommes distingués, ces fils dévoués, ces patriotes éprouvés pensèrent qu'ils ne pouvaient lui apporter un meilleur réconfort que l'histoire, - sa propre histoire. La France meurtrie se retremperait aux traditions et aux exemples que lui avait légués son passé." Immer wieder bezeichnet er die Geschichte als eine "Schule des Optimismus". (22) Schon in seinem ersten größeren Werk über Henri Martin betont er, daß der Hauptvorzug von dessen Histoire de France der unerschütterliche Optimismus sei, das unbeschränkte Zutrauen in die Geschicke Frankreichs das sie ausstrahle. Martin als Historiker und Patriot verzweifle niemals. (23) Knapp fünfzig Jahre später findet sich der gleiche Gedanke, nur schärfer formuliert wieder, wenn er die Geschichte als eine Moral interpretiert, die der Nation und dem Volke Schutz, Schirm und Vertrauen biete. (24)

Dieser Funktion der Geschichtsschreibung entsprechend interessiert sich Hanotaux vorrangig für das Große in Frankreichs Geschichte, la gloire zieht ihn unwiderstehlich an. "Ayant vu la guerre de 1870, je souffrais de la diminution de la patrie et je cherchais d'instinct les lois de sa grandeur." (25) Ganz automatisch richtet er den Blick so zunächst auf Louis XIV und das Siebzehnte Jahrhundert; wenn er dann seine ganze Aufmerksamkeit auf Richelieu wendet so deshalb, weil er in ihm den Begründer dieser Größe erkannt hat. Nur ungern beschäftigt er sich mit Epochen in denen Frankreichs Glanz matt geworden war. Im Vorwort zum letzten Band der Histoire de la France contemporaine schreibt er dementsprechend: (26) "Maintenant je voudrais remonter avec lui (le pays = la France) vers des temps où il fut plus heureux; puisque j'ai dû raconter les succès de Bismarck, je suis impatient d'en revenir à notre Richelieu." Bezeichnend ist denn, daß gerade Léon Daudet, Mitglied der Action Française, den wir

bisher nur als Gegner Hanotaux' kennengelernt haben, dieses patriotische
Anliegen erkannt, anerkannt und gelobt hat. Er schreibt über den ersten
Band des Richelieu: "Violà un beau, un grand livre" und er begründet
dieses Urteil: (27) "c'est qu'en effet, il y a une thèse qui anime tout,
passionnée sous des dehors calmes. C'est la défense de l'idée de patrie."
Das Vaterland, "la France" zu rühmen und zu verteidigen kann als immer
vorhandenes Grundthema der historischen Werke Hanotaux' bezeichnet
werden.

Soll aus der Vergangenheit Optimismus und Vertrauen in die Zukunft ge-
schöpft werden, so ergibt sich daraus nötigerweise eine weitere Aufgabe
für die Geschichtsschreibung, die der Rechtfertigung. Frankreich und seine
Geschichte sollen nicht kritisiert werden; daher Hanotaux' scharfe Wendung
gegen Taine, dem er Defaitismus vorwirft. (28) Als sich in den dreißiger
Jahren die Kritik an der Vorkriegspolitik der Dritten Republik und besonders
an der Politik der Kolonialexpansion regt, weist Hanotaux explicite der Geschichte die Aufgabe zu, die angegriffene Vergangenheit zu rechtfertigen
und ihre Größe und Ruhm aufzuzeigen: (29) "L'histoire ne désertera pas
sa mission; nous continuerons à ramasser sur le grand chemin des siècles...
les cailloux brillants de la gloire." Die Geschichtsforschung wird apolo-
getisch. Diese Haltung zieht bisweilen eine ganz bewußte Einseitigkeit und
Abkehr von wissenschaftlicher Objektivität mit sich: (30) "On verra aussi
que j'ai été sobre de critiques. On a dit tant de mal de notre pauvre pays
que j'ai pris plaisir à en dire du bien. Ce pays a ses défauts et ses vices...
Mais je ne me suis pas senti le goût d'assombrir, par d'amers reproches,
la belle humeur et la joie de vivre d'un peuple confiant et bon enfant."
Das Wirken für das Vaterland ist das höchste Kriterium, die Geschichtsschreibung steht im Dienste einer Idee.

Dabei ist es wohl unvermeidlich, daß sie in Krisenzeiten wie dem ersten
Weltkrieg weitgehend zu Propaganda ausartet. Hanotaux' erklärte Absicht
ist es, die Geschichte des Krieges zu schreiben, damit ihm die Deutschen
nicht zuvor kämen und Frankreich den auf dem Schlachtfeld errungenen
Sieg entrissen, indem sie die Geschichte entstellten. (31) Hanotaux spricht
in einem Brief an seinen Verleger Plon denn auch einmal ganz eindeutig
sein Ziel aus: "Vous savez que nos travaux n'ont pas d'autre but qu'un
but d'éducation populaire et de saine propagande nationale." (32) Nach
dem bisher gesagten ist nicht zu erwarten, daß Hanotaux' Werke immer
den strengen Kriterien "wissenschaftlicher Objektivität" entsprechen. Nicht
nur in der an Tagespolemik überreichen Histoire de la Guerre de 1914,
sondern auch in seinen anderen Werken finden sich durch das Leitmotiv
der Glorifizierung Frankreichs verfälschte Interpretationen. Wenn sich
François Ier mit Soliman verbündet, so ist das nach Hanotaux für die
Türken von großem Vorteil, denn Frankreich begründet damit die Doktrin
von der "Intégrité de l'Empire ottoman", eine Vorstellung, die der Zeit
völlig fremd war und erst im achtzehnten und neunzehnten Jahrhundert
einen Sinn erhält. (33) Aber Frankreich kann so als der Geber, als der
eigentlich Überlegene dargestellt werden. Um zu beweisen, welch ruhm-

reiche Tradition die französische Kolonialexpansion hat, führt er folgenden Text an: (34) "Normanni possident Apuliam, devincere Siciliam, propugnant Constantinopolim, ingerunt metum Babyloni, Anglia terra se coram pedibus loeta prosternit. " Aber die Normannen sind für Hanotaux "nos normands" d. h. Franzosen, und somit kann ein Text, der von den Normannen handelt, zum Ruhme Frankreichs herangezogen werden. Im gleichen Sinne kann er England einmal als die erste französische Kolonie bezeichnen. (35) Richelieu seinerseits wird einseitig vergröbert als der Begründer der französischen Einheit, der die Energien aller Franzosen unter einem kräftigen monarchischen Regime zusammenfaßt.

Charakteristisch für Hanotaux' historische Arbeiten ist nun weniger die allgemeine Tatsache, daß wir in ihnen "Fehlinterpretationen" nachweisen können, als vielmehr deren Einzelheiten und spezielle Ausrichtung, Folge seiner Auffassung von den Aufgaben der Geschichte und der Geschichtsschreibung. Tendenziöse Interpretation als solche dagegen ist wohl Konsequenz jeder im Dienst einer Idee stehenden Historiographie; man denke in Frankreich an die Arbeiten Jacques Bainvilles oder in Deutschland an die kleindeutsche Schule mit Heinrich von Sybel und Johann Gustav Droysen, um nur diese Namen zu nennen.

Es ergibt sich letztlich, daß die "falschen" Interpretationen bei Hanotaux häufig interessanter als die "richtigen" sind. Dementsprechend ist der überwiegende Teil der Arbeiten Hanotaux' für den heutigen Leser vor allem wertvoll als Quelle für die Zeit aus deren Geist heraus sie entstanden sind.

c) <u>Der Wandel in der Methodik Hanotaux'</u>

Die patriotische Zielsetzung seiner Geschichtsschreibung hat sich bei Hanotaux im Laufe seines Lebens immer mehr akzentuiert aber nie grundlegend verändert. Ein starker Wandel ist dagegen in der Methodik, der Technik und dem äußeren Aspekt seiner Arbeiten eingetreten. Hanotaux begann als Schüler Gabriel Monods. Dieser hatte die Seminare von Georg Waitz besucht, war ein großer Verehrer der deutschen Wissenschaft und der deutschen historiographischen Methoden und versteckte auch nach 1871 seine Germanophilie nicht. (36) Hanotaux' erste Arbeiten über das Sechzehnte und Siebzehnte Jahrhundert und vor allem sein Werk über Richelieu spiegeln diesen Einfluß deutlich wieder. Die Arbeiten basieren auf intensiven Archivforschungen, sind reich an Quellennachweisen, Literaturangaben, Fußnoten und Anmerkungen. Nach und nach entfernt er sich aber von diesen Methoden. Rückblickend beschreibt er, wie er sich von der "methode allemande" Monods, von der "Kritik" und den "Zetteln" gelöst hat: (37) "c'est à ces méthodes que je dus me plier d'abord; et ce ne fut que par un violent sursaut de l'instinct que je me retrouvai ramené sur le terrain solide où s'avance d'un pas court et ferme, le piéton français. " Literaturangaben, Quellennachweise, der ganze wissenschaftliche Apparat verschwindet aus seinen Büchern. In der <u>Histoire de la France contempo-</u>

raine und der Jeanne d'Arc von 1911 sind diese Angaben schon sehr spärlich geworden, in den Bänden der Histoire de la Nation française und der Histoire des Colonies françaises dann endgültig verschwunden. (38)
Dahinter steckt aber wesentlich mehr als ein bloß äußerlicher Wandel. In De l'Histoire et des Historiens meint Hanotaux in Akten und Dokumenten sei historische Wahrheit nicht zu finden, da die Akteure ihre wahren Gedanken und Absichten doch immer für sich behielten. Der Wert dieses Materials sei für echte historische Erkenntnis recht gering und bestenfalls ein Ausgangspunkt. (39) Sein Vertrauter, Louis Gillet, der zweifellos mit seinem Einverständnis schrieb, zeigt Hanotaux' Entwicklung folgendermaßen auf: (40) "De plus en plus le côté intuitif et divinatoire, ce qu'il faut bien appeler le 'génie', l'emporte chez Hanotaux sur le greffe et le procès verbal." Gillet fährt fort: (41) "Il faut convenir ... que la première de toutes les qualités d'un historien, est l'imagination ... Il n'y a pas d'exemple d'un grand historien qui, au sens propre du mot, ne soit un visionnaire. Son pouvoir dominant est un pouvoir de création: il crée littéralement ce qu'il voit et le reste est besogne de rats de bibliothèques." Diese, nach den ersten beiden Bänden des Richelieu einsetzende Entwicklung der Hanotaux'schen Geschichtsschreibung wird am besten durch seine Bücher über Jeanne d'Arc und die Einleitungen zu den großen Sammelwerken der zwanziger- und dreißiger Jahre illustriert. Der Unterschied zwischen Hanotaux' frühen und seinen mittleren und späten Arbeiten erscheint zunächst immens und erstaunlich, läßt sich bei näherem Zusehen aber doch erklären:

Generell ist zu erwähnen, daß sich unter dem Anstoß der Niederlage von 1870/71 eine Schule innerhalb der französischen Geschichtsschreibung entwickelte, die betont "national" zum Wiederaufstieg Frankreichs betragen und es von der seit Beginn des Jahrhunderts mächtigen deutschen geistigen Einfluß befreien wollte. (42) Ganz allgemein ging die Bewunderung für deutsche Wissenschaft, für die deutsche Universität mehr und mehr zurück. Kritik wurde reichlich laut. (43) Vor allem Fustel de Coulanges wandte sich scharf gegen die deutsche Historiographie. (44) Hanotaux liegt in dieser Ablehnung durchaus mit ihm auf derselben Linie und er zitiert ihn voller Zustimmung: (45) "La fausse érudition à l'allemande vous tend un piège; elle écrit l'histoire pour préparer ses conquêtes et assouvir ses appétits." Aus diesem Kontext heraus versteht sich auch bei Hanotaux die gefühlsmäßige Aversion gegen die "méthode allemande" Monods.

Hinzu kommt nun, daß dieser von Hanotaux gebrauchte Begriff "méthode allemande" irreführend ist und die Sache, die durch ihn angegriffen wird, schlecht bezeichnet. Er resumiert keinesfalls alle in der deutschen Geschichtsschreibung jener Zeit vertretenen Tendenzen, sondern eine positivistisch ausgeartete Quellenkritik, die um ihrer selbst willen getrieben wird und nicht im Dienste einer umgreifenden historischen Synthese steht. Dies kritisierte Fustel de Coulanges wenn er schrieb: (46) "Ne vous perdez pas dans le minutieux et dans le détail, de l'air, de l'air, de l'ensemble la synthése," dies meinte auch Charles Seignobos, wenn er dem Geschichtsstudium an den deutschen Universitäten Mangel an Perspektive und Leben vorwarf. (47) Auch in Deutschland selbst wandten sich zahlreiche Historiker gegen die bloße "Kärrnerarbeit" und "Aktenfresserei" und verzichteten wie Bezold, Brandi und andere bisweilen auf den wissenschaftlichen Apparat. Hanotaux teilte in seiner Auffassung nur gewisse prinzipielle, in der Zeit liegende, Tendenzen.

Doch Hanotaux geht zweifellos weiter als der Großteil seiner Zeitgenossen und dies infolge seiner oben gezeigten Auffassung von den Aufgaben des Historikers. Sie verlangt, mit ihrer politisch-patriotischen Zielsetzung, daß ein breites Publikum angesprochen werden soll, das nicht durch einen großen wissenschaftlichen Apparat verschreckt werden darf. (48) Hanotaux hat als Fachgelehrter begonnen und sich zunächst an Fachgelehrte gewandt. Sein erster wissenschaftlicher Aufsatz erschien in der Revue Historique. (49) Doch will er weniger die Vergangenheit erkennen, als vielmehr mit deren Darstellung Gegenwart und Zukunft beeinflussen, wobei dann die Vergangenheit selbst dieser Zielsetzung entsprechend interpretiert wird. Seine Absicht ist weit weniger wissenschaftlich-objektive Erkenntnis als politische Wirkung. Diese Zielsetzung versuchte er nun zunächst in der schulmäßigen Form, die er als Student von Monod übernommen hatte, durchzuführen, wobei offenbar die verfolgte Absicht und die angewandten Mittel nicht koinzidierten. Später, und dies ist der von uns beobachtete Wandel der Methode, werden die Mittel dem Ziel angepaßt. "A Histoire Nouvelle, méthode nouvelle." (50)

d) Das Verhältnis zwischen Geschichtsschreibung und Politik bei Hanotaux

Geschichte schreiben bedeutet für Hanotaux schon eine Teilnahme an der Politik. Der Historiker steht in seiner Zeit, schreibt für sie und wirkt auf sie. "Ecrire l'histoire, c'est agir." (51) Aber er geht weiter. Politik und Geschichtsschreibung durchdringen sich völlig und ergänzen einander. Hätte Hanotaux Kant gekannt, würde er vielleicht formuliert haben, daß Politik ohne Geschichte blind, Geschichte ohne Politik aber leer sei. Er sagt statt dessen, der Politiker habe vom Historiker zu lernen und der Historiker die Geschichte mit dem Blick des Politikers zu interpretieren. (52) In seinen Memoiren schreibt er: (53) "Je me suis tenu entre l'histoire et la politique. L'histoire m'a mené vers la politique, et la politique m'a rendu à l'histoire. Politique ou histoire: mon penchant était vers l'histoire; j'ai suivi ma pente. Mais je dois ajouter: non sans réflexion et non sans entrevoir quelque autre suite. En vérité, la politique, c'est-à-dire le sort de la Cité, a toujours été ma préoccupation maîtresse quand j'étudiais l'histoire; et cela avec le sentiment très vif, très profond, très sincère que l'histoire est la racine même de la politique et que, pour aborder celle-ci avec quelque autorité, il faut s'être nourri de celle-là, c'est-à-dire s'inspirer de l'expérience acquise par l'humanité, connaître les précédents, le sol, le climat, les ancêtres, les actes,

les suites, les exemples, les succès, les erreurs; que faute de cette préparation et la connaissance de ce que j'appellerai le dossier, l'effort particulier reste désordonné et stérile. Ils disent que l'histoire ne sert pas aux affaires; mais ceux qui le disent n'ont pas été aux affaires. "
Die hier zum Ausdruck gebrachte Haltung ist eine deutliche Folge von Hanotaux' Auffassung von Historie und Historiographie. Die Geschichte sichere die Kontinuität des "corps social", zeige die in die Vergangenheit führenden Linien auf, die Zusammenhänge und gewähre damit Ausblicke auf die Zukunft. (54) Hanotaux meint politische Fehler seien Fehler aus Ignoranz, Folgen mangelhafter Kenntnis der geschichtlichen Tatsachen. (55) Schon ganz zu Beginn seiner doppelten Karriere flicht Hanotaux 1888 in ein Memorandum für den damaligen Außenminister, in dem er ihn über die Rolle unterrichtet, die die Jesuiten im Laufe der Jahrhunderte innerhalb des französischen Staates gespielt haben, den Satz ein: (56) "Il ne faut pas mépriser les leçons de l'Histoire." Immer wieder betont er diesen Gedanken, (57) und behauptet sich von diesen Prinzipien habe leiten zu lassen. Der große Lehrmeister eines jeden französischen Politikers habe Richelieu zu sein; aber auch auf Talleyrand beruft sich Hanotaux gelegentlich. Dessen Memorandum "sur les avantages à retirer des Colonies nouvelles dans les circonstances présentes" vom 15 Messidor des Jahres 5 hat ihm angeblich als "point de repère initiateur" in seinen Bemühungen um eine französische Kolonialexpansion gedient. (58)

Wir stoßen hier bei Hanotaux auf eine Haltung, die es ablehnt, Wissenschaft und praktisches Handeln zu trennen und sie verschiedenen Lebens- und Personenkreisen zuzuweisen; eine Haltung, die von dem neuhumanistischen Bildungsoptimismus geprägt ist, für den gebildet sein gleichbedeutend ist mit richtig und gut handeln. Hanotaux steht damit in einer breiten französischen Tradition, die das ganze Neunzehnte Jahrhundert erfüllte, - man denke etwa an Chateaubriand, Guizot, Hugo, Thiers, Zola - und die dort bis heute nicht abgerissen ist - es mag genügen Maurras, Aragon, Malraux und Sartre zu erwähnen. Es ist die gleiche Erscheinung wie in Deutschland, wo sie in der ersten Hälfte des Neunzehnten Jahrhunderts sehr lebendig gewesen war und in der Revolution von 1848 ihren Höhepunkt erreicht hatte, durch deren Scheitern aber entscheidend zurückgedrängt, wenn nicht überhaupt vernichtet worden ist. Im Marxismus gelangte sie allgemein zu neuer, nun wesentlich tiefer durchdachter Bedeutung und steht dort als Problem von Theorie und Praxis mit im Zentrum der philosophischen Bemühungen. Eben zu dieser philosophischen Durchdringung des Problems ist Hanotaux nie gelangt, er ist sich der Dialektik von Theorie und Praxis nie bewußt geworden. Für ihn ist die Beziehung unproblematisch; er stellt es sich, indem er die dialektische Aufstufung übergeht, zu einfach vor, in der Geschichte zu lesen und ihre Lehren im politischen Handeln anzuwenden. (59) Als Folge dieses mangelnden Problembewußtseins läßt sich bei Hanotaux eine etwas platte Betonung der Kontinuität der Geschichte beobachten, der wir erstmals in einer Tagebucheintragung von 1882 begegnen. (60) "Il y a ceci d'extrêmement remarquable dans la politique de la Prusse contemporaine et de M. de Bismarck que rien n'est changé à l'égard de la situation antérieure. Même après la constitution de l'Empire Allemand, ce qui était vrai du temps de Frédéric est vrai aujourd'hui. De sorte que la plus grande clarté sur les nécessités de la politique allemande ressort de l'étude attentive de l'étude de l'histoire allemande au XVIIIe siècle, en particulier de la lecture des oeuvres de Frédéric." Über ein halbes Jahrhundert danach stellt er eine andere Kontinuität der deutschen Politik fest. Im Dezember 1939 meint er, die deutsche Politik sei vor allem auf Vernichtung Englands ausgerichtet: "..à ceux qui connaissent les traditions de la politique allemande, cette nouvelle phase de la politique hitlérienne est absolument conforme à la tradition ancrée au coeur de l'empire..." (61) Hitler als Österreicher habe ursprünglich den Bund mit England angestrebt, aber die Tradition der Wilhelmstraße sei stärker gewesen und habe ihn gezwungen, in die Politik Bismarcks und Wilhelms II, die in England den Gegner gesehen hätten, einzuschwenken. Am Ende des Ersten Weltkriegs hätte Hanotaux 1919 gerne eine Art Wiener Kongreß gesehen, auf dem Berufsdiplomaten eine rationale europäische Friedensordnung schaffen und die politische Organisation, die Deutschland einst durch den Westfälischen Frieden gegeben worden war, stellt ihm weiterhin ein Ideal dar, welches möglichst wiederherzustellen sei. (62) Es tritt der paradoxe Fall ein, daß Hanotaux, der doch aus der Geschichte lernen will und der immer betont, man dürfe sie nicht vernachlässigen, hier glaubt, sie zurückschrauben zu können und meint, eine historische Entwicklung wie das deutsche Kaiserreich von 1871 als Unglücksfall aus der Geschichte herausoperieren zu können. Überall scheinen sich für ihn in der Geschichte die gleichen Probleme immer wieder neu zu stellen. Wenn er sich über die von den europäischen Mächten gegenüber dem Islam und den islamischen Kolonialgebieten einzunehmende Haltung fragt, findet er zwanglos historische Parallelen: (63) "La question de la croisade est posée comme elle le fut au XVIIe siècle; nous allons retrouver devant les hommes d'Etat les mêmes problèmes, dans leurs pensées, les mêmes hésitations." Die Gefahren dieser Haltung, die alles Gewicht auf die Kontinuität legt und dabei den Wandel vernachlässigt, sind offenbar. So wenig Hanotaux ein Gespür für die Umwälzungen auf wirtschaftlich-sozialem Gebiet hat, so wenig bemerkt er das damit verbundene Aufkommen neuer politischer Kräfte. Er gerät in Gefahr, in Kategorien vergangener Jahrhunderte zu denken. Richelieus Methoden, die im Siebzehnten Jahrhundert so große Erfolge brachten, glaubt er direkt ins Neunzehnte und Zwanzigste Jahrhundert übertragen zu können; Talleyrands Ausführungen zur Kolonialpolitik behalten für ihn hundert Jahre später ihren vollen Wert. Die Bedeutung der modernen Massen, der Nationalitäten und Nationalismen bleibt ihm im wesentlichen verschlossen. So nimmt es denn nicht wunder, daß uns Hanotaux besonders im Alter, mit manchen seiner Ansichten als Reaktionär erscheint. Eben die wichtigste Lehre aus der Geschichte, nämlich die, daß die Geschichte sich weiterentwickelt, daß sie sich nicht wiederholt, daß stets neue

Momente, neue Kräfte auftauchen, scheint Hanotaux gerade nicht oder
doch nicht deutlich genug gezogen zu haben. Wohl sollte der Politiker
die Geschichte, die Vergangenheit kennen, aber im gleichen Maße muß
er ein Gespür für das Neue, das Kommende haben, wenn er für die Zukunft wirken und sie entscheidend und fortwirkend mitgestalten will.

e) Hanotaux' Verhältnis zum Katholizismus

Aus der Zeit vor dem Ersten Weltkrieg liegen uns kaum Äußerungen Hanotaux' zum hier angesprochenen Thema vor. In einem katholischen Elternhaus aufgewachsen, scheint er doch religiös völlig indifferent gewesen
zu sein. Ein Rezensent schreibt 1898 in der Besprechung des Henri Martin:
"On y surprend sur bien des points les sentiments intimes de l'auteur,
et ses aspirations démocratiques et libre penseurs se font jour à plus
d'une page." (64) In der Umgebung Gambettas überrascht diese Haltung
nicht. Ähnlich schreibt Poizat rückblickend im Jahr 1935: (65) "Rien,
dans les premiers écrits, si remarquables pourtant, d'Hanotaux, ne
différait de la manière des grands l i b é r a u x qui, sous prétexte
d'objectivité et d'impartialité, avaient l'habitude de regarder de haut
le fait religieux qui s'imposait à leur attention." Neutralität und Gleichgültigkeit in religiösen Fragen scheinen Hanotaux ausgezeichnet zu haben.
Dies bringt aber auch mit sich, daß er nie einen militanten Antiklerikalismus vertreten hat. Er bezog eine mittlere Linie, war auf Ausgleich
bedacht und sah bisweilen im Katholizismus ein Mittel zur Erreichung
politischer Ziele. So wandte sich der Schüler Ferrys zwar deutlich gegen
den übermäßigen Einfluß der Kirche im Staat, vor allem auf dem Gebiete
des Schulwesens (66), unterstützte anderseits aber nicht den Kampf der
Radikalsozialisten für die Trennung von Staat und Kirche. Wenn er auch
nie ein Kirchenchrist geworden ist, so ist doch sehr deutlich, daß er sich
in späteren Jahren, besonders ab dem Ersten Weltkrieg und immer
stärker bis zu seinem Lebensende, der Religion und dem Katholizismus
wieder genähert hat. Im Zusammenhang mit seiner Polemik gegen die
Aufklärung und die Philosophie im allgemeinen, für die er nie etwas
übrig gehabt hat, (67) schreibt er in seinen Memoiren: (68) "J'avais vingt
ans. J'ai été parmi les errants et les égarés par la crise que deux siècles
avaient préparé; mais il est donné à ma vieillesse d'assister à la grande
restauration qui est en voie d'accomplissement." Bezeichnend ist schon,
daß eine seiner letzten wichtigen Publikationen die Neuherausgabe der
Histoire religieuse de la France von Georges Goyau ist, der er ein
Schlußkapitel und ein umfangreiches Einleitungskapitel über das Leben
des Autors anfügt, die beide überaus deutlich zeigen, daß er von der
einst gezeigten Indifferenz und Neutralität mittlerweile weit abgerückt
war.

Klar spiegelt sich diese Entwicklung auch in seinen historischen Arbeiten
wieder. Richelieu wird mehr und mehr durch Jeanne d'Arc verdrängt,
und in der Serie seiner Veröffentlichungen über Jeanne d'Arc ist ihrerseits eine bedeutsame Entwicklung zu verzeichnen. 1911 mag Hanotaux

sich über den Charakter der Mission Jeannes noch nicht klar entscheiden,
"Entre la raison et la foi, l'esprit humain doit-il nécessairement prendre
part?" (69) Er schreibt sein Buch für alle Franzosen, für Gläubige und für
Nichtgläubige. Der Rezensent Georges Goyau bedauert denn auch, daß
Hanotaux nicht klar ausgesprochen habe, daß das Geheimnis, das Unbekannte um Jeanne Folge ihrer göttlichen Inspiration sei. Er wirft ihm vor,
der letzten Konsequenz ausgewichen zu sein. (70) 1920, in Hanotaux'
Artikel in der Revue des Deux Mondes anläßlich der Heiligsprechung
Jeanne d'Arcs, erscheint letztere wesentlich als Inkarnation Frankreichs.
"Figure française s'il en fut." (71) Die Heiligsprechung ist vor allem eine
Anerkennung der großen Tat. In Jeanne aber wird Frankreich geehrt,
Frankreich, welches gerade eben im Weltkrieg wie schon im Fünfzehnten
Jahrhundert Europa vor dem Untergang, vor der Anarchie und der Barbarei gerettet hat. "Rome, en canonisant la Française Jeanne d'Arc,
recherche elle-même dans l'idéal qui est le nôtre, - le triomphe des
vertus actives et du patriotisme désintéressé." (72) Durch die Heiligsprechung wird Frankreich nachträglich nochmals gegenüber England recht
gegeben. Die Kanonisation der Jeanne d'Arc wird zum politischen Triumph,
zur politischen Rechtfertigung Frankreichs. Zur Frage der Göttlichkeit
ihres Auftrags aber bleibt er noch vorsichtig: (73) "Même en nous tenant
à 'l'humaine prudence' - pour parler comme Jean Gerson, quand on lui
soumit le problème de Jeanne d'Arc, - nous pouvons rappeler les paroles
de cet homme de bon sens: 'Il n'est ni impie, ni déraisonnable de penser
que cette jeune fille est une envoyée de Dieu...'" Knapp zehn Jahre später
in Jeanne d'Arc après 500 ans spricht er dann klar aus, die Mission sei
"à la fois universelle et divine." (74) Er versucht, seine Leser von der
Göttlichkeit des Auftrags zu überzeugen, indem er zeigt, daß dies die
einzige Erklärungsmöglichkeit sei, überläß aber dann doch jedem Einzelnen die Entscheidung. "Aux coeurs sincères de sentir le caractère divin
de sa 'mission.'" ist der Schlußsatz des Buches. (75) Die wesentliche
Leistung Jeannes bleibt aber auch hier politisch; sie stellt weiterhin die
Verkörperung Frankreichs dar. Jeanne d'Arc und Frankreich haben die
göttliche Mission mit dem politischen Auftrag eine neue Ordnung in Europa
zu schaffen. Eine letzte Steigerung bringt die Jeanne d'Arc von 1938. Hier
werden eventuelle Zweifel durch die Berufung auf die päpstliche Entscheidung beiseite gewischt: (76) "Ce mystère, - le mystère de l'inspiration
divine, - a été consacré à Rome par la sanctification de Jeanne d'Arc;
une si haute décision a donné l'explication la plus simple et la plus haute
de cette apparition extraordinaire, - sans cela incompréhensible." Gleichzeitig tritt ein neues Moment auf. Jeanne schafft nicht nur eine politische
Ordnung, sie rettet auch die religiöse. "En sauvant la France, Jeanne
d'Arc avait sauvé Rome" (77) Hätte Frankreich nicht gesiegt, sondern
England, so hätte sich die protestantische Häresie ausgebreitet und das
Papsttum wäre gestürzt worden. "Cela ne pouvait pas être. Le Christ
avait établi St. Pierre comme le gardien de la pierre qui ne doit pas périr!
Jeanne d'Arc parut; la France fut sauvée et l'unité romaine maintenue."
(78)

Die hier aufgezeigte, über ein Vierteljahrhundert führende Entwicklung zeigt, wie die Akzente durch Hanotaux immer mehr verschoben werden. Jeanne erscheint zuerst nur als die französische Patriotin, nach und nach wird sie zur Abgesandten Gottes und letztlich zur Retterin der Römischen Kirche. Neben dem politischen Moment tritt so das religiöse mehr und mehr hervor.

In seinem Buch über Poincaré schreibt Hanotaux im Jahre 1934: (79) "La plus grave question qui se pose, quand il s'agit d'un homme d'Etat de cette envergure, c'est de savoir ce qu'il pense du d i v i n." Er berichtet über ein Gespräch mit Poincaré, in dem er ihm folgendes erklärte: (80) "que, convaincu de l'insuffisance morale et sociale de la libre pensée, je me prononçais librement pour le catholicisme." Hanotaux behauptet, er habe Jeanne d'Arc als Thema gewählt, um den Leser zu der Erkenntnis zu führen, daß Gott tätig in das Leben der Gesellschaft eingreife. Entsprechend schreibt denn auch Gillet: (81) "De plus en plus la vie prenait pour lui un sens religieux, le sens d'un enfantement spirituel, d'un grand dessein du Créateur. Les hommes sont placés sur terre pour faire la volonté du Père. Ils l'oublient, ils en perdent la trace: il faut que le Père intervienne ... L'histoire entière devient ainsi une histoire sainte, un mystère: le drame du divin dans le monde." Geschichte wird zur Heilsgeschichte, mit Frankreich als auserwähltem Volk und Werkzeug Gottes. In der Marneschlacht erscheint das französische Volk als "instrument de la loi supérieure" um die Welt vor der germanischen Rasse zu retten. (82) In der Einleitung zur Histoire des Colonies françaises häufen sich Vokabeln wie: Vocation, intervention divine, Providence, Gesta Dei per Francos, MISSION, ordre providentiel etc. Der Verdacht könnte bisweilen aufkommen, Hanotaux glaube vor allem an ein göttliches Wesen, um immer wieder sagen zu können, Frankreich habe einen göttlichen Auftrag. Er ist stets und immer zuerst Franzose und erst in zweiter Linie Christ.

Die hier aufgezeigte Entwicklung gipfelt in den letzten Lebensjahren Hanotaux' in einer starken Betonung der weltlichen Rolle des Papsttums. Besonders nach Ausbruch des Zweiten Weltkrieges erhofft er sich viel von dem Einfluß und der Intervention des Papstes. Am 11. 11. 1939 schreibt er: (83) "A la religion seule, et à la papauté dans l'ordre catholique, il appartiendra de rallier les esprits et tous les coeurs dans le monde à un sentiment pacifique et commun qui consacrera, avec la défaite de la force, un nouveau grand pas s'accomplissant vers la vraie civilisation." Vor allem von Pius XII, den er bei seinen Verhandlungen in Rom im Jahre 1920 kennengelernt hatte, erwartet er viel: (84) "la paix du monde est suspendue à ses lèvres." Nach der französischen Niederlage - er findet sich mit ihr ab, ruft nicht zur Résistance auf - mißt er dem Papsttum eine wichtige Rolle bei der Gestaltung des Friedens und der kommenden Ordnung zu; er meint, ein von Diplomaten ausgehandelter, allein von den politischen Mächten garantierter Friede reiche nicht aus: (85) "La vraie signature, le vrai serment, celui auquel on ne peut manquer, sera donc celui qui unira toutes les volontés sous le sceau de l'autorité divine. Précisément, un pouvoir spirituel, millénaire, représentant cette autorité veille en Europe sur le respect des engagements pris devant le Christ et devant Dieu. Cette représentation pontificale aura sans doute sa place autour du tapis vert de la négociation, car son haut concours moral sera décisif. "

Zweifellos ist Hanotaux nie ein orthodoxer Katholik gewesen. Eher könnte man von Theismus in katholischer Einkleidung sprechen. Er kennt keine schlichte und naive Frömmigkeit, zeigt aber andererseits auch kein intellektuelles Interesse an theologischen Fragestellungen. Seine Religiösität, sein Verhältnis zum Katholizismus bleibt stets von stark patriotischen und letztlich politischen Elementen geprägt.

f) Hanotaux und die Literatur seiner Zeit

Hanotaux hat als Minister und Politiker, als Mitglied der Académie Française, als vielgelesener Autor und nicht zuletzt als gewandter Unterhalter in den Salons der Pariser Gesellschaft Beziehungen zu beinahe allen Größen der Dritten Republik gehabt. Seine umfangreiche Korrespondenz legt darüber ein beredtes Zeugnis ab. Eine besondere Vorliebe hat er stets für die Literatur gezeigt und so mag es angebracht sein, kurz einen Blick auf seine Vorlieben und Abneigungen auf diesem Gebiete zu werfen.

Im vierten Band von Mon Temps findet sich ein Abschnitt über "La France en 1886", in dem Hanotaux über eine Enquête berichtet, die er durchgeführt hatte, um den geistigen Zustand Frankreichs kennenzulernen, bevor er sich in den Parlamentswahlen seinen Wählern stellte. (86) Seine Vorliebe für "konservative", "positive", aufbauende Literatur wird hier sehr deutlich. Taine und Renan sind ihm zu skeptisch, zu negativ. Zu Taine sagt er einmal: "vous annihilez toute l'histoire de notre pays" und Renan hat er dessen Vorliebe für die deutsche Zivilisation und Kultur nie verziehen. Die wichtigen Strömungen des Realismus und Naturalismus werden verurteilt, Flauberts Bouvard et Pécuchet erscheint ihm als Gipfel der Negation menschlichen Geistes (87) und Zola ist ihm ein bloßer Schmutzfink und überdies noch Sozialist. Begrüßt und positiv beurteilt wird dagegen die Strömung der "restauration de l'idéalisme catholique" mit Emile Boutroux, le Comte de Mun, Ferdinand Brunetière (88) und Paul Bourget, die sich gerade dem Realismus als Erben der aufklärerischen Philosophie entgegenstellen. Die Restauration darf aber nicht zu weit gehen; mit einem Léon Bloy zerstreitet sich Hanotaux; dieser fanatische, absolut nicht kirchenhörige Katholik ist ihm nicht geheuer: (89) "nous apprécions ... l'écrivain mais comment le guérir de l'invective?" Desgleichen bleibt er Maurras und seiner Action Française stets fern. Hanotaux ist wie Maurras Nationalist; Maurras anerkennt denn auch in einer Besprechung von Hanotaux' L'Energie française, daß dieser von Liebe zu Frankreich erfüllt sei; (90) aber in den Folgerungen, die beide aus dieser Liebe ziehen, gehen sie sehr verschiedene Wege.

Am stärksten fühlt sich Hanotaux zu einem Schriftsteller wie Henri de
Régnier hingezogen. (91) Mit diesem aristokratisch-kühlen, in der Tradition des Parnass stehenden Dichters fühlt er sich eng verbunden. Ihr
umfangreicher Briefwechsel zeigt, daß sie sehr vertraut waren, sich
dabei bezeichnenderweise aber nie geduzt haben. Über vierzig Jahre lang
spendet Hanotaux Régnier immer wieder überschwengliches Lob und
unterstützt im Jahre 1907 dessen Akademiekandidatur. In einem Brief an
Régnier vom 20. 3. 1911 bezeichnet er sich selbst als "vieux classique"
und beglückwünscht ihn zu seinem neuen Buch, welches die besten Verse
seit Hérédias "Trophées" enthalte.

Von den bedeutendsten Dichtern im Zwanzigsten Jahrhundert schließlich
steht ihm Paul Valéry am nächsten. Anläßlich dessen Aufnahme in die
Académie antwortet er ihm auf seine Antrittsrede, und Valéry steuert
seinerseits 1943 einen Beitrag zur Festschrift für Hanotaux bei.

Die Reihe der Namen - Hérédia - Régnier - Valéry - kennzeichnet deutlich Hanotaux' literarischen Geschmack. Es sind "Klassiker" - diszipliniert,
aristokratisch, unpolitisch, intellektuell und leidenschaftslos. Extreme,
wie militanten Katholizismus, Sozialismus oder Monarchismus lehnte der
Opportunist und Bourgeois Hanotaux dagegen stets ab.

3) Hanotaux' politischer Standort: "Opportunismus"

a) Der historische Kontext

Der Historiker versteht unter dem für ihn neutralen Begriff "Opportunismus" eine die Anfänge der Dritten Republik mitbeherrschende innenpolitische Richtung. Zu ihr bekannte sich auch Hanotaux und steht damit in der
Tradition Ferrys und des späten Gambetta, deren Kabinettschef er war und
die ihn von allen Politikern der frühen Dritten Republik am meisten beeindruckt und beeinflußt haben. (92)

Gambetta war es gewesen, der versucht hatte, den im allgemeinen Sprachgebrauch pejorativen Begriff Opportunist zu einem Ehrentitel und Partei-
namen zu machen, als er in einer Rede vor dem Abgeordnetenhaus am
21. 6. 1880 den Radikalsozialisten, die ihn als Opportunisten verschrieen
hatten, entgegenhielt: "Vous allez peut-être m'accuser d'opportunisme!
Je sais que le mot est odieux..., pourtant je pousse encore l'audace
jusqu'à affirmer que ce barbarisme cache une vraie politique." (93) Im
Gegensatz zu den "Geusen" und den "Whigs" gelang es den Opportunisten
jedoch nicht, den pejorativen Ursprung ihres Namens in der öffentlichen
Meinung zu überwinden und seine Herkunft vergessen zu machen. Dies
Scheitern drückt sich darin aus, daß sie ab Mitte der Neunziger Jahre
ihren Namen fallen ließen und sich fortan "Modérés" oder "Progressistes"
nannten. Dieser Vorgang weist letztlich darauf hin, daß die von ihnen vertretene politische Richtung nicht zu einer wirklich beherrschenden Stellung
gelangt ist, daß sich die Mehrheit der Nation nie völlig mit ihr identifiziert hat. Die Opportunisten blieben stets nur eine Partei unter anderen.

Fest auf dem Boden der Republik stehend sind den Opportunisten die praktischen Realisationen wichtiger als starres Betonen der ideologischen Grundlagen. Ohne ihre grundlegenden Prinzipien, vor allem die Erklärung der Menschenrechte von 1789 preiszugeben, versuchen sie, ihre Ziele in Etappen, durch Kompromisse und durch Anpassung an die jeweiligen Umstände zu erreichen. Als gemäßigte Republikaner stehen sie zwischen den konservativen Monarchisten, Bonapartisten und ultramontanen Katholiken, die sich in der gemeinsamen Ablehnung der Republik begegnen, einerseits, den Radikalsozialisten Clémenceaus und den Sozialisten der verschiedenen Prägungen, mit denen sie das republikanische Glaubensbekenntnis teilen, andererseits. Die große Zeit des Opportunismus lag in den Jahren 1879 bis 1885, mit den Kabinetten Ferry und Gambetta.

Mitte der Neunziger Jahre, als Hanotaux Außenminister wurde, hatte sich der Opportunismus schon fast überlebt. Die Opportunisten bzw. jetzt "Modérés" oder "Progressistes" hatten sich in dem gemeinsamen Streben, die überkommene Sozialordnung zu verteidigen, mehr und mehr der Rechten genähert, und unter Méline war der gemäßigte Republikanismus schließlich zu einem Konservatismus innerhalb des republikanischen Lagers geworden, besonders nachdem die Republik mit dem "ralliement" der Katholiken seit dem Jahre 1892 nicht mehr in ihrer Existenz bedroht war. (94) Der Weg war damit zur Bildung einer sehr breiten Mittelpartei frei geworden, die sich nach links gegen die sozialpolitisch progressiven Radikalsozialisten und Sozialisten, nach rechts gegen die in der Ablehnung der Republik beharrenden Monarchisten, absetzte. Im Verlauf der Dreyfusaffäre entstand eine neue, schärfere Trennung von Rechts und Links, wobei sich die meisten der Modérés auf der Seite der Antidreyfusards und damit der Rechten wiederfanden.

Nach dem Rücktritt Mélines wurden die Opportunisten als führende Regierungspartei durch die Radikalsozialisten abgelöst; damit orientierte sich die französische Innenpolitik wieder mehr nach links, was besonders in den harten Kämpfen um die Trennung von Staat und Kirche zum Ausdruck kam.

b) Der Opportunismus nach der Definition Hanotaux'

Hanotaux hat an mehreren Stellen seiner Werke den Opportunismus definiert, am ausführlichsten in der Histoire de la France contemporaine. Er bezeichnet ihn als heilsame Reaktion auf die Fehler der jüngsten französischen Vergangenheit, auf Klerikalismus, Bonapartismus und die Kommune. "C'est une transaction, une recherche de la mesure, de la pondération, de l'équilibre parmi les chocs et les déchirements qui ont dispersé et compromis l'unité du pays." (95) Mesure, pondération, équilibre sind aber gerade die Vokabeln, die Hanotaux stets heranzieht, um das französische Wesen zu charakterisieren. Bei näherem Hinsehen ergibt sich so, daß der Opportunismus für Hanotaux nicht bloß eine Phase, eine Erscheinung in der Geschichte der Dritten Republik ist, sondern darüber

hinaus die spezifisch französische politische Verhaltensweise. Die
Opportunisten der Dritten Republik kehren nur zu den Prinzipien echter
französischer Politik zurück. Er sagt es einmal ganz deutlich: (96)
"Gambetta ne crée pas l'opportunisme, puisque l'opportunisme
c'est le génie même des affaires." Er ist Ausdruck des "esprit du midi",
mit Machiavelli und Montesquieu als Wegbereitern. Mit gutem Willen, ohne
Ideentyrannei, ohne Gewaltsamkeiten sollen alle gemeinsam, in der Einigkeit sich bemühen durchzusetzen, was Vernunft, Einsicht und Weisheit verlangen. Der Opportunismus sei eine, von den Descartes'schen Prinzipien
ausgehende, politische Methode und Philosophie. (97) So gesehen kann es
uns nicht mehr überraschen, wenn nach Hanotaux Richelieu als Musterbeispiel des opportunistischen d. h. also des typisch französischen Politikers
erscheint. Um die Politik des Opportunismus zu charakterisieren, verwendet Hanotaux genau die gleichen Schlüsselwörter, die er bei der Behandlung der Richelieu'schen Methoden heranzieht. Man vergleiche folgende Zitate mit der oben angeführten Definition: "Sa vertu suprême est la
mesure. La politique française sera faite de souplesse, de finesse, de
pondération, et sa force sera dans la précision ... au dehors et en ellemême, sa loi sera l'équilibre." (98) Gambettas Methode, die Methode des
Opportunismus war, "de sérier les questions" (99), und von Richelieu
heißt es : " il classait, sériait, combinait, et passait tant d'idées diverses
au crible du bon sens et de la réflexion." (100)

Der Begriff "équilibre" wird für Hanotaux geradezu zur Leitidee richtiger,
d. h. "opportunistischer" Politik, charakteristisch sowohl für die französische Geschichte, die Innenpolitik und, wie wir später sehen werden, auch
die Außenpolitik. Immer handelt es sich darum, die Gegensätze zu neutralisieren, ins Gleichgewicht zu bringen, was bisweilen dazu führt, sie überhaupt zu leugnen. Der Opportunismus erscheint als die Suche des goldenen
Mittelweges. Aus den Erfahrungen der jüngsten Vergangenheit, in der vor
allem mit der Kommune die Extreme aufeinander prallten, wird das Gleichgewicht zum erstrebten Ideal, welches, mit unzweifelhafter Voreingenommenheit, in der französischen Geschichte nachzuweisen unternommen wird.
In der Wendung gegen extreme Ideologien jeder Art wird im Opportunismus
Hanotaux' scher Definition schließlich die Ideologielosigkeit ihrerseits bis
zur Ideologie emporstilisiert.

Abschließend können wir den Begriff "Opportunismus" in dreifacher Weise
definieren:

- Als wertneutraler terminus technicus des Historikers bezeichnet der
  Opportunismus eine, in den achtziger und neunziger Jahren der Dritten
  Republik maßgebliche, von Gambetta ausgehende, vor allem innenpolitische Strömung, die sich aus dem Gegensatz zu den Radikalsozialisten
  erklärt. In diesem Sinne verwendet auch Hanotaux gelegentlich den Begriff, vor allem in seinen historischen Arbeiten zur Dritten Republik.

- Als zweites bezeichnet der Begriff speziell für Hanotaux eine über
  alle Epochen hinweggreifende politische Philosophie. Der Opportunismus

erscheint damit als die typisch französische Politik, als die Form, in der sich das französische Genie auf der politischen Ebene manifestiert. In dieser Bedeutung, die schon bei Gambetta angedeutet ist, versteht sich der Begriff eindeutig positiv.

- Als drittes erscheint der Opportunismus im allgemeinen Sprachgebrauch mit deutlich pejorativem Beiklang in seiner weitesten Bedeutung als Haltung desjenigen, der prinzipienlos von den Umständen profitiert. Von dieser Definition gingen die Radikalsozialisten aus, als sie Gambetta als Opportunisten bezeichneten.

c) Hanotaux' allgemeine politische Ideen

Der Opportunismus, wie alle Politik, ist aber kein Selbstzweck, er ist eine Methode; nur das geeignetste Mittel dem Volk, dem Staat, der Nation zu dienen. Nach Hanotaux liegt dem Opportunismus ein Nationalismus zugrunde: "Au fond de l'Opportunisme il y a un nationalisme." (101) Die Nation geht den Einzel- und Klassenegoismen vor; was gesucht werden muß ist die "Unité". Parteigegensätze sind eigentlich etwas künstliches, es sollte nur die eine Partei der Franzosen geben. Die Solidarität unter den Franzosen herzustellen, ist Hanotaux' erklärtes Ziel. Auf der ersten Seite der Jeanne d'Arc von 1911 schreibt er: "Si j'ai eu un parti pris, ç'a été d'essayer de retablir autour de cette admirable Française, l'accord de tous les Français." Alles, was diese Einheit gefährden könnte, muß vermieden werden, Prinzipien dürfen nicht absolut sein. Hier aber stoßen wir dann gelegentlich bei Hanotaux auch auf Verhaltensweisen, die durchaus als opportunistisch, und zwar in der allgemeinen, pejorativen Bedeutung des Wortes, bezeichnet werden können. Es zeigt sich, daß Hanotaux sich ungern politisch definitiv festlegt, er möchte nach allen Seiten hin offen sein. Dies hat ihm selbst von seinen Freunden Kritik eingetragen. Loliée etwa meint: (102) "On eût désiré qu'au milieu de compétitions rivales, il s'engageât plus catégoriquement, sans craindre de démentir ses principes de mesure et d'équilibre." Sein persönliches Wahlprogramm zum Beispiel sei zu unklar und zu unpräzise gewesen. Hanotaux will, wie wir sehen werden, als Außenminister über den Parteien stehen. Folgerichtig versucht er 1894 zu verhindern, daß die Dreyfusaffäre, die die Franzosen so sehr spalten sollte, an die Öffentlichkeit dringe, (103) und 1898 unterstützt er Méline, der sich mit den Worten "il n'y a pas d'affaire" gegen das Wiederaufleben der Affäre wehrt. (104) Bei seiner Besprechung des Panamaskandals in der Histoire de la Nation Française gewinnt man den Eindruck, daß für ihn die Größe und der Ruhm des Unternehmens auch zweifelhafte Mittel gerechtfertigt hätten, wenn er schreibt: (105) "Le tumulte du Panama dévoila une des plaies du régime, l'action non contrôlée d'une certaine presse dans les gouvernements d'opinion. Après avoir fait payer cher sa publicité, elle se sent prise d'une crise de vertu et crie au scandale." Wie bei der Dreyfusaffäre wäre es ihm offenbar lieber gewesen, der Skandal wäre vertuscht worden.

Die Trennung von Staat und Kirche hätte Hanotaux nicht angestrebt, als
sie geschehen ist, akzeptiert er sie jedoch, versucht gleichzeitig aber
alles, um die Gegensätze auszugleichen. In zwei Artikeln aus dem Jahre
1913 beschäftigt er sich mit dem Problem des Verhältnisses von Staat und
Kirche. (106) Die Bestrebungen von Kirche und Staat schlössen einander
nicht aus. Beide wiesen den Menschen auf ein höheres Ideal hin. So gebe
es in den französischen Dörfern zwei Vorkämpfer der Zivilisation, den
Lehrer und den Pfarrer. "Exagérons les divergences entre eux; que sont-
elles près de l'unité fondamentale qui est celle de la nature humaine?"
(107) Für die französische Linke aber hatten diese beiden Figuren gerade
den Kampf zwischen Fortschritt und Reaktion symbolisiert. Hanotaux
meint, ein Konkordat sei besser als die Separation; da Katholiken und
Nichtkatholiken doch immer zusammenleben müßten, solle eine Übereinkunft gesucht werden. Ein Konkordat könne den notwendigen Kompromiß
der Doktinen und Ideologien herbeiführen. Hier wird auch deutlich, daß
Hanotaux aus patriotisch-pragmatischen, keineswegs aus religiösen Gründen der "Séparation" gegenüber skeptisch bleibt. Klar schreibt er: (108)
"Je voudrais voir, en toute sincérité et bonne foi, - sans qu'on me
soupçonne, je pense, de parti pris confessionnel, - si une entente loyale
sur la question religieuse avec l'Eglise de France et avec le Saint-Siège
ne serait pas, maintenant, une condition de prospérité et de sécurité pour
le pays et pour la République." Frankreich, der Republik, nicht der Kirche
gilt seine Sorge. Er verlangt später, daß Frankreich gute Beziehungen zum
Vatican anstreben solle, um den alten Einfluß, den es einst als "fille ainée
de l'église" gewonnen hatte, zu bewahren: (109) ".. en considérant
l'ensemble des destinés de notre pays, et quand on réfléchit à cette énorme
chose qu'est le catholicisme dans le monde, il est bien permis de se
demander s'il est sage, après l'avoir connu favorable à la France de le
laisser se retourner contre elle." Noch spezieller meint er, besonders
nach den Lateranverträgen dürfe Italien kein Monopol in den Beziehungen
zum Papst haben. (110)

Die Abneigung Hanotaux' und der Opportunisten gegen radikale Lösungen
wird besonders deutlich auf dem sozialen Gebiet. Aus Furcht vor Risiken
läßt man lieber alles wie es ist und nimmt soziale Ungerechtigkeit in Kauf.
(111) Für die Probleme, die die Entstehung eines Proletariats mit sich
bringt, fehlt ihm jegliches Gespür. In einem unveröffentlichten Manuskript
über die "Idées de Comte et de Proudhon sur la capacité des classes
ouvrières" (112) schreibt er: "Ce que nous prétendons seulement c'est que
les déclamations tendant à séparer, à pousser l'une contre l'autre les
deux parties d'une même démocratie sont mauvaises. Nous voudrions
selon le mot toujours vrai de cet homme du XVIe siècle (sic) qu'on oublie
ces noms détestables de capitalistes et de prolétaires, pour ne plus se
souvenir que du nom de Français." Proudhon habe eine fiktive Trennung
der Nation in zwei Klassen erfunden (inventé). Noch deutlicher wird er
später in <u>La Démocratie et le Travail</u>, wo er meint, daß die soziale Frage
dann gelöst sei, wenn es keine faulen Individuen und keine faulen Klassen

36

mehr gebe. Nicht die Reichen, die Untätigen müßten abgeschafft werden.
(113) Marx' ökonomische Interpretation wird durch eine moralische ersetzt, (114) sozialistische Ideen weist er mit Schaudern von sich. (115)

Betont Hanotaux so einerseits stets die Einheit der Nation, so wird andererseits diese Nation für ihn ausschließlich durch den Staat und speziell durch die Regierung repräsentiert. "L'Etat, pense-t-il, est tout. Il ramène tout à l'Etat" (116) Dieser Staat aber ist bei Hanotaux patriarchalischautoritär. Er bezeichnet einmal die Regierungen als die einzigen Instanzen, die geeignet wären, über das Glück der Völker zu entscheiden. (117) Die Regierung befindet darüber, was gut für das Volk ist. Als Republikaner tritt er für freie Meinungsäußerung ein, möchte aber "Exzesse" verhindern und stimmt im Parlament für ein Gesetz, welches die Pressefreiheit teilweise einschränkt. Er ist Demokrat, stößt sich aber am parlamentarischen System, wenn es ihm in seiner Arbeit als Minister Steine in den Weg legt und hätte lieber die Mittel in der Hand, die in einem absolutistischen System zur Verfügung stehen.

All diese Ideen führen Hanotaux im Alter zu einer relativ milden und nachsichtigen Beurteilung des Faschismus. 1929 schreibt er über Italien: (118) "Un ressaut du pays cherche et trouve un remède violent dans le fascisme. Le fascisme est un retour à l'ordre." Auch das Dritte Reich scheint er weniger auf Grund seiner Doktrin, als wegen des neuerlichen Machtzuwachses, den es für Deutschland brachte, abzulehnen. Hitler ist ihm wohl im wesentlichen der Nachfolger Bismarcks und Wilhelms des Zweiten, von denen er sich qualitativ kaum unterscheide.

Ein Jahr vor Ausbruch des Zweiten Weltkrieges kommt Hanotaux nochmals auf eine seiner Lieblingsideen aus seinen Anfängen zurück. Ein Artikel in der La République Française mit dem Titel L'Edit de Nantes des Partis hatte einst Gambetta auf Hanotaux aufmerksam gemacht. Hanotaux hatte darin zur Einigkeit der Franzosen untereinander aufgerufen; sie sollten die Nation über die partikularen Interessen stellen. Anläßlich der im Oktober bevorstehenden Senatswahlen greift er im September 1938 diesen Gedanken wieder auf, der aber jetzt, durch die Jahre verschärft und pointiert, seine letzten Konsequenzen enthüllend, eine völlige Nivellierung der Ideen und ein Einparteiensystem fordert: (119) "N'est-il pas, en effet, de toute évidence que l'heure est venue de consacrer par ces élections les méthodes qui ont été, dans toutes les crises, le salut, à savoir la volonté réfléchie d'union, d'accord, d'apaisement, en un mot - toujours le même - la promulgation de l'Edit de Nantes des Partis! La plus grande faute que pourraient commettre les Français auxquels ce mandat électoral est confié, serait de continuer à se diviser pour des querelles de groupes, pour des intérêts particuliers mal définis, ou pour un verbalisme polémiste. Donc, aller aux urnes avec un seul candidat ou une seule liste; voter serrés, disciplinés et confiants; oui, un seul candidat, un seul programme, un seul nom: la France! Et l'unité publique reconstituée assurera les nouveaux progrès, les nouveaux bienfaits que la démocratie peut attendre d'elle-même: la stabilité, le crédit, de bonnes finances, la vie moins chère; et, pardessus tout la considération de l'univers qui nous regarde, nous juge et nous respecte en proportion de notre sagesse et de notre sang-froid. "

Es wird deutlich, wohin unter schwierigen äußeren Umständen, die vorher so rational und vernünftig klingenden opportunistischen Ideen führen können.

III. DIE THEORIE DER KOLONIALEXPANSION

A Die Begründung und Rechtfertigung der Kolonialexpansion
1) Die vitalistische Begründung der Kolonialexpansion

Im Gegensatz zu vielen seiner Landsleute und besonders der Intellektuellen, die wie er unter der Niederlage von 1870/71 gelitten haben, hat Hanotaux nie an Frankreich gezweifelt und wollte nichts von einer Überlegenheit der germanischen Völker wissen. Nichts war ihm so verhaßt, wie die These von der Dekadenz des französischen Volkes. Frankreich sollte durch größte Anstrengung und energische Aktion seine Vitalität beweisen und seinen angestammten Platz in der vordersten Reihe der Völker wieder erringen. René Pinon schreibt von ihm: (1) "Il appartenait à cette génération qui arrivait à l'âge d'homme en 1870 et que les malheurs de la Patrie marquèrent d'une ineffaçable empreinte. Il voulait que la République Française guérit ses blessures et refit son âme non par le recueillement mais par l'action." Bezeichnend sind schon die Titel einiger der Werke Hanotaux', wie L'Energie française (1902), La France est-elle en décadence (1902), Du choix d'une Carrière (1902); letzteres ist ein einziger Aufruf an die französische Jugend zur Aktion. In allen drei Arbeiten bekämpft er die fin de siècle-Stimmung und die gleiche Tendenz herrscht auch noch im Jahre 1935 in seinem Buch Pour l'Empire colonial français. (2) Hier stoßen wir auf den wohl wesentlichsten Unterschied zwischen Hanotaux und Maurras. Raoul Girardet bezeichnet den Nationalismus Maurras'scher Prägung als definitive Rückzugsbewegung, als "obsédé par l'angoisse de la mort." (3) Maurras zieht sich auf Frankreich zurück, betreibt eine Hexenjagd auf angebliche innere Feinde - Hanotaux dagegen will Frankreich einen, es nach außen wenden und zur Aktion anspornen. Platz für ausgreifende Aktion aber bieten die weiten unerschlossenen Gebiete der Welt; auf diesem Felde soll Frankreich zeigen, daß es noch voller Kraft und Energien steckt. Deutlich erscheint Hanotaux von Bergson und dessen Lehre vom "élan vital" geprägt. In seinem Alterswerk Mon Temps, in dem er sich immer wieder gegen die Philosophie und die Philosophen wendet und sie scharf verurteilt, findet Bergson als einziger Gnade und Anerkennung, (4) und auch in Empire zitiert er diesen Philosophen wiederholtermaßen.

In den Jahren nach 1870 findet sich der Gedanke, daß Frankreich kolonisieren muß, um seinen Platz in der Welt zu behaupten, um die Niederlage zu überwinden und seine Vitalität zu beweisen recht häufig, so bei Jules Ferry, Paul Leroy-Beaulieu und Gabriel Charmes; aber bei Hanotaux zieht er sich auch in späteren Jahren und bis an sein Lebensende wie ein roter Faden durch alle seine Werke und Reden.

In einer Erklärung zur Madagaskarfrage vor dem Abgeordnetenhaus erklärt er die allgemeine Tendenz zur Kolonialexpansion mit dem "besoin d'activité qui compte parmi les meilleurs symptômes de la santé chez les races vigoureuses." (5) Frankreich aber, welches seit etwa fünfzehn Jahren seine Energie und seine Kräfte wiedererlangt habe, nähme an dieser Bewegung teil und damit allein rechtfertige sich schon die militärische Aktion in Madagaskar. 1899 feiert er Marchand, weil er mit seiner Leistung dem allseits geschmähten französischen Volke gezeigt habe, daß es noch großer Taten fähig sei: (6) "Marchand est acclamé parce qu'il représente l'énergie française." Wenn auch der politische Gewinn der Unternehmung durch unfähige Politiker verspielt worden sei, so finde doch die große heroische Tat ihre Belohnung in sich selbst. Zur Jahrhundertwende beschwört er das französische Volk, sich den großen Aufgaben der Zukunft gewachsen zu zeigen; es solle sie mit Überlegung anpacken "pour le salut, pour la gloire, pour l'extension et la prospérité de la France, - de la P l u s   g r a n d e   F r a n c e ." (7) Frankreich muß seine Energien zusammenfassen, neue Räume erschließen, um von seinen Rivalen nicht distanziert zu werden. (8) Nationen und Rassen befinden sich in einem steten Wettkampf untereinander, machen sich den Platz gegenseitig streitig; nur die kräftigsten und vitalsten vermögen sich zu behaupten. Wie bei den englischen Imperialisten klingen damit auch bei Hanotaux sozial-darwinistische Gedanken an. Frankreich hat dank seiner kulturellen Leistungen stets eine privilegierte Stellung in der Welt eingenommen. Es kann seine Stellung aber nur behaupten, indem es ständig aktiv bleibt; bloßes Beharren und Bewahren käme einem Rückschritt gleich, da auch die Rivalen immer weiter vorwärts drängen. Die Welt erweitert sich in die bisher unberührten Räume, die Nationen vervielfältigen sich gewissermaßen; die Kolonien, die sie gründen wie die Pflanze Ableger hervortreibt, bezeugen ihre Vitalität und Lebenskraft. So muß auch Frankreich "Frances nouvelles" gründen. Bei der Wahl dieses Terminus dachte Hanotaux gewiß an Namen wie "Neuengland", "Neuschottland" etc., knüpfte aber vor allem an das "Nouvelle France" genannte ehemalige französische Kolonialreich in Nordamerika an. Dessen Tradition und der jugendlich-vitale Drang in die Ferne jener Zeit soll wiederholt werden. Häufig sieht Hanotaux die Völker und besonders Frankreich als bewußt handelnde Personen. Er spricht von "la mère patrie", bezeichnet die Kolonien als Kinder Frankreichs. Völker und Nationen handeln wie gesunde, kräftige Menschen, die es sich nicht still für sich wohlergehen lassen, sondern Bewegung und Aktivität brauchen, um nicht zu verkümmern. Sie wollen aus sich herausgehen. (9) Aus der aktiven Politik ausgeschieden wird Hanotaux dennoch nicht müde, an die Franzosen und an die Regierenden zu appellieren. 1914 beklagt er im Rückblick auf die Balkankrisen die mangelnde französische Aktivität: (10) "Pourquoi toujours cette attitude humble et effacée." Auch nach der Zäsur des Ersten Weltkrieges ändert sich seine Haltung nicht. "Coloniser est un besoin de toute société humaine. Partir, aller ailleurs c'est une des aspirations les plus naturelles des générations nouvelles qui se lèvent et interrogent l'horizon pour essaimer au loin," (11) schreibt er 1924 in der Revue des Deux Mondes. Er bemüht sich besonders, die in den zwanziger Jahren sich deutlich zeigende Kolonialmüdigkeit zu bekämpfen, indirekt mit der Histoire des Colonies françaises et de l'expansion de la France dans le monde, und ganz besonders mit dem 1935 veröffentlichten Band Pour l'Empire colonial français mit dem bezeichnenden Untertitel Un cri d'Alarme, in dem er besorgt ausruft: (12) " Les Etats-Unis ont construit la première flotte commerciale du monde en moins de dix ans; l'Angleterre ouvre dans les airs ses ailes puissantes; l'Allemagne a rearmé sa flotte et son aviation est sans rivale; l'Italie nous dépasse; la Hollande nous atteint. Vous aviez précédé les autres nations; elles vont prendre les devants. " Wieder sehen wir seine Sorge, Frankreich könne in Lethargie versinken und wegen mangelnder Energie verkümmern, während seine Rivalen mit unverminderter Energie weiter fortschreiten, Frankreich in den Schatten drängen und ihm seinen angestammten Platz streitig machen. Dieser Entwicklung entgegenzuwirken bleibt weiterhin seine wesentliche Zielsetzung, indem er Frankreich zur Aktion aufruft, zur Sicherung, zum Ausbau seines Empire colonial.

Kurz vor seinem Tode kann dann ein anonymer Autor, in dem ein sehr enger Vertrauter Hanotaux', wohl Louis Gillet oder Gabriel Jaray zu vermuten ist, folgendermaßen urteilen: (13) "L'idée essentielle qui a guidé son activité, c'est la poursuite du redressement de la France et le rétablissement de la grandeur française."

Die hier besprochene vitalistische Argumentation läßt sich bei Hanotaux somit über vierzig Jahre hin verfolgen. Zunächst erscheint sie als Reaktion auf die Niederlage von 1870/71, später gegen die fin de siècle-Stimmung und deren literarische Verherrlichung der Dekadenz und schließlich gegen die Erschlaffung nach der übergroßen Anstrengung des Weltkrieges. Unter diesem Aspekt erscheint die Kolonialexpansion nicht als etwas, was seinen Wert in den erreichten, wie auch immer gearteten Zielen hat, was seinen Zweck in sich trägt, sondern als Nachweis für die Lebenskraft der französischen Nation. Kolonien sollen erworben werden, nicht weil Frankreich Kolonien braucht, sondern um zu zeigen, daß Frankreich noch zu großen Leistungen fähig ist, daß es weiterhin in der ersten Reihe der Völker dieser Erde steht.

2) Kolonialexpansion zur Erhaltung des politischen Gleichgewichts

Im vorhergehenden Abschnitt klang schon verschiedentlich der Gedanke an, daß Frankreich in einem großen Wettbewerb mit den anderen europäischen Nationen begriffen ist, von denen es sich nicht distanzieren lassen darf. Dies führt uns zu einem der Hauptgedanken Hanotaux', der Idee vom "équilibre politique" (14). Nach Hanotaux ist eine der historischen Aufgaben Frankreichs, dafür zu sorgen, daß das europäische Gleichgewicht erhalten bleibe, daß keine Macht die Hegemonie erlange. (15) Aus diesem Grunde engagierte es sich im hundert-, dreißig- und siebenjährigen Kriege. Aus diesem Grund muß es Kolonien erwerben. In diesem Sinne interpretiert er auch die Richelieu'sche Kolonialpolitik: (16) Ausgangspunkt ist die Auseinandersetzung mit den europäischen Mächten in Europa. Die Gegner Frankreichs aber zogen ihre Hauptkraft aus den neuen überseeischen Gebieten. Basis zum Beispiel der spanischen Macht waren "les trésors des Indes", überdies dienten diese Kolonien den englischen und spanischen

Flotten als Stützpunkte. Um sich gegen diese Rivalen zu behaupten, brauchte Frankreich die gleichen Waffen, das heißt eine Flotte und Kolonien. Obwohl also der Wert der spanischen Kolonien wirtschaftlich und militärisch war, seien die Motive, die Richelieu zur Kolonialpolitik trieben, nicht wirtschaftlicher oder militärischer Natur gewesen, denn es ging ihm nicht um die Trésors des Indes als solchen, sondern lediglich darum, sich neben den anderen Mächten zu behaupten. So gesehen, kann Hanotaux die merkantilistische Kolonialpolitik der Engländer und Spanier verurteilen und die politische Expansion Richelieus preisen. (17) Diese Gleichgewichtsüberlegungen findet Hanotaux auch bei Talleyrand wieder, dessen bereits genanntes Memorandum "sur les avantages à retirer des Colonies nouvelles dans les circonstances présentes" er zitiert und in dem es heißt, Frankreich brauche Kolonien "pour ne point nous laisser prévenir par une nation rivale pour qui chacun de nos oublis, chacun de nos retards en ce genre est une conquête..." (18) Auf diese historischen Beispiele beruft sich Hanotaux häufig, wenn er auf die Notwendigkeit französischer Kolonialexpansion hinweisen will. Da alle Großmächte seit etwa 1885 Kolonien erwürben, dürfe Frankreich in seinen Anstrengungen nicht nachlassen, wenn es seinen Rang bewahren und seiner historischen Aufgabe gerecht werden wolle. 1924 schreibt er, Aufgabe der Diplomatie sei es, deutlich zu sagen, daß das französische Empire ein "Elément d'équilibre planétaire" darstelle und es somit im Interesse aller Mächte sei, daß Frankreich seine Kolonien behalte. (19)

Mit dem Gedanken, daß Frankreich expandieren muß, weil es die anderen Mächte auch tun, erweist sich Hanotaux nicht als besonders originell, denn wir finden ihn bei den meisten großen Gestalten des französischen Imperialismus, etwa bei Ferry (20) und Etienne. (21) Aber wie die modernen Imperialismusforscher haben auch die Akteure selbst Mühe, den Anstoß, die Ursachen des plötzlichen runs auf die Kolonien zu erklären. Es ist bekannt, daß Ferry im nachhinein eine kohärente ökonomische Theorie aufstellte, ebenso ist aber nachgewiesen, daß seine ursprünglichen Motive nicht so klar und eindeutig gewesen waren, wie er später glauben zu machen suchte. Auch Hanotaux weicht der Beantwortung dieser Frage meist aus. 1900 spricht er von "une sorte de nécessité urgente" und "tout le monde est pris dans l'engrenage". (22) 1907 meint er "c'était le courant: il emportait tout." (23) Jeder rafft soviel zusammen, wie er bekommen kann. (24) Recht deutlich meint Hanotaux: (25) "Il y a là, pour ceux qui aiment la clarté, la précision, la méthode, une inquiétude véritablement douloureuse." Nur einmal, bei der Behandlung des Berliner Kongresses, versucht er eine rationale Deutung: (26) "La politique européenne s'incline devant la prépondérance allemande. Les autres n'ont qu'à chercher au loin leurs compensations: une nouvelle époque commence, celle de la politique mondiale." Aber auch hier ist der Gedanke des Gleichgewichts ganz deutlich, wenn er von Kompensationen spricht, die die deutsche Vormachtstellung neutralisieren sollen.

Unter diesem Aspekt - Kolonialexpansion zur Erhaltung des politischen Gleichgewichts - werden Kolonien demnach wie im vorhergehenden Kapitel nicht um ihrer selbst willen erworben, sondern im wesentlichen, trotz aller eventueller ideeller oder wirtschaftlicher Gewinne, damit die anderen sie nicht bekommen. Der Kampf um die Kolonien weist hier unverkennbare Parallelen mit dem Rüstungswettlauf auf.

3) Die "Mission civilisatrice de la France"

In der mit "L'expansion civilisatrice de la France dans le monde" betitelten "Introduction générale" zu der in Zusammenarbeit mit A. Martineau von ihm herausgegebenen Histoire des Colonies françaises et de l'expansion de la France dans le monde entwickelt Hanotaux im Jahre 1929 recht ausführlich seine Theorie von der "Mission civilisatrice de la France". Die von 1933 stammende "Conclusion" schließt sich folgerichtig an diese Ausführungen an. In einem historischen Abriß wird nachgewiesen, daß Frankreich als Erbin der antiken, mittelmeerischen Kultur die "Vocation" hat, diese Zivilisation zunächst nach Europa und später in die Welt zu tragen. Seit den Kelten und Franken betreibe Frankreich auf diese Weise Kolonisation. Die gallischen Legionen im römischen Heer, Chlodwig bei Vouillé und Tolbiac, Karl Martel in der Abwehr der Araber, Karl der Große gegen die Sachsen, sie alle verteidigen die Zivilisation gegen die Barbaren. Die französischen Normannen tragen die Kultur sowohl nach England als auch nach Süditalien, wo sie das Werk einleiten, welches die Anjou und die Bourbonen bis ins Neunzehnte Jahrhundert fortsetzen. Mit den Kreuzzügen organisiert Frankreich für lange Jahrhunderte ein christliches Mittelmeer. Frankreich erwerbt sich seiner Feinde durch "Contre-civilisation", indem es die Gegner zu seinen eigenen Idealen bekehrt. Bemerkenswert ist, daß Hanotaux glaubt, feststellen zu können, die handelnden Männer in Frankreich hätten stets ganz bewußt einer "Idée générale" und einer "cause supérieure" gedient. So etwa im Falle der Merowinger: (27) "Il est de l'essence de notre sujet de relever un fait qui résulte de la nature des choses, mais qui n'a pas retenu, jusqu'ici, toute l'attention de l'histoire, c'est à savoir que, dès lors, il y a, dans la tradition de la monarchie française, un plan concerté en vue de cette expansion à forme civilisatrice et religieuse."
Hanotaux sieht einen permanenten, durchlaufenden Zug in der französischen auswärtigen Politik. Die Kolonialpolitik des imperialistischen Zeitalters schließt sich bruchlos an die vorhergehenden Epochen an, sie bringt nichts grundlegend Neues. "Saint Louis lui-même se porte en Egypte y appelant Bonaparte, et meurt à Carthage y attendant Jules Ferry." (28) Frankreichs kolonisatorische Mission ist uneigennützig, Frankreich unterwirft nicht, es befreit: (29) "La France qui a donné sa peine, son sang, son courage et son coeur à toutes les grandes oeuvres de libération et de civilisation dans le monde, libération de la Pologne, de la Grèce, des Balkans, de l'Amérique libérera l'humanité elle-même, en exhaussant l'Empire lointain qui lui est échu: c'est la loi de sa MISSION; c'est son plus haut devoir: elle le remplira." Ähnliche Gedanken finden sich in zahlreichen anderen

Werken Hanotaux' wieder. Schon 1911 bezeichnet er England als die
im Grunde erste französische Kolonie (30) und in der Histoire de la
Nation française sagt er, daß nichts Gutes nach England gekommen sei
denn aus Frankreich. (31) Im gleichen Werk wird Napoleon als "agent de
cet idéal de justice" bezeichnet und sein Marsch auf Moskau als der Wille
die "anticivilisation" nach Asien zurückzudrängen interpretiert. (32)

Es ist nicht unsere Aufgabe, diese Interpretationen im einzelnen darzulegen oder gar zu widerlegen; es ist zu offensichtlich, daß die ganze französische Geschichte nach einer vorgefaßten Meinung ausgedeutet wird. Wesentlich ist aber zu sehen, daß nach Hanotaux französische Kultur und Zivilisation mit der Kultur schlechterdings identisch sind: (33)"Justice, tolérance, élégance, loyauté, tels sont les traits essentiels de la Civilisation; or ce sont aussi les traits caractéristiques de l ' i d é a l   f r a n ç a i s. " Anderen Völkern wird diese Vocation nicht zugebilligt. Hanotaux rühmt zwar die "Civilisation latine", sieht sie aber fast ausschließlich durch Frankreich vertreten. Italien und Spanien werden übergangen. Von Deutschland heißt es einmal, es hätte nie zum Fortschritt beigetragen (34), und wenn England nach dem Ersten Weltkrieg von ihm einmal, neben Frankreich, als "puissance civilisatrice" bezeichnet wird, (35) so ist deutlich, daß dies eine Floskel bleibt, die wenig besagt, zumal es vorher heißt, daß die Zivilisation in England eben alles Frankreich verdanke.

Die bisher zitierten Arbeiten Hanotaux' stammen nun allesamt aus seinen späteren Jahren. Es ist daher unerläßlich, zu untersuchen, ob ähnliche Ideen auch in früheren Jahren nachzuweisen sind. Es erweist sich dabei, daß Hanotaux' Vorstellungen sich erst in den späteren Jahren zu einer festen Theorie verdichtet haben, Ansätze sich jedoch schon früher zeigen. So heißt es anläßlich der Marokkokrise von 1911, Frankreich gehe nicht aus eigennützigen Motiven in dieses Land, sondern um der dort herrschenden Gewalttätigkeit ein Ende zu bereiten und die wahren menschlichen Werte zur Geltung zu bringen: (36) "La France est, une fois de plus, l'apôtre de la justice, le champion de la civilisation: elle fera ce qu'elle doit faire ... " In Anspielung auf die Widerstände anläßlich der Ferry'schen Indochinapolitik meint er, daß ein großes Land seiner Vergangenheit nicht entgehen könne, sich den Pflichten, die ihm das Schicksal auferlegt hat, nicht entwinden dürfe, das heißt, daß Frankreich auf der Bahn der Kolonialexpansion fortfahren müsse. (37) Auch, und dies ist für uns besonders wichtig, aus seiner Außenministerzeit können wir Ansätze nachweisen. So schreibt er am 28. 3. 1895 an einen französischen Diplomaten in Madagaskar: (38) "Les principes de notre civilisation et nos traditions nationales exigent que l'esclavage disparaisse d'une terre soumise à l'influence française. La France ne va pas seulement à Madagascar pour y faire respecter ses droits, mais aussi pour y faire acte de puissance civilisatrice. Nous ne saurions non plus admettre que, sur le domaine du Protectorat, le travail servile restât normalement organisé pour faire une concurrence indéfinie au travail libre des colons européens. " In der Einleitung zu L'Affaire de

Madagascar betont er ebenfalls, daß die Insel, einmal französisch geworden, notwendigerweise auch die Aspekte eines zivilisierten Landes annehmen müsse. (39) Neben handfesten wirtschaftlichen und politischen Argumenten findet sich also auch schon die später so weit ausgebaute moralische Überlegung. In den Instruktionen an den französischen Kolonialoffizier Monteil heißt es: "Vous aurez en premier lieu à établir et à développer avec les indigènes des relations pacifiques leur donnant le sentiment de l'humanité et de l'équité avec lesquelles le Gouvernement de la République entend accomplir la mission qui lui incombe dans ces régions. Vous établirez ainsi les bases solides d'une action qui par une conduite généreuse et habilement soutenue, rayonnera autour des point où s'exercera notre influence directe. Cette politique, si conforme à notre tempérament national et à la nature de notre oeuvre colonisatrice en Afrique, présentera, en outre cet avantage de mettre moins directement en cause, le cas échéant, les forces dont vous avez la direction." (40) Wir finden an dieser Stelle wieder die schon oben beobachtete Mischung aus Idealismus und Pragmatismus. Zu bemerken ist ganz besonders, daß die hier zitierten Sätze von dem Außenminister Hanotaux nachträglich in die vom Kolonialminister Delcassé ausgearbeiteten Instruktionen eingefügt worden sind! Hanotaux war es, der den Hinweis auf die kolonisatorische Mission in die von rein praktischen Überlegungen diktierten Anweisungen Delcassés aufgenommen wissen wollte. Noch früher, im Jahre 1885, vor seiner Außenministerzeit also, beschreibt er in seinem Buch über Henri Martin Frankreich als Vorkämpferin des Liberalismus: (41) "Et tous (=les peuples, Anmerk. des Verf.), d'un commun accord, mirent leur espoir, déposèrent le soin de leur salut entre les mains du grand peuple qui, le premier, avait montré l'exemple, de celui qui avait été le réparateur des torts, le briseur des fers, le révolutionnaire par excellence: le peuple français." Diese hier aufgeführten Äußerungen weisen alle in Richtung auf die später in der Histoire des Colonies vertretene Theorie, dennoch läßt sich nicht schlüssig nachweisen, daß diese Theorie zur Zeit von Hanotaux' praktischer politischer Tätigkeit schon klar ausgearbeitet war; er hat sich bei seinen kolonialpolitischen Aktionen wohl kaum wesentlich von ihr leiten lassen, wenn gewisse derartige Gedanken ihn auch schon beschäftigt haben mögen.

Besonders hervorgehoben hat Hanotaux stets die zivilisatorische Wirksamkeit Frankreichs in Amerika, vor allem in Kanada und den USA. In zahlreichen Veröffentlichungen und Reden betont er die französischen Leistungen auf dem nordamerikanischen Kontinent, am ausführlichsten in seinem Buch La France vivante en Amérique du Nord . Einer der großen Irrtümer in der französischen Geschichte ist für ihn das Abgehen von der Richelieu'schen Kolonialpolitik im Laufe des Achtzehnten Jahrhunderts. Niemals verzeiht er Voltaire, die kanadischen Besitzungen als "quelques arpents de neige" verspottet zu haben. Aber der materielle Verlust dieser Kolonien im Frieden von Paris 1763 bedeutet für Hanotaux kein Ende der ideellen Aufgaben Frankreichs. Er verweist auf die Millionen französischsprechender Kanadier in Quebec und versucht beständig, die stark fortbestehenden französischen Elemente und Einflüsse nachzuweisen. Er ruft seine

Landsleute auf, an die alte Tradition anzuknüpfen und sich wieder mehr mit dem amerikanischen Doppelkontinent zu befassen. Die ideologischen Momente verbinden sich dabei mit einer recht scharfsichtigen Auffassung von der künftigen politischen Bedeutung Nordamerikas. (42) Beides führt ihn dazu, die Initiative zur Gründung des "Comité France-Amérique" zu ergreifen. Hanotaux betont in der Begründung dieses Projektes zwar geflissentlich, daß zwischen Frankreich und Amerika ein Partnerschaftsverhältnis bestehe, daß beide Seiten geben und nehmen könnten, aber in seinem Innersten war er wohl überzeugt, daß es Frankreich ist, welches der anderen Seite mehr biete, daß die französische Zivilisation nach Amerika gebracht werden müsse und nicht umgekehrt. So sollte das Komitee denn analog zu den bestehenden Komitees "Asie française" und "Afrique française" auch ganz folgerichtig "Amérique française" heißen, wie er selbst in einem Brief an Régnier schreibt: (43) "Nous songeons à fonder un groupe Amérique française, qui tendrait au développement des influences françaises dans les deux Amériques". Im Arbeitsbericht über die ersten zehn Jahre der Wirksamkeit des Komitees heißt es ebenfalls recht eindeutig:(44) "Nos Comités constituent précisément des centres où se rencontrent, pour un effort convergent, les Français soucieux de l'expansion nationale et les Américains du Nord et du Sud désireux de faire bénéficier leur pays des apports de notre civilisation. " Nur Frankreich erscheint als der gebende Teil - es dreht sich darum, seinen Einfluß zu intensivieren, seine Zivilisation und Kultur zu verbreiten, die den anderen eindeutig überlegen ist. Von einem echten Partnerschaftsverhältnis kann unter diesen Umständen nicht die Rede sein. Besonders während des Ersten Weltkrieges betont er die französischen Leistungen beim Aufbau der nordamerikanischen Staaten und ihrer Zivilisation und meint, daß diese Leistungen Frankreich auch lange nach dem materiellen Verlust unbestreitbare moralische Rechte verleihen. Mehrmals zitiert er dankbar und voller Zustimmung den Amerikaner Finley, der in seinem Buch Les Francais au coeur de l'Amérique die Leistungen Frankreichs in Amerika ganz besonders betont und einmal schreibt: "Elle conserve, du moins, le droit de toucher encore une sorte d'arriéré de fermage, de partager les fruits des vertus humaines qu'elle y a semées jadis. " Diesen Gedanken macht sich Hanotaux seinerseits voll zu eigen, wenn er im Anschluß an dieses Zitat schreibt: "Ce magnifique héritage conquis pour des siècles et qui laisse incontestablement à la France un droit d'usufruit sur tout ce que fera de grand la grande République Américaine ... " (45) Frankreich habe denn auch ein unbestreitbares moralisches Recht auf die amerikanische Hilfe im Kriege, und zwar auf die materielle, nicht nur die moralische Hilfe, ebenso, wie Eltern ein Recht darauf hätten, in der Not von ihren Kindern Unterstützung zu erwarten.

Zu erwähnen bleibt, daß Hanotaux gemäß seiner späteren Hinwendung zum Katholizismus, auf die schon hingewiesen worden ist, in seinen letzten Jahren, besonders in Mon Temps die Rolle, die Frankreich im Laufe der Geschichte bei der Verbreitung des Christentums gespielt hat, stärker hervorhebt. Ursprünglich arbeitet Frankreich sozusagen auf eigene

Rechnung, später erscheint es wesentlich als Mitarbeiter und Assoziierter
Roms. Ein Vergleich von Mon Temps mit einzelnen Teilen seiner Korrespondenz als Außenminister erweist sich als aufschlußreich. Während in
Mon Temps die französische Expansion als Mittel den katholischen Glauben
zu verbreiten dargestellt wird (46), erscheint beispielsweise in einer
Notiz von Hanotaux' Mitarbeiter Auguste Gérard der Katholizismus vielmehr als Mittel zum Ausbau des französischen Einflusses in der Welt: (47)
"Le catholicisme canadien est notre principale force, notre plus puissant
point d'appui dans tout le 'Dominion'". Dieser pragmatische Gesichtspunkt verschwindet aber auch in späteren Jahren nicht völlig aus Hanotaux'
Denken. So stellt er noch in Pour l'Empire colonial français den Katholizismus als ein Instrument dar, welches dazu dient, die französische Kolonialherrschaft aufrechtzuerhalten. Hanotaux beklagt sich dort darüber, daß
die im Rahmen des tunesischen Konkordats für die tunesische Kirche bereitgestellten Mittel immer mehr eingeschränkt würden und wendet sich
scharf gegen diejenigen, die an eine Aufkündigung des Konkordats denken,
denn: "c'est livrer la Tunisie aux Puissances étrangères, toutes prêtes
à recueillir le bénéfice d'une telle faute." (48)

Die Hanotaux' sche Theorie von der "Mission civilisatrice" erweist sich,
zumindest in ihren großen Zügen - abgesehen etwa von der besonderen
Betonung Nordamerikas -, keineswegs als originell. Der humanitäre
Messianismus läßt sich leicht über Henri Martin, Quinet und Michelet auf
die Zeit der Revolution und jakobinische Traditionen zurückführen, (49)
das französische Sendungsbewußtsein war bereits im Mittelalter stark
ausgeprägt und zu Hanotaux' Zeit sprach auch Ferry, etwa in einer Rede
vom 27. 3. 1884, von der Pflicht der zivilisierten Nationen, die barbarischen Völker zu zivilisieren und auf ein höheres Niveau zu heben. (50)

Die anderen europäischen Völker ihrerseits dachten ganz ähnlich.

Bei den großen Ideologen des englischen Imperialismus John Robert
Seeley, Charles Dilke etc. ist das Sendungsbewußtsein sehr stark ausgeprägt. Josef Chamberlain und Lord Rosebery waren überzeugt, daß die
Briten, als die zum Herrschen bestimmte Rasse, nur ihrer Pflicht nachkamen, wenn sie ihr Kolonialreich aufbauten. Die englische Antisklavereibewegung seit Ende des Achtzehnten Jahrhunderts und die diversen
Gesellschaften zum Schutze der Eingeborenen fühlten sich zu ihrer
Mission berufen. Kipling sprach von "the white man's burden" und
selbst bei einem so rücksichtslosen Imperialisten wie Cecil Rhodes
taucht immer wieder der Gedanke auf, das England nur Gottes Willen
ausführe. (51)

In Deutschland wiederum waren weite Kreise überzeugt von einer Weltmission der deutschen Kultur gegen des "Kulturmonopol" der Angelsachsen. (52) Bernhard Dernburg, ab 1907 Staatssekretär im neuen Reichskolonialamt, sprach klar von der "Kulturaufgabe", der "Mission", der
"Hebung niederer Kulturen" durch das "Volk der Denker und Dichter",
von der Verpflichtung zum Schutze der Eingeborenen. Hierin sah er
wesentliche Zielpunkte der Kolonialexpansion. (53)

Bei allen "imperialistische" Kolonialexpansion treibenden Nationen finden wir den gleichen Glauben an die Mission des zivilisierten Volkes, an den Auftrag, die eigene Kultur den zurückgebliebenen Völkern zu vermitteln.

4) Sekundäre Argumente

Hanotaux hat gelegentlich noch andere Argumente angeführt, um die Kolonialexpansion zu rechtfertigen, die, obzwar weniger wichtig als die bisher besprochenen, geeignet sind, das Bild zu vervollständigen.

Hanotaux sieht in den Kolonien unter anderem eine Möglichkeit, Frankreichs numerische militärische Unterlegenheit gegenüber seinen potentiellen Gegnern, d. h. insbesondere gegenüber Deutschland, wettzumachen. Die Kolonien können Soldaten stellen. So berichtet er über ein Gespräch mit König Leopold von Belgien: (54) "Cette vaste entreprise ne consacrait pas seulement un rayonnement plus large de la France sur la planète; elle intéressait aussi l'avenir de la mère patrie sur le continent européen. En effet, la France avait besoin de bataillons nombreux si elle devait, un jour, combattre sur ses frontières pour sa propre existence. A une question du roi des Belges, Léopold, me demandant, un jour, ce que la France allait chercher en Afrique, je répondais: -'S i r e d e s s o l d a t s !'" In L'Energie française verweist er darauf, daß 1870 nordafrikanische Truppen auf französischer Seite gekämpft und daß algerische Kontingente einen bedeutenden Anteil an der Eroberung Madagaskars im Jahre 1896 gehabt hätten. (55)
Später erinnert er gleich im ersten, noch 1914 erschienenen Heft seiner großen Histoire illustrée de la Guerre de 1914 daran, von welch entscheidender Wichtigkeit es gewesen sei, daß Frankreich zeitig erkannt habe, daß das riesige Menschenreservoir des schwarzen Kontinents eben auch seine europäische Stellung stärke. (56) An derselben Stelle verweist er auf einen weiteren militärischen Wert der Kolonialexpeditionen. Diese Unternehmungen hätten in Frankreich den militärischen Geist aufrechterhalten, der gerade in jener Zeit durch antimilitaristische Propaganda - dies deutlich eine Anspielung auf die Dreyfusaffäre - bedroht gewesen sei. Sie schufen eine kriegserprobte Garde von Offizieren und gaben dem Land den Glauben an sich selbst und an den Sieg wieder. (57) Schließlich betont er auch 1940 nochmals, daß das französische Empire dem Mutterlande Soldaten stelle und er sieht in dieser Tatsache einen neuerlichen Beweis für die Richtigkeit der französischen Politik. (58)

Die von Hanotaux hier vertretenen Gedanken sind keineswegs sehr originell; wir finden sie immer wieder in jener Zeit, ganz besonders in den Kreisen der Kolonialoffiziere, mit denen Hanotaux stets in Kontakt gestanden hat. Schon 1892 hatte er den späteren General Charles Mangin kennengelernt, womit eine Bekanntschaft begründet worden war, die auch noch bestand, als Mangin im Jahre 1909 seine große Kampagne für den Ausbau der Kolonialtruppen startete. In seiner 1925 erschienenen Monographie über den General unterstreicht Hanotaux dann ganz besonders,

daß Mangin den Wert des afrikanischen Kolonialreichs für die nationale
Verteidigung erkannt hätte. (59) Es ist durchaus anzunehmen, daß Hanotaux manche seiner Ideen von dieser Seite her empfangen hat.
(60) Eine andere, recht interessante Überlegung finden wir in La France
Vivante en Amérique du Nord, wo Hanotaux schreibt: (61) "Un grand
peuple ne peut se renfermer en lui-même sous peine d'étouffer et de
périr... Un pays sans guerres et sans entreprises lointaines entasse
les causes de trouble en dedans de lui-même. Il faut faire au goût du
risque sa part: s'il ne se répand pas au dehors, il explose à l'intérieur."
Diese Haltung, innenpolitische Schwierigkeiten durch Ablenkung nach
außen zu überspielen, ein altbekanntes Rezept autoritärer Politik, paßt
recht gut zu den allgemeinen politischen Meinungen Hanotaux' wie wir sie
in einem früheren Kapitel kennengelernt haben. Auch hier kann er sich
übrigens wieder auf Talleyrand berufen, der meint, daß die weisesten
Völker aus der Kolonialexpansion "un des grands moyens de tranquillité"
gemacht hätten. (62)

5) Die ökonomischen Aspekte der Kolonialexpansion

Unter den bisher behandelten Gesichtspunkten erwies sich Hanotaux stets
als in einer breiten Tradition stehend, seine Argumente, die er zur Verteidigung und Begründung der französischen Kolonialexpansion heranzog,
unterschieden sich nicht wesentlich von denen seiner Zeitgenossen. In dem
Punkt, den wir im folgenden zu behandeln haben, wird sich dies als anders
erweisen.

In den Werken der großen Gestalten des französischen Imperialismus
nehmen ökonomische Argumente den größten Raum ein. Bei dem bedeutenden Theoretiker Leroy-Beaulieu treten zwar im Vorwort seines Hauptwerkes die Gedanken von Vitalismus und der Mission civilisatrice auf,
aber die Abhandlung kreist im wesentlichen doch um ökonomische Begriffe
wie Absatzmärkte, Kapitalanlage und Rohstofflieferanten. Ferry sieht in
Le Tonkin et la Mère-Patrie den Ursprung der kolonialen Expansion rein
ökonomisch; man denke nur an den berühmten Satz "La politique coloniale
est la fille de la politique industrielle." Das zivilisatorische Werk wird
nur mit einem Satz erwähnt. Unter der Überschrift "Progrès de la
Colonisation" handeln acht Seiten vom "Enseignement", dagegen neunundzwanzig von "Commerce et Finances". Die angeführten "Témoignages",
der Hauptteil des Buches, befassen sich fast ausschließlich mit materiellen und wirtschaftlichen Faktoren. Bei Etienne, dem Hauptprotagonisten der
Kolonialpolitik unter den französischen Abgeordneten, und Gründer des
"groupe colonial" verschwinden die ideellen und humanitären Rechtfertigungsgründe schließlich vollständig. Ganz eindeutig heißt es bei ihm: (63)
"L'idée de patrie repose sur l'idée du devoir, alors qu'au contraire le
fondement de l'idée coloniale n'est et ne peut être que l'intérêt bien
entendu qui pousse une nation à sortir librement de ses frontières...Ainsi
il apparaît clairement que le seul critérium à appliquer à toute entreprise
coloniale, c'est son degré d'utilité, c'est la somme d'avantages et de

profits devant en découler pour la métropole", und er fährt fort: "..j' aurais considéré comme un devoir patriotique de ne pas engager mon pays dans des entreprises où il n' aurait recueilli que des satisfactions platoniques, même une gloire éphémère, mais aucun profit certain et durable. " Soweit Hanotaux' direkter Zeitgenosse.

Es ist nun wiederholt nachgewiesen worden, daß der Nutzen der französischen Kolonien für die Gesamtnation recht gering gewesen ist, daß sich rein ökonomisch betrachtet ihr Erwerb nicht gelohnt hat. (64) Desgleichen ist gezeigt worden, daß Ferry den Anstoß zur Expansion nicht aus wirtschaftspolitischen Erwägungen heraus gegeben hat, sondern ursprünglich von dem Streben nach Prestige und nationaler Ehre gelenkt worden ist und seine Theorie erst im nachhinein ausgearbeitet hat. (65) Diese Tatsachen ändern jedoch nichts daran, daß die wirtschaftliche Argumentation in jener Zeit in Frankreich vorgeherrscht hat, daß Ferry und Etienne und mit ihnen zahlreiche andere Politiker und Publizisten, ökonomische Argumente anführten, wenn sie die Kolonialpolitik rational begründen und ihre Notwendigkeit der Öffentlichkeit gegenüber auszuweisen suchten. (66) Eben diese Argumentation aber hat Hanotaux nie gebraucht, sie ganz im Gegenteil stets allerschärfstens abgelehnt und bekämpft, womit er sich entscheidend von der Mehrzahl seiner Zeitgenossen absetzt.

Schon 1896 wendet er sich gegen die ökonomische Konzeption der Kolonialexpansion wenn er schreibt: (67) "Quoi qu' on ait dit, une colonie n' est pas une ferme livrée à l' exploitation de la métropole, et qui n' a de valeur qu' autant qu' elle rapporte, à la fin de chaque année, un loyer régulier. L' expansion d' une grande puissance dans le monde a un tout autre caractère. Transportant et perpétuant dans des pays nouveaux son nom, sa langue, son influence, sa pensée, une nation civilisée fait déjà beaucoup, si elle prolonge ainsi, dans l' espace et dans le temps sa propre existence. " Die Idee der zivilisatorischen Mission, verbunden mit vitalistischen Gedanken, wird deutlich den wirtschaftlichen Erwägungen übergeordnet. An gleicher Stelle fragt er: "Demande-t-on à une mère ce que lui rapportent ses enfants?" Er zieht damit einen Vergleich, den er auch in späteren Jahren immer wieder heranziehen wird.

Vor dem geographischen Kongreß in Oran im Mai 1902 betont er, daß es der Zivilisation unwürdig sei, wenn sie in der Kolonialexpansion lediglich eine große Spekulation sehe; nur ein höheres Ideal könne diese Unternehmungen rechtfertigen: (68) "Notre rôle, en Afrique, ce n' est pas la c o n q u ê t e , c' est la p r o t e c t i o n . " Einer der Hauptvorwürfe, die er den Deutschen während des Ersten Weltkriegs macht, ist gerade, daß sie ganz von ihrem materialistischen Geist beherrscht seien, sie strebten nur nach Absatzmärkten und wirtschaftlicher Expansion, während Frankreich die echten menschlichen Werte verteidige: (69) "...toute la raison humaine répudie et répudiera ces 'buts' mesquins et bas!'"

Hanotaux weiß natürlich, daß das wirtschaftliche Moment in der Politik eine bedeutsame Rolle spielt. Zu Beginn seiner politischen Karriere als "Directeur des consulats et des affaires commerciales" hatte er sich ständig um diese Dinge zu kümmern, (70) als Außenminister hatte er ebenfalls maßgeblichen Anteil an zahlreichen Wirtschaftsverhandlungen (Tunis, China, Italien, Rußland). Er hat dabei die französischen Interessen nie vernachlässigt, aber immer wieder betont, daß es höhere Ziele gäbe. In L'Energie française finden wir ein Kapitel über die algerische Kolonie. (71) Es wird dort nachgewiesen, daß Algerien ein wirtschaftlicher Erfolg zu werden scheint. Hanotaux weist auf den Aufschwung in Landwirtschaft und Industrie hin, fügt jedoch sofort hinzu, daß die Frage nach dem wirtschaftlichen Nutzen eigentlich Unsinn sei: (72) " ' Combien nous rapportent nos colonies?' (Car) je ne vois aucun moyen de distinguer cette question de l'autre question identique: combien nous rapportent la Corse, les Basses-Alpes" und er fährt fort: "Si, en plus, il y a gain matériel, - et c'est ce qui se produit le plus souvent, - tant mieux; mais le bénéfice réel, c'est l'extension de l'autorité politique, de la langue, de la civilisation, de la communauté, de la patrie." Desgleichen meint er im Vorwort zu Duchênes La Politique coloniale de la France, nachdem er zunächst den materiellen Profit, den die Kolonien abwerfen, aufgezählt hat, dies alles sei gar nichts verglichen mit dem übrigen, vor allem ideellen Gewinn. (73)

Der ökonomische Gesichtspunkt erscheint Hanotaux als ein minderwertiger, er ist maßgeblich für weniger zivilisierte Völker, mit dem Vordringen der Zivilisation hätte diese Art von Überlegungen immer stärker hintanzutreten, wahrhaft großer Völker sei sie unwürdig. (74) Früher, in barbarischeren Zeiten, hätte man so argumentieren können, heute sei das nicht mehr erlaubt. Hierher gehört ein Satz aus der Histoire des Colonies: "La première idée poussant à l'expansion sur les terres nouvelles fut, on le sait, un rêve de fructueuses et lointaines exploitations, selon le dicton trop répété même de nos jours: 'une colonie doit payer', alors qu'une colonie ne doit pas être considérée ni traitée comme une ferme." (75) Der hervorgehobene Satz zeigt deutlich, daß für Hanotaux die wirtschaftliche Argumentation einen Anachronismus darstellt und mit dem zivilisatorischen Niveau Frankreichs im Widerspruch steht.

An dieser Stelle muß auch Hanotaux' Kritik an den Methoden der französischen Kolonisation im Siebzehnten und Achtzehnten Jahrhundert erwähnt werden. Während die Pioniere der französischen Expansion wie Cartier, Champlain etc. im Gegensatz zu ihren spanischen, portugiesischen, niederländischen und englischen Kollegen nicht von der Gier nach Gold getrieben, einem höheren, chevaleresken Idealismus gehorchten, (76) sei man später in den verabscheuungswerten "Merkantilismus" verfallen. (77) Besonders Colbert wirft er vor, nur eine Konzeption "assez étroite et purement 'commerciale'" gehabt zu haben. (78) Frankreich sei dadurch in den gleichen Fehler wie die anderen Nationen verfallen. (79) In dieser Konzeption und vor allem im System des "pacte colonial" und der privilegierten

Handelskompanien sieht Hanotaux den Hauptgrund für den Niedergang des
ersten französischen Kolonialreiches. (80) Aus dieser Erkenntnis will er
die nötigen Lehren ziehen und setzt alles daran, um eine ähnliche Entwicklung im neu erstandenen französischen Kolonialempire zu verhindern.
Hier liegt der Ausgangspunkt einer bemerkenswerten Kontroverse zwischen
Hanotaux und Etienne. In seinem Büchlein von 1897 Les Compagnies de
Colonisation setzt sich letzterer dafür ein, die Ausbeutung der Kolonien
neu zu gründenden "Compagnies de Colonisation privilégiées" zu übertragen; deutlich inspiriert von den älteren Vorbildern und sich direkt auf
sie berufend. (81) Vorarbeiten zu einem entsprechenden Projekt seien seit
langem im Gange, stagnierten aber. Mit schuld an dieser Tatsache sei
Hanotaux, der sich gegen diese Kompanien wende. (82)

Diese unterschiedlichen Auffassungen vom Wesen der Kolonialexpansion
erklären wohl auch die erstaunlich geringe Zusammenarbeit zwischen
Etienne, seiner groupe colonial und dem Comité de l' Afrique française
einerseits und Hanotaux andererseits, obwohl doch beide erklärte Anhänger
einer energischen französischen Kolonialpolitik waren. (83)

6) Zusammenfassung

Am Anfang der Hanotaux' schen Kolonialleidenschaft steht zweifellos ein
irrationales Moment. Als Reaktion auf die Niederlage wünscht Hanotaux
einen Wiederaufstieg Frankreichs. Durch die Zusammenarbeit mit Ferry
angeregt, beginnt er sich für die Fragen der Kolonialexpansion zu interessieren, in der er instinktiv ein Mittel zur Erneuerung Frankreichs sieht.

Seine berufliche Erfahrung in der diplomatischen Karriere sowie seine
intensive Beschäftigung mit Richelieu führen ihn zur Idee des "Equilibre
politique". Aus solchen politischen Überlegungen heraus überzeugt sich
Hanotaux weiterhin von der Notwendigkeit einer kolonialen Expansionspolitik.

Bis hierher handelt es sich nicht um Kolonialpolitik der Kolonien wegen;
die Kolonien sind kein Zweck, sondern ein Mittel. Wäre Frankreich nicht
gestürzt, brauchte es in den Kolonien nicht seine Vitalität beweisen; erwürben die anderen keine Kolonien, brauchte Frankreich es auch nicht.

Überlagert werden diese beiden Argumente von der Idee eines humanitären
Nationalismus. Frankreich ist den anderen Völkern kulturell überlegen
und hat eine Mission, die unter ihm stehenden zu sich emporzuheben.
Diesen Gedanken entwickelt Hanotaux im Laufe der Jahre immer mehr zu
einer festen Theorie und in dieser Theorie sind die Kolonien nicht mehr
ein bloßes Mittel, sondern Zweck in sich. Kolonien sollen jetzt im wesentlichen zum Heil der Kolonien selbst erworben werden. Aus diesem ursprünglich ebenfalls irrational-emotionalen Gedanken versucht Hanotaux
eine stark mit historischen Beweisen untermauerte logisch-rationale
Theorie zu machen.

Diese drei Grundgedanken finden wir bei fast allen Pionieren der französischen Kolonialpolitik wieder (Leroy-Beaulieu, Ferry etc.). Aber bei ihnen gesellen sich von Anfang an auch wirtschaftliche Überlegungen hinzu. Gerade dies bei Hanotaux nur schwach anklingende Moment aber wird bei Ferry post festum zur die Kolonialpolitik rechtfertigenden Theorie ausgebaut und von den meisten der Zeitgenossen übernommen. Bei einigen unter ihnen, so bei Etienne, verschwinden in der Hochzeit des Imperialismus die anderen ursprünglich vorhandenen Gedanken vollständig vor der allesbeherrschenden ökonomischen Argumentation.

Hanotaux' Originalität besteht damit gerade darin, daß er im Gegensatz zu den meisten seiner Zeitgenossen ein anderes der anfangs etwa gleichstark vorhandenen Momente, eben die "Mission civilisatrice", zweifellos gefühlsmäßig, herausgehoben und besonders stark betont hat.

Befragen wir uns über die Konsequenzen dieser Ergebnisse: In der für ihn typischen Weigerung ökonomische Argumente heranzuziehen, ist Hanotaux zweifellos ehrlich. Er ist subjektiv kein Heuchler. Die Gründe für seine Haltung sind offensichtlich in seiner bäuerlichen Herkunft und seiner Zugehörigkeit zum Bildungsbürgertum zu suchen. Seine Meinungen sind von seinem Milieu geprägt. Ein "orthodoxer" Marxismus würde Hanotaux' unökonomische Rechtfertigung der imperialistischen Kolonialexpansion nun seinem "falschen bürgerlichen Bewußtsein" zuschreiben; Hanotaux erwiese sich objektiv als Heuchler, gefangen im ideologischen Überbau. Uns erscheint es jedoch, daß die Forschungen über die tieferen Ursachen des Imperialismus an der Schwelle des Zwanzigsten Jahrhunderts besser befördert werden können, wenn die gewonnenen Ergebnisse in eine Gesamtschau, die unter anderem auch die subjektiven Beweggründe, das, wenn auch "falsche" Bewußtsein der Akteure berücksichtigt, eingegliedert werden, um damit die rein ökonomische Erklärung in einzelnen Punkten zu korrigieren und zu differenzieren.

B Die Ziele und Methoden der Kolonialherrschaft

Nachdem wir im bisherigen Verlauf unserer Untersuchung gesehen haben, mit welchen Argumenten Hanotaux die französische Kolonialexpansion gerechtfertigt und begründet hat, müssen wir uns im folgenden damit befassen, wie seine Ansichten zur Organisation und Behandlung der erworbenen Gebiete aussahen, welche Haltung er den eingeborenen Bevölkerungen gegenüber einnahm, beziehungsweise befürwortete.

1) Hanotaux' Vorliebe für Afrika

Die Hauptmasse des französischen Kolonialbesitzes läßt sich grob schematisiert in drei Gruppen einteilen: Indochina - Schwarzafrika mit Madagaskar - das islamische Nordafrika. Es fällt sofort ins Auge, daß sich Hanotaux in allen seinen Schriften nur recht selten mit Indochina befaßt, obwohl er als Außenminister sich auch häufig mit diesem Fragenkomplex zu beschäftigen gehabt hatte. Neben seiner Schwäche für die verlorenen nordamerikanischen Gebiete gilt seine Vorliebe ganz eindeutig Afrika. (84) Bei der Betrachtung seiner praktischen politischen Tätigkeit werden wir ebenfalls sehen, daß sich auf diese Gebiete sein Interesse konzentrierte. Für dieses Faktum gibt es mehrere Erklärungen. Zunächst ist Hanotaux ganz offenbar sehr stark von Brazza beeinflußt worden. Schon 1880, also noch bevor er mit Ferry in Berührung gekommen war, machte er dessen Bekanntschaft. Diese Begegnung beeindruckte und beeinflußte ihn seiner eigenen Aussage zufolge sehr stark. Brazza vermittelte ihm seine Begeisterung für Afrika und seine Ideen von der befreienden und zivilisatorischen Wirksamkeit der Kolonisatoren. (85) Im Verlauf seiner Karriere am Quai d'Orsay hatte sich Hanotaux dann immer wieder mit afrikanischen und insbesondere kongolesischen Fragen auseinanderzusetzen und wurde zum Spezialisten für Fragen dieses Kontinents. Wichtiger ist aber wohl der recht unterschiedliche Charakter der Kolonisation in Afrika und Asien. Zu Hanotaux' Zeit handelte es sich in Afrika um große Landverteilungen zwischen den einzelnen Kolonialmächten, der gesamte Kontinent wurde unter die einzelnen Konkurrenten aufgeteilt. Die Resultate der politischen Bemühungen zeigten sich jedermann ganz manifest auf jeder Weltkarte, in jedem Atlas. Französische Erwerbungen und ihre Größe im Vergleich zu denen der europäischen Konkurrenten ließen sich mit einem Blick erfassen. Anders in Asien. Nach Konsolidierung der indochinesischen Besitzungen ging es dort, besonders in China, im wesentlichen um Erwerbung nicht von Territorien, sondern von Einflußsphären, um Eisenbahn- und Handelskonzessionen. Wirtschaftliche Interessen, das "Geschäft", standen offenkundiger im Vordergrund als in Afrika. Der Wirtschaftsimperialismus dominierte hier klar. Die Resultate dieser Art von Kolonialexpansion, mochten sie eventuell wertvoller und bedeutsamer sein als die afrikanischen Erwerbungen, konnten nur von Eingeweihten richtig gewürdigt werden, ließen die breiten Bevölkerungsschichten unbeteiligt. Wir wissen überdies, wie ablehnend sich Hanotaux gegenüber dieser ökonomischen Seite der Kolonialexpansion, die er als Außenminister zwar nicht vernachlässigte, aber innerlich unbeteiligt mehr als Pflichtaufgabe behandelte, verhielt. Für Afrika sprachen überdies historische Traditionen, die für Hanotaux stets große Bedeutung hatten. Zu Nordafrika und dem nahen Osten hatte Frankreich seit eh und je Beziehungen gehabt und auf Madagaskar hatte schon Richelieu ein Auge geworfen. An diese historischen Vorbilder aber wollte Hanotaux gerne anknüpfen. Hinzu kommt besonders in späteren Jahren als letztes, aber nicht unwichtigstes Moment die Tatsache, daß ein deutliches kulturelles und zivilisatorisches Gefälle zwischen Ostasien, Nordafrika und Schwarzafrika bestand. Da nach Hanotaux die wesentliche Aufgabe der Kolonisatoren die zivilisatorische Wirksamkeit ist, wird es verständlich, daß er sich am stärksten für die Gebiete mit der nach europäischen Vorstellungen unterentwickeltsten Zivilisation und Kultur interessiert. Die Widerstände, die der französischen Wirksamkeit entgegengesetzt wurden, sind in Schwarzafrika ungleich geringer als in Indochina und China, wo hochstehende Kulturen tief verwurzelt waren. Die Ideologie vom segensreichen Einfluß der französischen Zivilisation ist leichter am schwarzafrikanischen Beispiel zu entwickeln und zu beweisen als in Indochina. (86) Wir werden später noch sehen, wie schwer sich Hanotaux schon in den islamisch-arabischen Gebieten tat, um seine Ideologie mit den Tatsachen einigermaßen in Einklang zu bringen; noch schwieriger wäre es für ihn am südostasiatischen Beispiel geworden.

2) Das Verhältnis der französischen Zivilisation zu den Zivilisationen der kolonisierten Völker

Die Überlegenheit der europäischen und speziell französischen Zivilisation über die afrikanischen und asiatischen ist für Hanotaux eine nicht zu diskutierende Tatsache. Der Gedanke, diese Völker könnten andere als die europäisch-abendländischen Ideale haben, kommt ihm, wie der ganz überwiegenden Mehrzahl seiner Zeitgenossen gar nicht. Die europäischen Ideale werden als absolut und schlechthin allgemein-menschlich gesehen. Bezeichnend ist in diesem Zusammenhang ein Artikel Hanotaux' aus der Revue des Deux Mondes, der den Titel "L'Apport intellectuel des Colonies à la France" trägt. Man erwartet hier einen Bericht, etwa über den Einfluß der Negerplastik auf die französische Kunst, der asiatischen Philosophie auf französische Denker oder der Musik dieser Länder auf französische Komponisten. Aber nichts von alle dem ist zu finden. Er versteht darunter vielmehr literarische oder künstlerische Werke, die von den Kolonien oder fremden Ländern inspiriert sind, zum Beispiel die Gestalt des bon sauvage bei Rousseau, Voltaires Ingénu, Werke wie Manon Lescaut, Paul et Virginie, Arbeiten Chateaubriands, Leconte de Lisles, Baudelaires und Lotis; sogar Ölporträts französischer Kolonialoffiziere werden hinzugerechnet. "Telle est la moisson que le génie français a su cueillir sur les terres de l'expansion coloniale." (87) All dies aber sind Werke, die zutiefst mit der französischen Kultur verwachsen sind und nur ihre Anregungen und Themen aus der Ferne holen. Das französische Genie verarbeitet die Kolonien, aber die Kolonien fügen dem französischen Genie nichts Wesentliches hinzu, erweitern es nicht selbst, sondern nur sein Material. Der apport intellectuel wird von den französischen Kolonisten nach Frankreich gebracht, nicht etwa von den Kolonialvölkern selbst; diese können die französische Kultur nur anregen, sie nicht erweitern oder bereichern; sie können nichts Wesentliches bringen, da die französische Kultur ihnen ja essentiell überlegen ist. Die Thematik der französischen intellektuellen Produktion wird quantitativ erweitert, eine qualitative Änderung der französischen Kultur und Zivilisation tritt nicht ein; ihre Substanz wird nicht berührt. (88) Alles andere würde Hanotaux, der schon den Einfluß englischer und deutscher Literatur, Musik und Philosophie auf seine Landsleute ablehnt und beklagt, verurteilen.

Wenn es darum geht, die Grundlage des Verhältnisses dieser Völker zu den europäisch-abendländischen zu bestimmen, werden Hanotaux' Vorstellungen sehr unklar und widersprüchlich. Auf der einen Seite spricht er sehr deutlich von "ces pauvres races inférieures." (89) Andererseits wendet er sich gegen den Rassismus Gobineaus, der behauptete, es gäbe Völker, die nie auch nur die Rudimente einer Zivilisation entwickeln könnten. (90) Dieser Widerspruch findet sich sogar in ein und demselben Buch Hanotaux'. In Pour l'Empire colonial français zitiert er mit voller Zustimmung Gsell, der behauptet, es gäbe Völker, im vorliegenden Falle in Nordafrika, denen gewisse Eigenschaften völlig abgingen. Sie seien unbegabt für die "arts mécaniques", unfähig, abstrakte Ideen handzuhaben und demzufolge unfähig, echte Wissenschaft hervorzubringen. Er gipfelt in der Behauptung, daß der Homo Faber nie entstanden wäre, wenn es nur diese Stämme gegeben hätte. (91) Im selben Buch lesen wir aber auch: (92) "L'homme dispose partout de facultés pareilles dans un état de développement inégal." Hiernach käme nur darauf an, die vorhandenen Anlagen auszubilden und die Völker der Kolonialgebiete durch Erziehung auf das Niveau der Europäer emporzuheben. Der Widerspruch erscheint eklatant. In dieser Frage gerät offensichtlich der intellektuelle Hochmut des Europäers, der Stolz des Franzosen auf seine kulturellen Leistungen in Konflikt mit den Anschauungen des Christen und den Theorien von 1789, denenzufolge alle Menschen gleich sind. Wir stoßen hier auf Hanotaux' Hauptmangel, seine Unfähigkeit, seine Ideen und Gedanken wirklich zu Ende zu denken. Gedankliche Mängel werden durch Rhetorik und Wortgewandtheit überdeckt und kaschiert.

3) Assimilation und Assoziation

Unzweifelhaft ist also nach Hanotaux die französische Zivilisation allen anderen überlegen; die Völker Asiens und Afrikas sind entweder inferior oder zumindest in ihrer Entwicklung zurückgeblieben; Frankreichs Mission ist es, diese Völker zu zivilisieren. Die logische Folgerung ist, daß Frankreich seiner Aufgabe erst dann voll gerecht geworden ist, wenn alle diese Gebiete und Stämme auf das gleiche zivilisatorische Niveau wie das Frankreichs gehoben worden sind. Hanotaux strebt dieses Endresultat offensichtlich an. Die Kolonien sollen in "Terres de France" (93) verwandelt werden; immer wieder weist er darauf hin, daß in Kanada tatsächlich "une nouvelle France" entstanden sei. Er möchte die Kolonien mit französischen Provinzen wie Korsika, Savoyen und der Bretagne gleichsetzen. Man erkennt hier ohne weiteres die Prinzipien der Assimilation, der vorherrschenden französischen Kolonialdoktrin in der Zeit vor dem Ersten Weltkrieg, derzufolge eine vollständige Angleichung der Kolonien an das Mutterland angestrebt wurde. Die Kolonien sollten nach dieser Auffassung einen integrierenden Bestandteil der französischen Republik bilden. (94) Wie stets hat Hanotaux aber auch in diesem Fall nie eine kohärente Theorie entwickelt, so daß er in der Histoire des Colonies françaises , zu einer Zeit also, wo man in weiten Kreisen die Undurchführbarkeit der Assimilation erkannt hatte und stattdessen die Assoziation, die den einzelnen Völkern ihre Eigenart lassen wollte, befürwortete, die Assimilation zugunsten der Assoziation verwerfen konnte, ohne daß er seine Ideen, die weiterhin eindeutig auf die Assimilation hinwiesen, geändert hätte. Sein eigentliches Ziel war weiterhin die Assimilation, nur unter einem anderen, populäreren Namen. Dies wird schon daran deutlich, daß er auch in der Praxis immer wieder ein "ministère de l'Empire" forderte, das heißt eine stärkere Zentralisation und Ausrichtung auf die Metropole, während die Assoziation eben eine weitgehende Dezentralisation anstrebte. (95) Hanotaux erkannte aber klar, daß eine Assimilation nicht leicht von heute auf morgen zu erreichen wäre. (96) Er suchte daher nach einer pragmatischen Lösung und glaubte sie in der Form des Protektorats gefunden zu haben. Viele Gegner der Assimilation, wie Ferry und besonders Lyautey, befürworteten diese Lösung als definitiv beste, für Hanotaux aber, wie auch für Gallieni, sollte sie letztlich der Weg zu einer späteren vollständigen Assimilation sein. (97) Der Zwiespalt zwischen Assimilation und Assoziation wird bei Hanotaux nie völlig überwunden. In rein theoretischen Absätzen wird klar, daß die Assimilation das zu erstrebende Fernziel ist; in Werken, die sich mit der Kolonialpraxis auseinandersetzen, erscheint dagegen das Protektorat, das heißt die Assoziation als beste Lösung. In einem Artikel der Revue Hebdomadaire sagt er deutlich, im gegenwärtigen Zeitpunkt solle besser auf die Assimilation verzichtet werden, fügt aber sofort hinzu: "pour le moment du moins". (98) Hier zeigt sich eben, daß die Beziehungen zwischen Theorie und Praxis doch nicht so unproblematisch sind wie Hanotaux es im allgemeinen sieht. Die Schwierigkeiten, seine Ideen in die Tat umzusetzen, führen Hanotaux aber nicht zu einer gedanklichen Vertiefung des Problems; statt dessen behilft er sich, indem er Forderung und Realisation zeitlich und linear auseinanderzieht. Es ergibt sich so die Politik des Opportunismus, pragmatische, etwas kurzatmige, auf die Gegenwart bezogene Politik zu betreiben, wobei die im Hintergrund liegenden idealistischen Ziele im Prinzip zwar stets erhalten bleiben, häufig aber weit zurücktreten und momentan aus den Augen verloren werden.

Wenn so, in Anbetracht der praktischen Schwierigkeiten, das Endziel der vollständigen Assimilation in weite Ferne gerückt wird, kann Hanotaux es sich sparen, sich Gedanken über die rechtlichen Konsequenzen seiner ideellen Forderungen zu machen. Wir finden dementsprechend in seinen Schriften keinerlei Überlegungen über eine etwaige Verleihung der Bürgerrechte an die Eingeborenen, über ihre mögliche Vertretung im französischen Parlament oder allgemein über ihre juristische und praktische Gleichsetzung mit den Franzosen des Mutterlandes. Der von Hanotaux mehrfach vorgebrachte Vergleich der Kolonien mit französischen Provinzen wird nie folgerichtig zu Ende gedacht und erweist sich, wenn man einmal von den vagen Schwärmereien zu juristisch-präzisen Tatsachen übergeht, als bloß rhetorische Floskel.

4) Das Regime des Protektorats

Der Eindruck mangelnder begrifflicher Klarheit verstärkt sich noch, wenn wir zur Betrachtung von Hanotaux' Äußerungen über das Protektoratsregime kommen:

Für die Juristen ist der Begriff "Protektorat" klassifikatorisch und faßt bestimmte völkerrechtliche Vertragsverhältnisse zusammen, deren gemeinsamer Nenner definiert werden kann. (99) Es handelt sich im wesentlichen um eine Teilung der Souveränität zwischen beiden Partnern, wobei der Protektor den Schutzstaat nach außen vertritt, der seinerseits eine mehr oder weniger weitgehende innere Autonomie behält.

Hanotaux dagegen meint, das Protektorat lasse sich juristisch gar nicht definieren. (100) Schutzmacht und Schutzstaat lägen auf unterschiedlichen Ebenen, zwischen denen es keine rechtlich zu regelnden Beziehungen geben könne. Es handele sich um ein Macht- kein Rechtsverhältnis. Diese Meinung läßt sich nun durchaus vertreten, da der Begriff Protektorat in der Tat stets recht vage bleibt; wir stoßen jedoch allgemein bei Hanotaux auf eine, für einen gelernten Juristen erstaunliche Unklarheit der Begriffe.

Hanotaux macht sich nie die Mühe "Provinz" - "Kolonie" - "Protektorat" klar gegeneinander abzugrenzen, die durch die jeweilige Bezeichnung ausgedrückten Sachverhalte zu definieren und die Rechtsunterschiede, die daraus entspringen, darzulegen. Alle drei Begriffe werden so weit gefaßt, daß sie sich stark überlappen und bisweilen fast zur Deckung gebracht werden können. Dies erreicht Hanotaux vor allem dadurch, daß er Begriffe als feststehend betrachtet und ihren im Laufe der Geschichte eintretenden Bedeutungswandel übergeht. "Kolonien" sind nicht nur die des Neunzehnten und Zwanzigsten Jahrhunderts, sondern auch die spanischen des Sechzehnten und darüber hinaus die griechischen, römischen, phönizischen der Antike und bisweilen werden sogar die Kreuzfahrerstaaten mit diesem Namen belegt. (101) Unter "Provinzen" werden gleichermaßen die französischen der Neuzeit als auch die der Römischen Republik verstanden. Beim "Protektorat" schließlich wird unter anderem auch an mittelalterliche Beispiele angeknüpft. "Le système était appliqué par la Royauté pour la 'réunion des provinces à la couronne.'" (102) Wenn unter den so verschiedenen Anwendungsmöglichkeiten nur jeweils die richtige Auswahl getroffen wird, macht es keine Mühe mehr, von einem Begriff beliebig zum anderen fortzuschreiten. Der objektive Unterschied aber geht dabei letztlich völlig verloren.

In der Bewertung und Beurteilung des Protektoratsregimes läßt sich überdies bei Hanotaux eine recht interessante Entwicklung feststellen, die durchaus mit seiner allgemeinen Entwicklung konkordiert. Hanotaux hat die Formel ursprünglich von Ferry übernommen. Ferry aber befürwortete das Protektorat aus rein praktischen Erwägungen heraus, es ist "très supérieur à la conquête: il n'impose pas au conquérant les mêmes responsabilités; il est beaucoup plus économique pour la Métropole." (103) So zunächst auch Hanotaux: In der Auseinandersetzung um die Eroberung Madagaskars hatte er sich gegen die Annexion mit Umwandlung in eine Kolonie und für die Beibehaltung des Protektoratsregimes ausgesprochen: (104) "L'île est ce qu'elle est: c'est dans ces termes que nous entendions la prendre et la garder; il appartient à l'avenir d'en faire ce qu'elle doit être. Le système du protectorat correspondait exactement à cet ordre d'idées: il n'engage que le pays soumis, dégage la mère-patrie et, en assurant nos droits, limite nos devoirs et nos responsabilités. " Im ganzen Band herrscht dieser handfeste Pragmatismus, um nicht Zynismus zu sagen, vor. Dennoch finden wir auch in diesem Buch den oben angeführten Widerspruch. Wenn Hanotaux in der Einleitung schreibt: "Mais qui ne sent aussi qu'il serait véritablement désastreux d'alourdir ce frêle avenir plein d'espérance, du bagage pesant de législation et de réglementation dont vingt siècles d'histoire ont surchargé notre vieille France romaine et centralisée?" (105) so klingt es, als ob er entschieden dagegen wäre, Madagaskar dem französischen Vorbild anzupassen, als ob er der neuen Erwerbung eine spezifische Organisation geben wolle. Später aber wird deutlich, daß das Fernziel eben doch eine völlige Angleichung an Frankreich ist, welches nur aus praktischen Erwägungen heraus aufgeschoben wird: (106) "Si l'on voulait dès maintenant, transformer en t e r r e de F r a n c e ces immenses espaces, les arracher, tout d'un coup, au long sommeil de la barbarie, les mettre, en un mot au régime de l'annexion et de l'administration directe, alors on verrait s'accroître, dans des proportions effrayantes, le fardeau qui pèse sur nos épaules. Une seule génération, accablée de devoirs déjà si multiples, ne pourrait y suffire elle plierait sous la faix. " Das Protektorat ist hier also deutlich ein Kompromiß aus den idealen Forderungen der Mission civilisatrice und den praktischen Zwängen der Realität.

Hanotaux hat stets betont, daß im Protektoratsverhältnis die Protektoratsmacht ganz eindeutig dominiert. Alle Macht liege bei ihr, ganz als ob das erworbene Land tatsächlich eine Kolonie wäre. Der Unterschied bestünde nur darin, daß es einmal unter direkter, das andere Mal unter indirekter Verwaltung stehe, die Wahl liege im Belieben der überlegenen Macht. Sehr deutlich wird dies, wenn er in L'Affaire de Madagascar meint, beim Protektorat handele es sich lediglich um eine freiwillige Zurückhaltung der stärkeren Macht, die im Augenblick des Sieges dank Kriegsrecht bis zur vollständigen Annexion hätte gehen können. Außerdem gäbe es kein zuständiges Gericht für Streitfragen zwischen den Partnern und der Schutzstaat sei eben nach vollständiger Vernichtung seiner militärischen Macht gänzlich in der Hand der Protektoratsmacht. (107) Zehn Jahre später zitiert Hanotaux seine eigene Rede zur Madagaskarfrage vor der Chambre des Députés aus dem Jahre 1894, wo er sagte: (108) "Disons franchement les choses: il n'y a véritablement protectorat que quand le protecteur est en mesure de faire valoir par la force son autorité. "

Die Betonung der Autorität ist noch stärker in Hanotaux' Memorandum "Sur le 'Mandat' confié à certaines puissances pour l'administration des anciennes colonies allemandes", welches er am 20. 2. 1919 vor der entsprechenden Völkerbundskommission vortrug. (109) Hanotaux schlägt vor, die ehemaligen deutschen Kolonien nicht in Mandate, sondern in Protektorate zu verwandeln. Hier sind die Gründe, die angeführt werden, aber nicht mehr wie im Falle Madagaskar und wie bei Ferry rein finanziell-

materieller Natur. Entsprechend Hanotaux' allgemeiner Fortentwicklung
taucht ein anderes Moment auf. Die Völker dieser Gebiete seien rückständig und unfähig für sich selbst zu sorgen. Die europäischen Siegermächte
hätten "cette mission sacrée de civilisation"; aber um ihrer Aufgabe gerecht zu werden, brauchten sie eine "autorité pleine, solide, confiante
en elle-même et non une autorité éphémère, marchandée, discutée, soumise à des restrictions mal définies et donnant l'impression d'une constante précarité." (110) Die Möglichkeit eines Appells der Schutzstaaten
an den Völkerbund darf nicht bestehen, da dies einer "provocation à
l'indiscipline" gleichkäme. Diese Völker haben den Schutz bedingungslos
anzunehmen, da sie nicht wüßten, was gut für sie ist. Letztlich scheint
Hanotaux sagen zu wollen, diese Völker müßten notfalls auch zu ihrem
Glück gezwungen werden, später würden sie dann schon sehen, daß es zu
ihrem Vorteil war. Auch im Falle Madagaskars wurde die Autorität der
Protektoratsmacht stark betont, dort schien es aber Autorität im wesentlichen zum Nutzen der stärkeren Macht zu sein, Autorität zum Vorteil des
die Autorität ausübenden; jetzt klingt es weniger zynisch, indem nämlich
die Autorität gefordert wird, um eine große, uneigennützige Aufgabe zu
einem guten Ende führen zu können. Dieses, wie wir gesehen haben, in
Hanotaux' Entwicklung sekundäre, ideologische Element, gewinnt nun in
seinen letzten Jahren fast ausschließliches Gewicht. So heißt es in Pour
l'Empire colonial français: (111) "... une tutelle de secours devait aller
au-devant de ces masses douloureuses pour les accoucher de leur avenir,
les protéger contre leur propre discorde selon la formule mystique qu'elle
(= la France) allait découvrir, le p r o t e c t o r a t." Aus der ursprünglich kostensparenden Notlösung des Protektorats ist so im Laufe der Jahre
eine "formule mystique" geworden. Dieses System wird dargestellt als
höchste Form der Kolonisierung und gleichzeitig als zutiefst französische
Schöpfung und Leistung, welche einen Namen träge, der zur ältesten
französischen politischen Sprache gehöre. Er weist darauf hin, daß der
Vertrag von Cateau-Cambrésis die Bistümer Metz, Toul und Verdun vom
Reich gelöst und unter die Protektion des Königs von Frankreich gestellt
habe. (112) Diese Beispiele wiederum machen überaus deutlich, daß Hanotaux unter Protektorat etwas ganz anderes verstand als die Anhänger der
Assoziationsidee, die ebenfalls für diese Form der Kolonialherrschaft
eintraten. Hanotaux war es gelungen, nach außen hin die Methoden der
Assoziation zu übernehmen, ohne letztlich das Ziel einer Assimilation
aufzugeben.

5) Die Rolle der Armee

Zur starken Betonung der Autorität der Kolonialmacht paßt auch die bedeutsame Rolle, die Hanotaux der Armee nicht nur als Werkzeug der Eroberung
und Unterwerfung, sondern als einem Träger der Mission civilisatrice
beimißt. Er schreibt in Pour l'Empire colonial français: (113) "Au premier rang des forces créatrices disponibles en Algérie, il y avait l'armée."
Einen verwandten Gedanken finden wir in Le Traité de Versailles, wo er

eine Lösung für eine europäische Ordnung sucht und eine möglichst lange Besetzung Deutschlands durch die alliierten Truppen fordert: (114) "L'Allemand s'habituera à travailler pour ceux qui le nourriront et les Alliés auront ainsi un moyen de lui faire connaître la supériorité incontestable de leur civilisation et de leur esprit de justice. L'occupation sera un puissant moyen de propagande pour la liberté." In diesem Zusammenhang ist der Name Allemand ohne weiteres gegen Malegache oder Algérien austauschbar. Diese Sätze sind keineswegs bewußt heuchlerisch oder gar zynisch gemeint; Hanotaux ist wirklich so tief vom überlegenen Wert seiner Kultur- und Zivilisationsform durchdrungen, daß er meint, es genüge, andere Völker nur möglichst kräftig darauf hinzuweisen und sie würden dann ebenfalls diese unbestreitbare Überlegenheit anerkennen.

6) Der Islam

Eine weitere wichtige Frage ist noch zu behandeln. Wir haben schon gesehen, daß Hanotaux den Katholizismus gelegentlich durchaus in sein politisches Kalkül einbezog. In den Kolonien aber mißt er dem Islam allergrößte Bedeutung zu. Wir wissen, daß Hanotaux letztlich die Assimilation, die völlige Angleichung der Kolonien an die Metropole angestrebt hat, daß er aber auch die Schwierigkeiten dieses Unterfangens gesehen und sich zu Kompromissen und Übergangslösungen bereitgefunden hat. In diesem Rahmen ist auch das Problem des Islams zu sehen, mit dem er sich besonders in drei Artikeln in Le Journal Anfang 1900 auseinandergesetzt hat. (115)

Er geht davon aus, daß der Islam, der gemeinsame Glaube, das einzige Band sei, welches die nordafrikanischen Besitzungen Frankreichs eine; eben dieser Islam aber widersetze sich noch der französischen Herrschaft. "Si la résistance n'a plus de chefs politiques, l'étroite confraternité religieuse de tout le monde islamique tient toujours la poudre sèche pour le jour des révendications prochaines." Das Verhältnis zum Islam, dieser stärksten Macht in den afrikanischen Kolonien, wird so für die Franzosen zum vorrangigsten Problem in der Verwaltung und Behandlung ihrer neuen Besitzungen. Die französische Haltung in der Behandlung des Islams aber sei nicht kohärent, man schwanke zwischen totaler Feindschaft und übertriebener Freundschaft. Hanotaux fordert daher, eine Institution zu gründen, die sich allein dem Studium der Beziehungen zwischen dem Islam und Frankreich widmen solle, um auf Grund ihrer Forschungen eine "ligne de conduite" für die Siedler, Offiziere, Verwaltungsbeamten und Politiker festzulegen. Er selbst nimmt das Resultat dieser Untersuchung in gewissem Sinne schon vorweg, indem er darauf verweist, in Tunesien sei eine seiner Meinung nach recht brauchbare Lösung gefunden worden in Gestalt des Protektorats. Dort sei man auf dem Wege der Versöhnung. Versöhnung, conciliation, aber wird sein großes Anliegen. Auf arabische Kritik hin schreibt er einen weiteren Artikel, in dem er sich ausdrücklich zum Miteinanderreden, zum gegenseitigen Verstehen, zur Toleranz bekennt. Aber bei genauerem Hinsehen ist diese Toleranz, wie wohl in den allermeisten Fällen, keine echte, absolute Toleranz, sondern ein Kompromiß aus den radikalen Forderungen, die der Glaube an die eigenen Werte stellt und den diesen Forderungen sich widersetzenden Realitäten; diese Toleranz ist nur ein Mittel, um einen vorläufigen modus vivendi zu finden. Denn für Hanotaux ist die Tatsache der Überlegenheit der abendländischen Zivilisation und Religion unbestritten: "La religion chrétienne héritière plus directe de l'antiquité aryenne et en rupture violente avec le sémitisme dont, pourtant, elle était fille, tend à relever l'homme en le rapprochant de Dieu, tandisque la religion mahométane, fille de l'Arabie et moins dégagée de l'influence sémitique, tend à abaisser l'homme, en reculant Dieu au fond de l'infini." Er ist aber doch Realist genug, um die Macht dieser Religion richtig einzuschätzen; sie ist eine Tatsache, die nicht übersehen werden kann. Im Protektorat aber sieht Hanotaux offenbar ein Mittel, diese Macht langsam zu reduzieren. Er meint, Tunis würde schon unmerklich dem Einfluß Mekkas entkommen, ein neuer Geist dringe in Verwaltung, Sitte und Rechtsprechung, die europäische Denkweise mache Fortschritte, die Trennung der Gewalten sei vollzogen. Das heißt aber doch, daß der Einfluß des Islam auf das tägliche Leben der Bevölkerung dergestalt langsam vernichtet wird; die Religion verliert ihre überragende Bedeutung in allen Lebensbereichen, damit ihre große Macht, sie wird in einen einzelnen Bereich, den nur religiösen, zurückgedrängt. Hier aber wird klar, daß unter dem Schutzmantel der religiösen Toleranz eine heimliche Umwandlung der islamischen Welt angestrebt wird. Die Toleranz ist ein Mittel, um am einfachsten und sichersten die morgenländische durch die abendländische Zivilisation zu ersetzen. Ist dies einmal geschehen, bedeutet auch der äußerlich weiterbestehende Islam keine Gefahr mehr. Die 1900 vertretenen Ansichten wiederholt Hanotaux auch 1912 anläßlich des Tripoliskrieges, als er die Schwierigkeiten der Italiener weniger mit der Leistung der türkischen Soldaten als mit dem islamischen Glauben der einheimischen Bevölkerung erklärt. Er meint, die Mittelmeerkrise könne nur gelöst werden, wenn sich Europa endlich darüber klar werde, wie es den Islam behandeln wolle; und auch hier rät er zur Toleranz. "Il faut vivre avec lui." 1935 schließlich, in Pour l'Empire colonial français wiederholt er seine Überlegungen von 1900 fast wortwörtlich. "Les rapports avec l'Islam sont, pour la France, le problème colonial par excellence." (116) Wieder betont er den gemeinsamen Ursprung der Religionen, plädiert für Toleranz mit der Hoffnung, eine allmähliche Annäherung werde eintreten, diese Annäherung, die ganz offenbar nur durch Verluste in der Substanz des Islam selbst erreicht werden kann.

Der unbefangene Leser dieser Hanotaux'schen Texte über den Islam würde wahrscheinlich eher als wir an eine echtgemeinte Toleranz glauben. Aber unsere Interpretation drängt sich im Lichte der Kenntnis der übrigen Schriften und Meinungen Hanotaux' und seiner allgemeinen Ideen unwiderstehlich auf. Wie so oft bei ihm stehen wir vor dem Zwiespalt der sich zwischen dem idealistischen Fernziel und dem pragmatischen Nahziel auftut. (117)

7) Die patriarchalische Einstellung Hanotaux'

Ganz allgemein ließe sich Hanotaux' Verhältnis zu den Kolonialvölkern als patriarchalisch bezeichnen. Er liebt es, die Bindungen zwischen Frankreich und seinen Kolonien mit Vokabeln zu bezeichnen, die Verwandtschaftsbeziehungen ausdrücken. Wir sind schon auf das Bild von der Mutter mit ihren Kindern gestoßen, welches Hanotaux nicht müde wird, zu wiederholen. Frankreich wird aber auch als der große Bruder (118) oder die große Schwester (119) bezeichnet, an die sich die jüngeren Geschwister voller Vertrauen wenden. Ein anderes Mal schreibt er: (120) "Nous étions des amis, des bailleurs de fonds et, un peu, des patrons." Der Gedanke, daß es unter Umständen schwierig sein könnte, zugleich Ami und Patron zu sein, kommt ihm nicht im Entferntesten. Hanotaux übeträgt hier seine reaktionären sozialpolitischen Ideen, die ganz von Vorstellungen wie Hierarchie, Autorität und Disziplin geprägt sind, auf das Zusammenleben von Mutterland und Kolonie. (121) Er sieht nicht die Gefahr, daß sich die sozial benachteiligten Schichten in Europa und die bevormundeten Völker in den Kolonien gegen die Autoritäten und Hierarchien auflehnen könnten. Dabei ist Hanotaux selbst schon sehr früh auf die Reaktion der eroberten Völker gegen den Imperialismus gestoßen. Als er 1900 in Le Journal die genannten Artikel über "L'Islam" geschrieben hatte, erschien eine Antwort in dem Kairoer Blatt Al Moayaâ, in dem der Groß-Mufti von Ägypten, der Scheich Mohammed Abdou scharf die europäischen Ansprüche und die philosophisch-religiösen und historischen Theorien Hanotaux' zurückwies. (122) Aber diese frühe Warnung scheint Hanotaux nicht beeindruckt zu haben. So kommt es auch, daß er selbst in seinen spätesten Jahren, als es in den Kolonien schon zu gären begann, nie begonnen hat, an der Zukunft der Kolonien und der französischen Kolonialherrschaft zu zweifeln. So wie er vor dem Ersten Weltkrieg überzeugt war, daß die Kolonialvölker vertrauensvoll ihr Schicksal in die Hände Frankreichs legen werden (123), so meint er 1935, daß sich eine allgemeine Harmonie zwischen den Autochthonen und den Franzosen hergestellt habe, "le pacte est conclu devant l'histoire." (124) Im posthum 1947 erschienenen vierten Band von Mon Temps findet sich ebenfalls noch der von uneingeschränktem Optimismus zeugende Satz: (125) "Notre vie commune avec les peuples de l'Islam étant facile à régler, comme on le voit à Tunis et à Alger, ils ne nous ignorent plus, ne nous combattent plus, une grande paix et de chaudes amitiés sont en train de les grouper autour de notre France qui devient leur mère patrie commune."

Hanotaux ist überzeugt, daß das französische Kolonialreich auf festen Grundlagen steht und in absehbarer Zukunft nicht gefährdet ist. (126)

IV. DIE PRAXIS DER KOLONIALEXPANSION

Nachdem wir in den vorausgehenden Kapiteln die theoretische Seite der Hanotaux' schen Kolonialpolitik nachgezeichnet und analysiert haben, müssen wir uns nunmehr der praktischen Seite zuwenden und untersuchen, wie Hanotaux diese seine Ideen zu verwirklichen versucht hat. Dazu müssen wir zunächst einen ausführlichen Überblick über die allgemeinen Tendenzen, Methoden und Mittel der Außenpolitik Hanotaux' geben. Erst vor diesem breiten Hintergrund wird es möglich sein, die Details seiner Aktionen im Rahmen der Politik der kolonialen Expansion richtig zu deuten und zu beurteilen.

1) Die allgemeinen Prinzipien der Hanotaux' schen Außenpolitik

a) Voraussetzungen und Möglichkeiten außenpolitischer Aktion in Frankreich zur Zeit Hanotaux'

Als erstes gilt es zu sehen, unter welchen Bedingungen und Voraussetzungen im Frankreich der neunziger Jahre des Neunzehnten Jahrhunderts Außenpolitik getrieben werden konnte, um zu erfahren, welcher Spielraum Hanotaux in seinen Aktionen zur Verfügung stand und wo er den nötigen Rückhalt finden konnte, um seine Politik der imperialistischen Kolonialexpansion nach seinen Konzeptionen führen zu können.

Hierbei ist zunächst auf ein Phänomen hinzuweisen, dem als typisch für die Dritte Republik große Aufmerksamkeit zu schenken ist, nämlich auf das erstaunliche Desinteresse der französischen Öffentlichkeit für außenpolitische Probleme. Die wesentlichen Kontroversen um die Zielsetzungen der französischen Politik betrafen stets fast ausschließlich innenpolitische Fragen, denen die öffentliche Meinung ihre intensivste Aufmerksamkeit widmete, die im Mittelpunkt der Wahlkämpfe standen und in deren Windschatten die Leiter der Außenpolitik weitgehend frei schalten konnten. Die Außenpolitik unterlag, im Gegensatz zur Innenpolitik, keiner permanenten Kontrolle und trat nur gelegentlich in Krisenzeiten in den Brennpunkt des Interesses. (1)

Besonders gering war das Interesse an Kolonialfragen, abgesehen von Fällen militärischer Katastrophen, wie derjenigen bei Longson, die 1885 den Sturz Ferrys herbeigeführt hatte. Aber auch Kolonialkriege erregten die Öffentlichkeit weniger, seit mit dem Gesetz vom 10. 7. 1893 eine aus Freiwilligen bestehende Kolonialarmee geschaffen worden war und nicht mehr die Wehrpflichtigen diese Kämpfe zu bestreiten hatten. (2) Hanotaux selbst bedauert, daß sich das Publikum nur für Boulanger und den Panamaskandal ereifern konnte (3) und meint: (4) "En France, les esprits, passionnés pour l'affaire Dreyfus, étaient ailleurs. C'est à peine si l'opinion, divisée, en outre, au sujet des affaires de Grèce et d'Arménie, devinait les soucis du gouvernement au sujet de l'Afrique." Die Kolonialfragen rangierten also nicht nur hinter innenpolitischen Auseinandersetzungen, sondern auch hinter den traditionellen Problemen der europäischen Außenpolitik.

Diese allgemeine Feststellung gilt auch ganz besonders für die uns speziell interessierende "Question d'Egypte". Außer den, stets nur eine geringe Minderheit darstellenden "milieux coloniaux" interessierte sich kaum jemand ernsthaft für die Zukunft Ägyptens und noch weniger für das Schicksal der ehemaligen Südprovinzen dieses Landes, den Sudan. (5) Die interessierten Kreise haben auf diese Haltung der Öffentlichkeit denn auch wiederholt hingewiesen und sie beklagt. Dehérain schrieb schon 1894: (6) "S'il existe une question à laquelle l'opinion française soit indifférente, c'est bien assurément celle de la succession de l'Egypte dans la province équatoriale." Auch ein amtliches Schriftstück bestätigt diesen Sachverhalt. Eine Note vom 6. 8. 1896 "La Question d'Egypte" (7) vermerkt, daß die, den französischen Interessen entgegengesetzte, englische Sudanexpedition Kitcheners in der französischen Presse und bei den Kolonialkreisen heftige Erregung hervorgerufen habe, aber gleichzeitig eine bestürzende Tatsache zu Tage gefördert habe: "Jusqu'alors on pouvait croire que la campagne bruyante menée par certains organes de la presse française en faveur de la libération de l'Egypte répondait à une véritable pression de l'opinion publique." Der oberflächliche Beobachter hätte dies wohl glauben können, aber er hätte eben nicht gesehen "ce qu'il y avait de superficiel et d'artificiel dans cette prétendue poussée de l'opinion publique." Es zeigt sich damit sogar, daß die an der Kolonialexpansion beteiligten und interessierten Kreise sich bisweilen gar nicht darüber klar waren, wie wenig populär die von ihnen propagierte Politik war. In Krisenzeiten, wenn es galt, die öffentliche Meinung zu mobilisieren, mußte dies unweigerlich verhängnisvolle Folgen haben. (8)

Ein weiterer, im Rahmen dieses Kapitels zu betrachtender bedeutsamer Faktor ist, daß Hanotaux in seiner Tätigkeit nicht an irgendwelche Parteidirektiven gebunden war. Straff organisierte Parteien im heutigen Sinne kannte diese Zeit noch nicht. Von Partei- und Abstimmungsdisziplin konnte nicht die Rede sein. Darüber hinaus hat sich Hanotaux aber auch ganz bewußt bemüht, über den Parteien zu stehen. Bei diesem Bemühen sind zwei Antriebe zu unterscheiden. Zum ersten haben wir schon gesehen, daß für Hanotaux Partei- und Klassengegensätze etwas künstliches sind, er will die eine Partei der Franzosen schaffen und als Außenminister will er dieser einen Partei, das heißt der Gesamtheit der Franzosen, damit aber Frankreich dienen. In diesem Sinne schreibt ihm H. Lavertujon, als die Frage auftauchte, ob Hanotaux sich um ein Deputiertenmandat bewerben solle: (9) "Vous ne pouvez plus être que le ministre des affaires étrangères d'un parti politique, soumis comme tel aux chutes et aux retours inévitables, vous ne pouvez plus être - et surtout quand vous serez le député opportuniste de Chatellerault - vous ne pouvez plus être le grand ministre intangible, respecté de tous les partis parce que n'appartenant à aucun, planant au dessus de nos misérables querelles intérieures et menant vigoureusement sa barque droit au but, pour le plus grand prestige de notre France,..." (10) Der zweite Aspekt klingt in diesem Schreiben ebenfalls an: Die Abhängigkeit des Ministers im parlamentarischen System von Minister- und

Regierungskrisen. Immer wieder bedauert Hanotaux diese Tatsache. (11)
Diese Seite der republikanischen Staatsform betrachtet er als ihren
schwächsten Punkt und als Haupthindernis für eine erfolgreiche Außenpolitik. (12) Sein Traum wäre gewesen, wie der ihm sehr ergebene Frédéric
Loliée schrieb, "appliquer au régime républicain les moyens de gouvernement intérieur d'un régime absolutiste." (13) Am liebsten hätte er seine
Politik mit den gleichen Mitteln wie Richelieu geführt und in dieser Auffassung trifft er sich bezeichnenderweise mit Paul Cambon, obwohl sie
sonst doch recht häufig unterschiedlicher Meinung waren. (14) Da die Rückkehr zu absolutistischen Methoden nicht möglich war, versuchte Hanotaux,
die Nachteile des parlamentarischen Systems auszugleichen, indem er sich
bemühte, es zu neutralisieren indem er sich über dieses System stellte.
Charakteristisch ist ein Urteil Münsters über ihn: (15)"Hanotaux ist weder
Mitglied des Senats noch der Deputiertenkammer, will um jeden Preis eine
Stellung als womöglich permanenter Minister des Äußeren, auch bei Ministerkrisen, sich erhalten." Die Außenpolitik Frankreichs zu leiten, ohne
von den wechselnden Mehrheitsverhältnissen des Parlaments abhängig zu
sein, ist Hanotaux' Ziel.

Im Juni 1887 notiert er in seinem Journal: (16) "Il me semble que je suis
arrivé à peu près à un âge où il est indifférent à ma destinée d'être ou
de n'être pas ministre. Il s'agit de savoir seulement si mes idées prévaudront, la question de l'exercice personnel du pouvoir n'étant qu'accessoire. - Je puis donc considérer comme une éventualité utile l'avènement
aux affaires de certains hommes sur lesquels j'aurais pris - sans qu'ils
s'en aperçussent, une influence telle qu'ils seraient les créatures plus
ou moins conscientes de mes desseins. Rien n'est plus facile sous le régime parlementaire où les ministres se font ou se défont si vite." (17) In
diesen Zeilen klingt einerseits das leise Bedauern darüber an, keinen Ministerposten zu bekleiden - ohne daß Hanotaux sich dieses Bedauern vor
sich selbst wirklich eingestünde - andererseits zeigt sich das Bestreben
zumindest die graue Eminenz zu spielen. Sechs Jahre später, im gleichen
Journal erinnert er sich an dieses Programm und er meint, es sei ihm
gelungen, sukzessive das Vertrauen der Außenminister Spuller, Ribot und
Develle zu erlangen: "Au ministère je suis arrivé à peu près à ce que je
me donnais à moi-même comme but au début de ce recueil, c'est-à-dire
à influer grandement sur les affaires de l'Etat, sans toutefois jouer les
rôles en évidence." (18) Seine Eitelkeit läßt ihn zweifellos übertreiben.
Er behauptet, sein Journal zeige zahlreiche Spuren seiner Aktivität während
des Ministeriums Ribot. Dabei handelt es sich aber lediglich um in seinen
normalen Aufgabenbereich fallende Dinge, von einer weitgehenden persönlichen Einflußnahme auf den Gang der Ereignisse zeigt sich wenig. (19)
Er gibt andererseits zu, daß Ribot, der ihn "gut behandele" und ihn ständig
konsultiere, doch keineswegs stets seinen Ratschlägen folge. Develle
wiederum, der noch mehr Vertrauen in ihn gehabt hätte, war gerade, nach
nur gut halbjähriger Amtszeit gestürzt worden. So schreibt Hanotaux denn
auch nur, er habe sein Ziel erreicht: "jusqu'à un certain point" und "à peu

près". Es ist evident, daß die genannten Minister keineswegs Hanotaux' "Kreaturen" gewesen sind und daß überdies im Augenblick, in dem er schrieb, gerade diejenigen, deren Vertrauen er besaß, nicht mehr an der Macht waren. Genau besehen zeigen die genannten Einträge eher, daß Hanotaux eben nicht die Rolle der éminence grise hatte spielen können, wie es ihm vorgeschwebt hatte, daß die wirkliche Situation den Erwartungen seines Ehrgeizes mitnichten entsprach.

Tatsache ist dennoch, daß es ihm gelungen ist, in den langen Jahren seiner Tätigkeit am Quai d'Orsay sich die Beziehungen zu schaffen, die ihm später als Außenminister sehr zugute kommen sollten. Er konnte sich nun für seine Aktion den nötigen Rückhalt vor allem in den Kreisen der politisch meist neutralen Berufsdiplomaten und höheren Funktionäre des Quai d' Orsay suchen. Mit dreien der bedeutendsten französischen Botschafter stand er auf recht vertrautem Fuße. De Courcel kannte er seit 1880, bei ihm hatte er das Aufnahmeexamen für den Eintritt in die diplomatische Karriere abgelegt. Die Verbindung blieb immer bestehen, als Außenminister ernannte er de Courcel zum Botschafter in London und noch in seinen Memoiren spricht er von ihm als "mon maître au début de ma carrière." (20) Den Marquis de Noailles hatte er in Konstantinopel kennengelernt, wo er dessen Botschaftssekretär war, und nach anfänglichen Schwierigkeiten gestaltete sich ihr Verhältnis sehr gut, so gut, daß Hanotaux de Noailles später auf den sehr wichtigen Berliner Botschafterposten berief. Auguste Gérard, der zu Hanotaux' Zeit mit den wichtigen Chinaverhandlungen betraut wurde, war im Kabinett Gambetta Hanotaux' Vorgesetzter gewesen und in seinen Memoiren berichtet er, daß sich von dieser Zeit an ihre gegenseitigen Beziehungen immer enger und vertrauensvoller gestaltet haben; schließlich beauftragte er Hanotaux mit der Publikation eben dieser Memoiren. (21)

Hanotaux hatte so einen recht starken Einfluß erlangt, der auch bestehenblieb, als er für ein halbes Jahr von Berthelot und Bourgeois abgelöst wurde. Deutscherseits wird mehrmals betont, de Courcel habe in dieser Zeit mehr mit Hanotaux beraten und korrespondiert als mit dem etatmäßigen Außenminister. (22) Auch der italienische Botschafter in Paris Tornielli berichtet mehrmals in diesem Sinne an seinen Außenminister Caetani. (23) Selbst Bittsteller, wie Déroulède, der um eine Empfehlung für die Dekoration eines Bekannten nachsucht, wenden sich an Hanotaux mit der Begründung, er hätte ja noch seinen Einfluß am Quai d'Orsay behalten. (24)

Im Kabinett Méline schließlich konnte Hanotaux sehr frei schalten, denn der Ministerpräsident interessierte sich vorwiegend für Agrarfragen und überließ seinem Außenminister gerne das Feld der Außenpolitik.

Bezeichnend für die Tatsache, daß Hanotaux seine Politik mit Hilfe eines kleinen Kreises von Berufsdiplomaten unter Ausschluß der Öffentlichkeit im weitesten Sinne zu führen bestrebt war, ist die bekannte Episode des Rücktritts Casimir-Periers der unter anderem als Grund anführte,

Hanotaux habe als Außenminister ihn, den Präsidenten der Republik, nie
ordentlich informiert und wichtige Dokumente zurückgehalten.
Andererseits darf aber nicht übersehen werden, daß Hanotaux auch immer
wieder an die Öffentlichkeit appelliert hat. So war er häufig bemüht, seine
Politik publizistisch zu rechtfertigen. Dies geschah in den meisten Fällen
erst lange nach seinem Ausscheiden aus dem Amt (La Politique de l'Equilibre, La Guerre des Balkans et l'Europe, besonders aber Le Partage de
l'Afrique - Fachoda). Aber auch während des Berthelotinterims benützte
Hanotaux dieses Mittel, um seine Auffassungen darzulegen und zu verteidigen, besonders in der Madagaskaraffäre (L'Affaire de Madagascar) und
der Orientfrage, wo seine Politik auf Widerstand gestoßen war. In der
Revue de Paris veröffentlicht er eine Serie von Artikeln über Afrika, in
denen er versuchte, das passive Publikum für die Kolonialprobleme zu
interessieren; und Anfang Dezember 1895 erschien ein anonymer Artikel
zur Orientfrage, der ein Plädoyer für die Hanotaux'sche Politik darstellt.
Dies so deutlich, daß im Figaro die Vermutung auftaucht, Hanotaux könnte
selbst der Autor sein. Daß dies tatsächlich der Fall war, erfahren wir
allerdings nur aus seinem Briefwechsel. (25)

Es scheint zunächst einen Widerspruch darzustellen, wenn Hanotaux einerseits an die Öffentlichkeit appelliert und ihre Passivität bedauert, andererseits sich über den Einfluß beklagt, den sie in Form von Presse und Parlament, mag er auch recht gering gewesen sein, ausübt. Dieser Widerspruch
löst sich bei genauerem Hinsehen auf. Hanotaux möchte, daß die Öffentlichkeit ihn unterstützt, sie soll seinen Entscheidungen Gewicht verleihen.
Speziell in Kolonialfragen soll sie ihn gegen die englische Presse und gegen
die englische öffentliche Meinung stützen. Er lehnte es aber ab, wenn diese
Öffentlichkeit die Außenpolitik selbst bestimmen und leiten, wenn sie statt
den Minister zu stützen, ihm Direktiven geben will. Die Regierung, der
Minister, weiß am besten, was gut für das Land ist und die Öffentlichkeit
hat ihm in seiner Aufgabe zu helfen und nicht zu kritisieren.

b) Der Glaube an die Diplomatie

Hanotaux glaubt an die Diplomatie. Er hält sie für das beste und geeignetste Mittel internationale politische Streitfragen zu regeln. Er ist überzeugt,
daß mit ihrer Hilfe jedes Problem zu lösen sei, wenn man nur mit gutem
Willen darangehe, vernünftig-rational argumentiere, unermüdlich verhandle
und genügend "esprit de conciliation" zeige; dann könnten selbst entgegengesetzte Interessen zusammengeführt werden. (26) Sein Vertrauen in die
Vernünftigkeit der menschlichen Natur und in die Fähigkeit der Politiker,
nüchtern rational zu denken und entsprechend zu handeln, zeigt sich in
allen seinen Publikationen. So kann er im Stillen sogar hoffen, daß Elsaß-Lothringen auf dem Verhandlungswege zurückgewonnen werden könne, wie
eine vom 1. 6. 1887 datierte Aufzeichnung zeigt: (27) "L'Alsace-Lorraine
par la paix, tel doit être le but de notre politique étrangère. La démocratie doit s'organiser pour la vigueur et la lutte éventuelle; mais avec une
pensée pacifique dominante. Donc, selon la parole de Richelieu: 'Négocier,

négocier toujours.' " Diese Maxime seines großen Vorbilds hat er sich
stets zu eigen gemacht und er wird nicht müde, sie zu zitieren. Sein eigenes diplomatisches Geschick war allgemein anerkannt, er galt als "konzilianter und gewiegter Mann", (28) und er war stolz darauf. Ein erstes großes Ereignis in seiner diplomatischen Karriere hat ihn gewiß stark in
diese Richtung hin beeindruckt und beeinflußt. Es handelt sich dabei um
die Episode von 1885/86, als er als Chargé d'Affaires in Konstantinopel
auf Anweisung Freycinets und in Vertretung des Botschafters mit dem
Sultan Abdul Hamid und dem Großwesir Kiamil Pacha verhandelte und wohl
nicht unwesentlichen Anteil am Zustandekommen des Vertrages von Top-
Hané hatte, der die Balkankrise um die bulgarische Annexion Ost-Rumeliens beendete. Diese erste komplizierte internationale Verhandlung, an
der er teilnahm, und die erfolgreich abgeschlossen werden konnte, hat
ihm Vertrauen in die eigenen Fähigkeiten und in die Möglichkeiten der
Diplomatie gegeben und ihn zweifellos für die Zukunft stark markiert.

Ein besonders weites Feld für die Diplomatie sieht er in den verschiedenen
Problemen, die aus der kolonialen Expansion der europäischen Mächte in
Afrika und Asien erwachsen. Er selbst hat im Laufe seiner Karriere am
Quai d'Orsay an zahlreichen Verhandlungen teilgenommen, als Sous-directeur des Protectorats, als Plénipotentiaire und besonders als Außenminister. (29) Das Faschodadebakel macht ihn nicht irre, sondern bestärkt
ihn eher in seiner Ansicht, denn er ist fest davon überzeugt, daß es zu
Lasten der dilettantischen Politik seines Nachfolgers geht und durch eine
geschicktere Diplomatie hätte vermieden werden können. In späteren Jahren
sieht er besonders in den Orient- und Balkanfragen eine große Aufgabe
für die Diplomatie. Im Dezember 1910 schreibt er hierzu: (30) "Avant que
des heurts se produisent, la diplomatie a de la marge, comme on dit. Un
magnifique sujet est offert à son activité. Il s'agit d'un partage d'influence
en Asie centrale, comme le XIXe siècle en a vu plusieurs en Afrique et
dans l'Asie d'Extrême-Orient. Il n'est pas au-dessus de la sagesse des
gouvernements, au-dessus de la ferme attache des peuples à la paix de
couronner, par une conclusion conciliatrice, ces longues et laborieuses
rivalités. " Es scheint ihm als herrliche Aufgabe für einen Diplomaten,
sich solch bedeutenden Angelegenheiten widmen zu dürfen. Noch Ende 1913
hofft er, daß die Lösung des osmanischen Problems schließlich in einer
groß angelegten Verhandlung aller europäischen Mächte zu erreichen sein
werde; und er wirft der französischen Diplomatie vor, die gebotene, großartige Chance nicht entschlossen auszunützen. (31) Die Ausführungen, die
er in diesem Zusammenhang macht, zeigen darüber hinaus deutlich, daß
er überzeugt ist, die Diplomatie könne weitvorausschauende Pläne fassen
und, genügende Sorgfalt in Vorbereitung, Durchführung und Organisation
vorausgesetzt, erfolgreich realisieren. Es ist interessant, in diesem Zusammenhang auf einen entscheidenden Gegensatz der Ideen Hanotaux' zu
den Ansichten Edward Greys, eines seiner direkten Gegenspieler, hinzuweisen. Bei der Darstellung der Shimonoseki-Affäre behauptet Hanotaux,
es sei sein klar vorbedachter Plan gewesen, Chinas Unabhängigkeit und

Integrität zu schützen, um sich dadurch dessen Freundschaft und künftige
Konzessionen und Vorteile einzuhandeln, eben die Vorteile, die durch die
Verträge von 1895 und 1897 für Frankreich erlangt wurden. Er stellt die
Dinge so dar, als habe seine Diplomatie einen Plan über mehrere Jahre
hin klar verfolgt und einem erfolgreichen Ende zugeführt. (32) Zur gleichen Angelegenheit schreibt Grey in seinen Memoiren: "It would be interesting to know how much the statesmen of Berlin, Paris and St. Petersburg
saw of the future consequences of their action, when in 1895 they decided
on joint action to restrain Japan. I am sure that British Ministers at the
time did not look beyond the moment. Probably it is seldom that public men
see much beyond direct consequences. " (33) Auch an anderer Stelle zeigt
er sich im Gegensatz zu Hanotaux recht skeptisch über das Vermögen der
Politiker weit vorausschauend zu handeln. (34)

Das Vertrauen durch Verhandlungen und mit den Mitteln der Diplomatie
alle wesentlichen zwischenstaatlichen Probleme lösen zu können, läßt Hanotaux allen Versuchen zu internationalen Regelungen mit Sympathie begegnen und sie unterstützen. Immer wieder betont er die Notwendigkeit, alle
wichtigen politischen Entscheidungen müßten von der Gesamtheit der Staaten gefällt oder doch gebilligt werden. Bezeichnend hierfür ist, daß er dem
Deutschen Reich stets die Legalität absprach, weil es der Sanktion eines
europäischen Kongresses ermangle und nur Produkt der Gewalt sei. Ähnlich kritisiert er 1906, daß den Elsaß-Lothringern die deutsche Staatsangehörigkeit aufgezwungen worden sei, ohne zuvor ein "tribunal suprême
européen" zu konsultieren. (35) Es erscheint nach alldem bisher gesagten
nicht verwunderlich, daß Hanotaux sich anläßlich der Haager Friedenskonferenzen recht zuversichtlich gibt und die Bildung eines "parlement
universel" erhofft und die Einsetzung von "Etats généraux du monde" für
möglich hält. (36) Konsequent setzt er sich denn auch für die Gründung
des Völkerbundes ein (37) und geht bezeichnenderweise als erster französischer Delegierter nach Genf. Seine leidenschaftliche Stellungnahme
gegen Deutschland sofort nach Kriegsausbruch, die in unzähligen Artikeln
zum Ausdruck kommt, und sich darin niederschlägt, daß er behauptet,
Deutschland habe konsequent über Jahre hin Eroberungspolitik betrieben,
auf den Krieg hingearbeitet und ihn schließlich ganz bewußt vom Zaun gebrochen, darf uns nicht vergessen lassen, daß er bis unmittelbar vor
Kriegsbeginn eben diesen Krieg für absurd hielt und fest davon überzeugt
war, alle Staaten wollten Frieden und Ausgleich, alle Streitfragen könnten
und würden letztlich friedlich beigelegt werden. (38) Selbst nach dem
Krieg hat er seinen Optimismus nicht ganz verloren und läßt denn auch
noch 1930 dem Briand'schen Europaplan eine skeptisch-nuancierte Zustimmung zuteil werden. (39)

c) "Le Concert Européen" und "La Politique de l'Equilibre"

Der hier gezeigte Glaube in die Macht der Diplomatie ließ ihn zu einem
Anhänger eines Systems werden, welches er stets als "politique du concert européen" bezeichnet und verteidigt hat. Alle Großmächte drängten

nach Kolonialerwerb, suchten die außereuropäische Expansion. Vorbedingung hierzu sei die Ruhe innerhalb Europas. Anfallende Streitigkeiten, etwa die Krisen in Zusammenhang mit dem osmanischen Reich, sollten in gemeinsamer Aktion aller Mächte friedlich gelöst werden, das gemeinsame Interesse, nicht die trennenden Fragen sollten betont werden. Rückblickend schreibt er: (40) "Le concert européen présida à la période d'expansion coloniale. Il fallut, en ce temps-là, beaucoup de prudence aux gouvernements pour ne pas réveiller les vieilles querelles intra-européennes. Ce fut la période des ménagements réciproques; elle permit, en somme, un règlement à peu près satisfaisant des conflits lointains. On ne parlait plus de ce qui divise; on voulait ignorer les causes permanentes de conflit direct; les querelles fondamentales étaient remisées ou ajournées. " In den Jahren vor dem Ersten Weltkrieg fordert er ständig, man solle zu diesem System, welches zu seiner Amtszeit, und speziell im Nahen Osten, so befriedigend funktioniert habe, zurückkehren: (41) "Surtout, pas de coteries, pas de conciliabules particuliers, mais, bien réellement, l'action simultanée de tous, 'concert européen', comme nous disions jadis, " war seine Forderung. (42) Auch nach der Katastrophe des Ersten Weltkriegs hält Hanotaux dieses System noch für das beste und fordert die Regierenden auf, darauf zurückzukommen. (43) Auffallend ist in Hanotaux' Plädoyer für das "concert européen" wieder seine schon mehrmals bemerkte Tendenz, wesentliche fundamentale Differenzen zu kaschieren, um eine äußerliche Übereinkunft zu erreichen. So wie er nicht zugeben will, daß es innerhalb des französischen Volkes scharfe Interessengegensätze gibt, so wie er den unvermeidlichen Konflikt zwischen Kolonialmächten und kolonisierten Völkern nicht sieht, so bemüht er sich, das Trennende zwischen den Großmächten möglichst hintanzustellen. Der wesentliche Unterschied ist aber, daß er im Falle der Großmachtbeziehungen die Differenzen, die er in den beiden anderen Fällen leugnet, wohl anerkennt. Hier wird das Trennende bewußt ignoriert, dort dagegen erkennt er es gar nicht in seiner tiefsten Bedeutung. Dennoch glaubt er auch hier, daß diese Gegensätze nicht zu dem fatalen Zusammenstoß führen müssen, daß dieser durch Konzilianz und guten Willen vermieden werden kann.

Im Rahmen dieses Europäischen Konzertes soll Frankreich nach Hanotaux eine Gleichgewichtspolitik betreiben. Schon bei der Analyse der außenpolitischen Prinzipien Richelieus sieht er hierin den entscheidenden Punkt: "La politique d'équilibre est essentiellement la politique française. " (44) Diesem Prinzip ist Hanotaux stets treu geblieben und hat es mit Nachdruck verteidigt. Frankreich solle sich keinem festen System unterordnen, keine exklusiven Bündnisse schließen, keine Seite einseitig bevorzugen, nach allen Seiten offen sein, sich nach seinen jeweiligen Interessen hierhin oder dorthin wenden, ein Balancespiel treiben, bei dem die absolute Wahrung der französischen Interessen das alleinige Kriterium sein solle. (45)

Aus Hanotaux' Außenministerzeit liegen uns sehr zahlreiche Dokumente vor, die beweisen, daß er auch in der Praxis diese Politik wirklich verfolgt hat, und es sich nicht nur um ein im nachhinein konstruiertes, theoretisches Schema handelt. Anläßlich der englisch-französischen Siam-Verhandlungen schreibt er am 27. 9. 1895 an de Courcel in Berlin: (46) "Il s'agit de montrer à l'Angleterre, et même au monde, qu'entre les Anglais et nous, des arrangements raisonnables sont toujours possibles; il s'agit aussi de ne nous fermer aucune porte et de ne nous lier les mains par aucune formule gênante. " Um die Kubakrise zu lösen, weist er den französischen Botschafter in Washington, Jules Cambon, an, sich mit den Vertretern der sechs Großmächte in Verbindung zu setzen, um gemeinsam zwischen Spanien und den USA zu vermitteln. (47) Besonders interessant in diesem Zusammenhang ist aber eine Aufzeichnung Hanotaux' anläßlich der Reise Felix Faures nach Rußland im August 1897. In der Kretakrise hatte Murawjow aus Verärgerung über die englische Haltung vorgeschlagen, den Frieden nur von den Kontinentalmächten unterzeichnen zu lassen. Gleichzeitig sondierte er, ob Frankreich eventuell einem losen Bündnis dieser drei Mächte zustimmen würde. Hanotaux gelang es, auf der Reise die Russen von diesem Plan abzubringen. Er notiert: (48) "Dans la crise que nous traversions je considérais le résultat comme très important. Il ne faut pas oublier qu'avant notre départ il n'était question que d'une combinaison des trois puissances continentales contre l'Angleterre. Si la Russie avait songé sérieusement à une pareille politique nous n'aurions pu la suivre. Au contraire nous l'amenions vers nous, dans la politique de bascule et de concert européen qui doit être la notre. Ce résultat (a) été à lui seul un des effets les plus heureux du voyage. " Prüfstein für diese Politik des Gleichgewichts war stets die fast permanente Orientkrise, in der sich die Interessen aller wichtigen Mächte berührten. Gerade hier durften sich nach Hanotaux keine festen Mächtegruppen bilden, die sich daraufhin dann auch in anderen Weltfragen gegenübergestanden hätten, wodurch die Bewegungsfreiheit aller Beteiligten stark eingeschränkt worden wäre. Auf diesen Grundzug der Hanotaux'schen Politik ist besonders auch von deutschen Diplomaten immer wieder hingewiesen worden. So schreibt Radolin am 4. 7. 1897 an Hohenlohe: (49) "Es ist schon mehrfach in der diesseitigen Berichterstattung hervorgehoben worden, wie nach hiesigen Beobachtungen Herr Hanotaux das schwierige Problem zu lösen sucht, gleichzeitig eine "Entente Cordiale" mit England und Rußland aufrechtzuerhalten. Bei allen Verhandlungen der letzten Monate über die Orientlage hat er sich bemüht, es zu vermeiden, zwischen England und Rußland optieren zu müssen, und seinen hiesigen Einfluß dahin verwandt, den russischen Standpunkt in den einzelnen Fragen, möglichst den englischen Wünschen zu nähern. " (50) Wichtig ist weiterhin, daß auch P. Cambon, der wirklich nicht als bedingungsloser Anhänger Hanotaux' gelten kann, diese Aussagen bestätigt, etwa wenn er am 29. 10. 1896 an Hanotaux schreibt: (51) " Notre politique a consisté à nous maintenir en équilibre entre la Russie et les autres puissances, à créer entre elles un lien apparent et à échafauder ce décor de concert Européen derrière lequel il n'y avait rien, mais grâce auquel on a évité les ruptures irrémédiables et les résolutions compromettantes. " Das Europäische Konzert erweist sich als bloße diplomatische Konstruktion, hinter der keine wirklichen fundamentalen Gemeinsamkeiten stehen. Diese Konstruktion ermöglicht jedoch, daß die Mächte untereinander in Verbindung bleiben, die Gespräche nicht abreißen. Sie erlaubt es, die oft gegensätzlichen Interessen auszubalancieren und in einem labilen Gleichgewicht zu halten. In diesem Rahmen aber glaubt Hanotaux Frankreichs Einfluß am besten zur Geltung bringen zu können, da es durch die jeweilige Ausrichtung seiner Politik dieses Gleichgewicht zu erhalten oder zu zerstören vermag. Frankreich soll, als der am unabhängigsten Macht, in allen wichtigen Fragen eine entscheidende Schiedsrichterrolle zukommen. (52)

Diese Politik, meist sehr rational und pragmatisch als politische Notwendigkeit begründet, hat aber noch einen zweiten, sehr gefühlsmäßigen Aspekt. Wir haben weiter oben den beinahe religiösen Patriotismus Hanotaux' gesehen, seine unbeschränkte Liebe zu Frankreich. Die Größe dieses Landes aber duldet keine Beschränkung seiner Unabhängigkeit. Man lese folgende Sätze über Frankreichs Stellung in Europa aus dem ersten Band des Richelieu: (53) "rien ne se fait en Europe sans elle. Elle peut tout arrêter et tenir en suspens, la fortune des hommes et la fortune des idées. Pour circuler, il faut passer par elle. Elle confond dans son sein les aspirations du Nord et celles du Midi. Elle est la parente de toutes les races qui, pendant des siècles, vont se disputer l'hégémonie du monde. So nimmt es denn nicht wunder, daß er einmal schreibt, die Maxime jeder französischen Politik müsse sein: "la France ne doit pas être choisie; elle doit choisir." (54) Hanotaux sehnt sich immer in die Zeit Richelieus zurück. (55) "Souvenons-nous comme sa situation était belle en Europe; .... un doigt levé en France semblait devoir décider du sort de l'Europe." Dies historische Vorbild vor Augen, wird für Hanotaux die außenpolitische Unabhängigkeit, die Nichtunterordnung unter die Interessen einer anderen Macht oder die eines Bündnissystems, zum integrierenden Bestandteil der französischen Größe. Irgendwelche Abhängigkeiten wären dieses Landes unwürdig. Frankreich muß die "politique de l'équilibre" betreiben, wodurch es, entsprechend der Haltung, die es in den einzelnen großen Fragen einnimmt, das Schicksal Europas und der Welt bestimmen kann und damit wie einst auf den ersten Rang unter den Mächten vorrückt. Dies aber ist der Frankreich allein angemessene Rang.

Es wird kaum zu entscheiden sein, welche der beiden Begründungen, die politisch-rationale oder die gefühlsmäßige Hanotaux' Handeln zuerst oder vorwiegend beeinflußt hat. Wahrscheinlich gehen sie Hand in Hand, bedingen sich und bestärken sich wechselseitig, sind für uns im nachhinein relativ leicht zu trennen und separat zu analysieren, während sie für Hanotaux selbst wohl ein unauflösbares Ganzes bilden.

d) Bündnispolitik

Aus dem bisher gesagten folgt klar, daß Hanotaux ein Gegner starrer Bündnisgruppierungen ist.

Ganz deutlich zeigt sich dies in seiner Stellungnahme zur "Entente Cordiale" mit England, der wesentlichen Schöpfung seines direkten Nachfolgers Delcassé. Hanotaux lehnt sie scharf als Frankreichs Interessen zuwider ab. Der ganze Band La Politique de l' Equilibre ist ein einziges Requisitoire gegen die von Delcassé eingeleitete Ententepolitik. Die Entente Cordiale habe Frankreich die Hände gebunden und seine Politik fremden Einflüssen unterworfen. Ein Gedanke dominiert: (56) "Une pensée unique, ramener la France à sa politique traditionnelle, la politique de l' équilibre entre les différentes puissances, " und etwas weiter fordert er: "le retour à une politique libérée et véritablement nationale. " Besonders in der Agadirkrise und während der nachfolgenden Verhandlungen glaubt Hanotaux eklatante Beweise für die Schädlichkeit des Abkommens zu finden. (57) Wohl müsse Frankreich freundschaftliche Beziehungen zu England unterhalten, aber es dürfe sich nicht binden lassen. Er interpretiert die Entente Cordiale als geniale Machenschaft der Engländer, die darauf abzielt, sich mit Hilfe Frankreichs möglichst viele Vorteile in Gibraltar, Ägypten und Marokko zu verschaffen. Als dieses Ziel erreicht ist, wende England sich wieder Deutschland zu, wobei er als Beweis die Asquitherklärung vom 6. 12. 1911 und die Haldanereise nach Berlin im Februar 1912 anführt. Auch in deutschen diplomatischen Kreisen galt Hanotaux als Gegner der Entente Cordiale. So zählt schon 1904 von Kühlmann (Gesandtschaftssekretär in Tanger), den "Hanotaux' schen Anhang" zu den Gegnern der Entente (58) und Hanotaux' Zeitschriftenartikel finden allgemein Beachtung in Deutschland. (59) Auch P. Cambon bezeichnet Hanotaux in einem Schreiben an Poincaré als "adversaire de l' entente cordiale. " (60) Schon in seiner Außenministerzeit hatte Hanotaux den Gedanken an eine Entente Cordiale abgelehnt. Am 12. 10. 1896 schreibt er in der Aufzeichnung eines Gesprächs, welches er in Paris mit Nikolaus II geführt hatte, er habe zu dem Zaren gesagt: (61) "Nous avons pratiqué cinquante ans l' E n t e n t e   C o r d i a l e avec l' Angleterre, lui dis-je. C' est cette politique qui nous a conduit en Crimée, où nous avons perdu pour rien 100 000 braves gens dans les fossés de Sébastopol. Or, maintenant que la correspondance de lord Palmerston a été publiée, nous savons que, du côté anglais, cette entente cordiale n' a jamais été que méfiance latente et sourde hostilité. " Während dieser Zeit hätten sich die Russen immer mit den Deutschen verbündet und dadurch ebenfalls nur Nachteile erlitten. Er hoffe, beide Völker hätten die entsprechenden Lehren aus diesen historischen Erfahrungen gezogen und würden in Zukunft auf derartige Verbindungen verzichten. (62)

Gegen die hier vertretene These von der prinzipiellen Bündnisfeindlichkeit Hanotaux' scheint die Tatsache in eklatantem Widerspruch zu stehen, daß sich Hanotaux stets als ein ganz entschiedener Anhänger der russischen Allianz gegeben hat. Dieses Bündnis stellte er immer als den Dreh- und Angelpunkt jeder französischen Außenpolitik dar. Von seinem Abschluß an datiert er den Wiederaufstieg Frankreichs, auf den Toast auf der Pothau, bei dem zum ersten Mal die Worte "nations amies et alliées" fielen, wies er oft mit besonderem Stolz hin und er hat gelegentlich seine Rolle beim Zustandekommen dieser Allianz und bei ihrer Konsolidierung recht stark übertrieben. In keiner seiner gedruckten Schriften findet sich ein Wort der Kritik an diesem Bündnis. Gerade hier gewinnen aber Tagebucheintragungen aus den Jahren 1887 bis 1892, die bisher nicht beachtet worden zu sein scheinen, größte Bedeutung. Hanotaux vermerkt 1887: (63) "J'ai écrit dans la 'Nation' dix lettres diplomatiques sous le pseudonyme "un diplomate américain" qui paraissaient prématurées quand elles ont paru et qui déjà se réalisent: J'y disais à une opinion publique très excitée: Méfiez-vous de la Russie, elle vous lâchera." In diesen Artikeln (64) vertritt er im wesentlichen seine übliche Gleichgewichtspolitik, der wir an dieser Stelle jedoch zum ersten Mal begegnen. Frankreich sei stärker geworden, hätte sich einerseits von der Niederlage erholt, andererseits einen großen Teil der Weltöffentlichkeit auf seiner Seite; Deutschland dagegen sei schwächer geworden, stünde überdies vor der unlösbaren Aufgabe, seine Stellung zwischen Österreich und Rußland auszubalancieren. Rußland aber sei auf Frankreich zur Stützung seiner Balkanpolitik mehr angewiesen als Frankreich auf Rußland. Eine abwartende Haltung sei daher anzuraten, Frankreich solle sich keineswegs Rußland an den Hals werfen. Er warnt recht deutlich; wäre die russische Öffentlichkeit auch stark antideutsch, so sei auf der diplomatisch-politischen Ebene die Tradition des deutsch-russischen Zusammengehens doch unvermindert stark. Dieser Atavismus stünde Frankreich entgegen. Man solle sich keiner Täuschung hingeben. "Vous avez en France une tendance à croire ce que vous désirez: vous vivez plus ou moins sur la confiance ou sur l'illusion d'une alliance russe. Je crois être dans le vrai, en vous mettant sur vos gardes à ce sujet." Vier Jahre später bedauert er, daß seine Warnungen nicht gehört worden seien: (65) "Contrairement au sentiment que j'exprimais dans une des notes ci-dessus, nous avons versé tout-à-fait dans l'alliance Russe. Cela est bien grave. Mais je crois qu'il n'y avait décidément plus d'autre parti à prendre." Wieder ein Jahr später sieht er die Konsequenzen der russischen Allianz sehr negativ: (66) "Ce qui est certain, c'est qu'on a rapproché la guerre de dix ans, et que, plus que probablement, elle n'éclatera pas à notre heure et pour notre cause, mais à l'heure et pour la cause des autres." Er gibt sich sehr skeptisch, meint aber abschließend wiederum, daß diese Entwicklung nicht rückgängig zu machen sei.

Diese Notizen und Artikel weisen durchaus in Richtung der von uns vertretenen These. Der junge, noch in verhältnismäßig unbedeutender Stellung sich mehr theoretisch mit der großen Politik befassende Hanotaux bedauert, daß Frankreich sich endgültig und fest an Rußland gebunden hat, daß ihm dadurch die alleinige Initiative entrissen worden ist und er befürchtet, daß Frankreich durch seine Bündnispflicht in einen Krieg gerissen werden könnte, für den es sich nicht, in Übereinstimmung mit seinen eigenen Interessen, frei entschlossen hätte. Es zeigt sich aber auch hier schon die Hanotaux in recht hohem Maße eigene Eigenschaft des "opportunistischen" Politikers, eine gegebene Größe hinzunehmen, nicht auf einem Prinzip zu bestehen und das Beste aus jeder Situation zu machen. Später war Hanotaux Realist genug, zu erkennen, daß Frankreich nicht in der Situation Englands war, wo es auf Alliierte hätte verzichten können. Gewiß bedauerte er diese Tatsache, sah aber auch, daß Frankreich ohne Rückhalt an einem Verbündeten keine Balancepolitik zwischen England und dem Dreibund hätte betreiben können. Er hätte es lieber gesehen, wenn Frankreich mit völlig freien Händen hätte arbeiten können, vielleicht hätte er auch einen anderen Verbündeten vorgezogen, aber da die russische Allianz nun einmal bestand und als politisch nötig erschien, akzeptierte er sie voll und ganz. Der Widerspruch zwischen Hanotaux' oben dargelegter theoretischer Ablehnung von Bündnisbindungen und seiner in Wirklichkeit praktizierten Politik der russischen Allianz erklärt sich aus den Differenzen zwischen seiner theoretischen Idealvorstellung von einer französischen Außenpolitik und den praktischen realen Machtverhältnissen. Daß das Ideal nicht absolut zu verwirklichen war, nimmt ihm jedoch nichts von seiner Bedeutung. Es bleibt weiterhin eine wesentliche Zielprojektion.

Zu bemerken bleibt, daß Hanotaux dennoch bemüht blieb, das beste aus der gegebenen Situation zu machen und im Rahmen dieses Bündnisses Frankreichs Handlungsfreiheit weitmöglichst zu wahren. Er war sehr darauf bedacht, sich nicht von der russischen Politik ins Schlepptau nehmen zu lassen. Hanotaux' Reserve gegenüber den Russen war in eingeweihten Kreisen bekannt und rief besonders die Empörung eines so bedingungslosen Anhängers der russisch-französischen Allianz, wie es der französische Botschafter in St. Petersburg, Montebello, war, hervor. Dessen Briefwechsel mit dem Hauptschöpfer der Allianz, dem General de Boisdeffre, anläßlich der Affäre um die Einweihung des Nord-Ostsee-Kanals, in der Hanotaux den Russen gegenüber energisch die französischen Interessen betonte, ist recht aufschlußreich. (67) Die Sorge, die Unabhängigkeit gegenüber dem russischen Verbündeten zu wahren, scheint bei Hanotaux bedeutend stärker gewesen zu sein, als bei seinem bündnisfreudigeren Nachfolger Delcassé, wie unter anderem eine Bemerkung Murawjows dem Zaren gegenüber zeigt: (68) "La France y (à l' alliance russe - Anmerk. des Verf.) tient plus que jamais. Hanotaux ne manquait jamais, bien qu' avec beaucoup de délicatesse, d' évoquer les services que la France pouvait attendre de la Russie en échange de son amitié; Delcassé se borne à m' assurer de son désir de conformer en tout sa politique extérieure aux directives de Votre Majesté. "

So wie sich Hanotaux gegen exklusive Freundschaften wandte, so stellte er sich energisch gegen exklusive Feindschaften. Trotz aller Abneigung gegen Deutschland war er doch auf gute Beziehungen und gelegentliche Zusammenarbeit mit dem mächtigen Nachbarn bedacht. (69) Deutschland völlig vernachlässigt zu haben, ist einer der schwersten Vorwürfe, die er an Delcassé richtet. Gefühle hätten in der Politik nichts zu suchen und ganz pragmatisch heißt es: (70) "En général, c' est une imprudence gratuite de prétendre tenir une des grandes puissances européennes en dehors des affaires qui affectent l' équilibre mondial. Mieux valait assurer à la politique française le bénéfice de la bonne grâce et de la loyauté, tout en gagnant, le cas échéant, les sentiments favorables de ce ' tribunal des neutres' sur lequel l'Allemagne exerce, dans le cas de rivalité anglofrançaise une incontestable autorité. " Der Diplomat Hanotaux wird sich durch Emotionen und Gefühle nicht abhalten lassen, auch mit einem Gegner zu sprechen, wenn sich dies zum Vorteil des eigenen Landes auswirken kann. Gerade in solchen Fällen hat die Diplomatie ihre Möglichkeiten zu zeigen.

In einer Zeit, die besonders seit Bismarck das Heil von einer geschickten Bündnispolitik erhoffte, als fast alle Politiker in Mächtegruppen dachten, als die Rede fast nur noch von Zweibund, Dreibund, Allianzen und Ententen war, verfolgte Hanotaux das Ziel einer "nationalen" französischen Außenpolitik, d. h. einer möglichst eigenständigen, selbständigen, an möglichst wenig fremde Interessen gebundenen Politik. Dieser Umstand ist sowohl von seinen Zeitgenossen als auch von modernen Historikern nicht immer klar genug gesehen worden. In allen Beurteilungen seiner Politik treten immer wieder Begriffe auf wie anglophob, germanophil, russophil etc. Aus der Tatsache, daß Hanotaux in schwere Auseinandersetzungen mit England verwickelt gewesen war und dabei ein gutes Verhältnis zu Deutschland gesucht hat, wurde geschlossen, er sei deutschfreundlich und ein entschiedener Gegner Englands. So wirft ihm Lord Salisbury seine "anglophobie" vor (71), und Paul-Boncour meint: (72) "M. Hanotaux étant ministre; et s'orientant plutôt vers un rapprochement avec l'Allemagne..." Sein enger Vertrauter und Biograph Gillet berichtet, er sei oft als "germanophil" bezeichnet worden; (73) der französische Historiker Pierre Albin behauptet 1912, Hanotaux sei Vertreter einer deutsch-französischen Entente gewesen, (74) und der Amerikaner G. H. Stuart meint ebenfalls, er hätte eine anglophobe Tendenz gehabt. (75) Ch. Maurras wirft ihm schon 1897 vor, er sei germanophil, renne der deutschen Allianz nach und zerstöre den antideutschen Charakter des russischen Bündnisses. (76) Moderne Historiker wie A. J. P. Taylor und J. D. Hargreaves dagegen haben den Versuch unternommen, zu zeigen, daß Hanotaux' eigentliches Ziel eine Annäherung an England gewesen sei ("entente manquée"). Eine französische Zeitung ihrerseits schreibt im Juni 1894, als Hanotaux zum ersten Male Minister wird, er sei in diplomatischen Kreisen seiner Anglophilie wegen angegriffen worden, hätte diese Tendenz aber abgelegt und sei jetzt ehrlich russophil. (77) Hanotaux' Eintreten für die russische Allianz wurde ebenfalls unrichtig gedeutet. Besonders Graf Münster, der deutsche Botschafter in Paris, meldete immer wieder, und dabei ganz zweifellos stark übertreibend, Hanotaux müsse "mit gebundener Marschroute russische Politik treiben. " (78)

Hanotaux hat sich selbst immer wieder gegen derartige falsche Interpretationen seiner Politik gewehrt: (79) "On a attribué, au ministre des Affaires étrangères de ce Cabinet (Méline, Anmerk. des Verf.), une politique systématique, un parti pris de se rapprocher, en Europe, des combinaisons hostiles à l'Angleterre: c'est radicalement faux. " Wenn Chastenet dagegen schreibt, Hanotaux sei weit entfernt von einer "germanophilie systématique" gewesen (80) und Iiams feststellt, er habe als letzter

französischer Außenminister das Vertrauen sowohl Englands als auch
Deutschlands besessen, (81) so kommt dies der Wahrheit viel näher als
die oben wiedergegebenen Beurteilungen. Alle die dort verwendeten Begriffe sind Kategorien entlehnt, die nichts mit Hanotaux' Politik zu tun
haben. Zwar suchte er gutes Auskommen mit Deutschland, befürwortete
die russische Allianz und hatte häufige Auseinandersetzungen mit England,
aber er war weder germanophil noch russophil noch anglophob - er war
vielmehr einzig und allein "francophil". Bezeichnend ist, daß gerade
Vetter bei der Analyse der rein historischen Arbeiten Hanotaux', also
an Hand von Quellen, in denen sich Hanotaux' von den aktuellen Umständen bedingter Pragmatismus und Opportunismus nicht auswirkt und unabhängig vom Studium des diplomatischen Aktenmaterials, zu dem Ergebnis
gelangt, Hanotaux hasse sowohl England als auch Deutschland. (82) Keine
andere Nation stellt er gleichberechtigt und gleichwertig neben Frankreich,
ihm allein gilt seine Liebe.

2) Hanotaux' Verhältnis zu den europäischen Großmächten

Vorbemerkung

Bevor wir uns den einzelnen, konkreten kolonialpolitischen Plänen und
Aktionen Hanotaux' zuwenden, muß sein Verhältnis zu den wichtigsten europäischen Mächten, mit denen Frankreich ja auch auf kolonialem Gebiet
ständig in Berührung war, näher betrachtet werden. Nachdem seit Abschluß
der französisch-russischen Allianz das Verhältnis zwischen diesen beiden
Mächten konsolidiert war und trotz unvermeidlicher Schwankungen einen
ziemlich stabilen Faktor der Weltpolitik darstellte und überdies keine direkten kolonialen Reibungspunkte vorlagen, wird bei der Betrachtung der
französischen Außenpolitik vor allem das Verhältnis zu den beiden anderen wichtigsten Mächten von überwiegender Bedeutung. Es handelt sich
bei Deutschland um Frankreichs Hauptgegenspieler in Europa und bei
England um seinen Hauptkonkurrenten auf dem afrikanischen Kontinent.
Österreich-Ungarn spielt im Rahmen unserer Untersuchung eine untergeordnete Rolle, da es in Afrika und Asien keinerlei Ambitionen hatte; auf
das kolonialpolitisch aktive, aber allgemein zweitrangige Italien werden
wir später bei der Besprechung von Hanotaux' Ägyptenpolitik zurückkommen.

a) Hanotaux' Verhältnis zu England

Wenn es sich nicht um außenpolitische Fragen handelt, interessiert sich
Hanotaux nicht für England. Während er sich mit Deutschland auf geistiger
Ebene zeitweilig heftig auseinandergesetzt hat, steht er englischer Kultur
und Zivilisation gleichgültig gegenüber. Auf diesem Gebiet sieht er von
englischer Seite her keine Gefahr drohen.

Anders auf der politischen Ebene. Hier erscheint England als der Hauptgegner während der ganzen Jahre von Hanotaux' außenpolitischer Aktivität. Dies konnte letztlich auch gar nicht anders sein, wenn Hanotaux'
Hauptanliegen die Kolonialexpansion war, denn wohin sich Frankreich

auch wandte, stets stieß es auf diesen Rivalen. Zwar gab es Reibungspunkte auch mit anderen Mächten wie Deutschland und Italien, aber die Schwierigkeiten mit England waren häufiger, heftiger und traten an zahlreicheren Schauplätzen auf. Überall, in Indochina, Madagaskar, Tunesien, Niger, Sudan und Ägypten stießen englische und französische Interessen aufeinander. Die Tatsache, daß die Beziehungen stets aufrechterhalten wurden und dabei meist höflich und korrekt blieben, daß Hanotaux ständig einen Ausgleich auf dem Verhandlungsweg suchte, besagt keineswegs, daß sein Ziel gewesen wäre, aus dem englischen Rivalen einen Bundesgenossen zu machen. Daß er ständig verhandelte, bestätigt nur, daß er in der Diplomatie das beste Mittel sah, um seine kolonialpolitischen Ziele gegenüber England durchzusetzen, ein besseres Mittel, als es das der bewaffneten Auseinandersetzung gewesen wäre. Das Klima zwischen beiden Mächten war in jenen Jahren allgemein ungut und wird von Grey folgendermaßen charakterisiert: (83) "... the constant friction, rising on the slightest provocation to quarrel and hostility, between Great Britain and France or Russia. The ground-swell of ill-will never ceased." Zeugnis für Hanotaux' Dispositionen gegenüber England aus jener Zeit ist die Tagebucheintragung von 1892. (84) Diese Dispositionen sind offenbar eine permanente Eifersucht auf Englands Erfolge, Verärgerung darüber, immer auf englischen Widerstand zu stoßen und das Bemühen die englische Gegnerschaft auszuschalten.

In Le Partage de l'Afrique bringt Hanotaux dann seine ganze Ranküne gegen England zum Ausdruck. Nach recht vorsichtigem Beginn, wo er von "vieilles nations et camarades de route dans l'histoire" (85) spricht, sicherlich nicht viel mehr als eine Konzession an die Publikumsstimmung, bringt er sein Mißvergnügen über das überhebliche Auftreten des englischen Imperialismus deutlich und kaum verhüllt zum Ausdruck: (86) "Lord Roseberry était alors aux affaires ... Il traitait la France comme on avait fait le Portugal," oder noch deutlicher und prinzipielle Überzeugungen ahnen lassend: (87) "C'est un fait acquis historiquement que toute expansion coloniale de la France a été vu, en Angleterre, avec inquiétude et humeur." Klingt dies nicht schon nach kolonialer Erbfeindschaft? (88) Stets versucht Hanotaux, seine Politik, die zum Konflikt mit England geführt hatte, zu rechtfertigen und betont, daß Frankreich in der Faschodaaffäre legitime Forderungen verfochten habe. (89) Wenn er meint: (90) "Il y eut, en ce moment, une telle poussée de l'impérialisme anglais que l'on pouvait désespérer d'une entente aimable ..." so ist hier ganz zweifellos nicht etwas wie die spätere Entente Cordiale gemeint, die ja von Hanotaux verurteilt wurde, weil sie durch einseitiges französisches Nachgeben unter Aufgabe legitimer Forderungen zustande gekommen sei, sondern eine Übereinkunft, die die französischen Interessen, so wie sie Hanotaux verstand, befriedigt hätte. In all den Jahren bis unmittelbar vor Kriegsausbruch halten sich die kritischen Äußerungen Hanotaux' zu England und Deutschland etwa die Waage, wobei sich die Kritik an Deutschland stärker auf die Vergangenheit, die an England aber stets auf die Gegenwart und allerjüngste Vergangenheit bezieht. (91)

Erst das Jahr 1914 mit dem Kriegsausbruch bringt den Wandel. England ist nun der Verbündete und Deutschland der absolute Gegner. Hanotaux stellt sich sofort entsprechend ein und um. Er wendet seine ganze Rhetorik auf, um Deutschland zu verteufeln, eventuell mit dem Nebengedanken, sich von etwaigen weiterhin bestehenden Vorwürfen der Germanophilie zu reinigen, und um England als den natürlichen Verbündeten Frankreichs hinzustellen, auf den er schon seit eh und je gewartet hätte. Diese Haltung behält er von da an bei. Er bemüht sich, die alte Gegnerschaft vergessen zu lassen, die alten Gegensätze herunterzuspielen. Die Konvention von 1898 wird immer stärker betont, über Ägypten und den Sudan redet er nur noch ungern. (92) Das geht soweit, daß in der Festrede zum achtzigsten Geburtstag Hanotaux' der Unterstaatssekretär im Außenministerium F. de Tessan die Konvention von Juni 1898 als "le véritable début de l'Entente Cordiale" (93) bezeichnen kann. Der grundlegende Wandel, den erst die Faschodakrise brachte, wird völlig übergangen. Aber auch in den Werken Hanotaux' nach 1914 wird man bei aufmerksamer Lektüre bemerken, daß unterschwellig die Kritik an England in Bezug auf seine Politik der neunziger Jahre bestehen bleibt. Hanotaux hat sich den Umständen angepaßt, kann seine eigentlichen Gefühle aber nicht immer verheimlichen oder ersticken. So macht er England in Le Traité de Versailles den Vorwurf, statt eines festen Militärbündnisses nur die Entente Cordiale geschlossen zu haben. Ein solches hätte eventuell den Krieg verhindern können. (94) Die Kritik an der Entente Cordiale bleibt also, nur mit anderer Begründung. In seinen Auslassungen über die Ursachen des Krieges, Ende 1914 geschrieben, meint er, die Jahre 1882 - 1902 würden die "Apogée de l'impérialisme anglais" anzeigen, was hier durchaus pejorativ gemeint ist und bedeutet, daß England später eine richtigere Politik getrieben hat. (95) Wenn er später in Mon Temps schreibt: (96) "La France, la Troisième République, Gambetta avaient à choisir entre les avances et suggestions allemandes si dangereuses, et, d'autre part, les complexités, on pouvait dire les déceptions, de l'entente franco-anglaise. Malgré tout, la sagesse française reste attachée à l'entente avec l'Angleterre." - so heißt dies im Klartext, daß Frankreich immer wieder von England enttäuscht wurde und daß die ganze französische Klugheit und Weisheit nötig war, um die englische Politik zu ertragen.

Bei allem Bemühen, das englisch-französische Bündnis des Ersten Weltkriegs lückenlos aus der Entente Cordiale Louis-Philippes herzuleiten, kann so doch nie ganz verdeckt werden, daß dazwischen eine Periode lag, wo das Verhältnis beider Länder äußerst gespannt war und daß in eben dieser Zeit England für Hanotaux kein "ami et camarade", sondern ein ernsthafter Rivale, wenn auch kein Todfeind, gewesen war.

In den Jahren, da Hanotaux die französische Außenpolitik bestimmte, ließe sich somit zusammenfassend folgendes über sein Verhältnis zu England sagen: Hanotaux war nicht prinzipiell anglophob, insofern er sich nicht gegen England stellte, weil er englische Zivilisation, Kultur oder Lebensart haßte. England stellte ihm keine Gefahr für die Substanz französischen

Lebens dar, wie ihm dies für Deutschland zum Teil der Fall zu sein schien. Er sah in England keine vitale Bedrohung für Frankreich innerhalb Europas. Die von England ausgehende Gefahr bezog sich vielmehr auf das überseeische Gebiet der Kolonien; dort bedrohte der englische Imperialismus die Aufwärtsentwicklung der französischen Kolonialexpansion und somit die französische Weltstellung. Damit war für Hanotaux England momentan der Hauptrivale, dem entgegengetreten werden mußte und insofern mag gesagt werden, Hanotaux habe antienglische Politik getrieben. Es sind bei Hanotaux kaum echte Haßgefühle zu spüren, eher Neid gegenüber dem erfolgreichen Rivalen und bisweilen auch Bewunderung für das geschickte, kraftvolle und gerissene Vorgehen der englischen Politik.

b) Hanotaux' Verhältnis zu Deutschland

Das Jahr 1914, der Kriegsausbruch, spielt auch in Hanotaux' Verhältnis zu Deutschland eine entscheidende Rolle, jedoch in wesentlich anderer Weise als dies für England der Fall gewesen war. Während sich Hanotaux vor 1914 nicht allzu intensiv mit Deutschland, seiner Geschichte und seiner Stellung innerhalb Europas beschäftigt hat, rückt es jetzt, wo es eine vitale Bedrohung für Frankreich darstellt, mit einem Schlage in das Zentrum seiner Überlegungen. Aus der aktuellen Situation heraus wird die Geschichte überschaut, analysiert und interpretiert. Die Histoire illustrée de la Guerre de 1914 beginnt mit einem langen historischen und geographischen Abriß der Rolle Deutschlands in Europa und auch Le Traité de Versailles trägt bezeichnenderweise den Untertitel L'Allemagne et l'Europe. Deutschland aber erscheint als der ewige Unruhestifter, als der Gegner schlechthin, als der Alleinschuldige am Kriege, es wird absolut negativ gesehen. Schwarz und Weiß sind die einzigen Farben, Zwischentöne fehlen fast vollständig. Fast alle Gedanken und Ideen, die Hanotaux nach 1914 ausführlich entwickelt, können aber schon vor 1914 im Ansatz nachgewiesen werden und sind durch den Schock des Kriegsausbruchs nur radikalisiert und verschärft worden; die Akzente verschoben sich zum Teil, wesentliche Änderungen traten nicht ein. Die Ablehnung Deutschlands war schon latent vorhanden gewesen. Um diese Grundstimmung zu erklären, ist auf ein anderes historisches Ereignis zu verweisen, welches wohl primär Hanotaux' Deutschlandbild beeinflußt und geprägt hat, wir meinen den Krieg von 1870/71. 1870 erlebte der Siebzehnjährige alle Schrecken des Krieges, mit zweimaliger Eroberung St. Quentins durch preußische Truppen, Besatzung und Einquartierung. Mitten unter diesen Ereignissen starb überdies sein Vater. Diese Erlebnisse haben zweifellos eine instinkthafte Abneigung gegen Preußen und Deutsche in Hanotaux zurückgelassen, ein Gefühl von deren kulturell-zivilisatorischen Unterlegenheit. Hinzu kam, daß er sich als Patriot nie mit dem Verlust Elsaß-Lothringens abfinden mochte und den Frankfurter Frieden als Unrecht empfand. Dennoch muß betont werden, daß hier noch nicht von der späteren, radikalen Frontstellung die Rede sein kann. Diese brachte erst das Jahr 1914. Während in seinem Verhältnis zu England dieses Jahr somit eine zumindest äußerlich sehr starke Wendung anzeigt, bringt es in

seinem Verhältnis zu Deutschland keine Schwenkung, sondern nur eine
scharfe Akzentuierung bestehender Tendenzen. In jüngeren Jahren war
Hanotaux mit deutscher Wissenschaft und Philosophie in stärkerem Maße
in Berührung gekommen. Der germanophile Gabriel Monod hatte ihn in
die Geschichte eingeführt und noch in seiner Antrittsrede vor der Académie
Française spricht Hanotaux relativ ausführlich über deutsche Philosophie.
(97) Aber schon frühzeitig wendet er sich gegen den Einfluß der deutschen
Kultur. So schreibt er in der Histoire de la France Contemporaine: (98)
"On ne voulait plus entendre que les maîtres de la race sérieuse qui,
avant de vaincre, avait souffert et pleuré: Beethoven d'abord et puis,
après une lutte violente, Wagner. Il fallait le ressort du génie national
pour qu'il ne succombât pas devant cette seconde invasion." Scharf verurteilt er Renan, der sich diesem Einfluß hingegeben habe, und er bezeichnet dessen Réforme intellectuelle et morale als "capitulation éphémère
de l'intélligence française devant les brutalités de la victoire." (99)

Seine Haltung zum deutschen Reich ist verschieden, je nachdem er es von
einem allgemein historischen oder einem pragmatisch-realistischen Standpunkt aus betrachtet. Als Historiker empfindet er die Existenz eines
deutschen Einheitsstaates im Herzen Europas als Unglück und Verhängnis.
Napoleon III größter Fehler sei gewesen, daß seine Politik letztlich zur
Entstehung eines deutschen Nationalstaates unter preußischer Führung
geführt habe. (100) Dem Reich spricht er nicht nur die Legitimität ab,
er erhebt darüber hinaus den schweren Vorwurf, daß es 1871 seine große
Chance verspielt habe. Statt eine würdige Haltung einzunehmen, sich maßvoll und taktvoll zu verhalten, den Kriegszustand rasch zu beenden, ein
harmonisch ausgewogenes Europa zu begründen, habe es statt der Vernunft
die Gewalt auf seine Fahnen geschrieben, die schlechteste Lösung gewählt und das System der "paix armée" aufgerichtet. "Comblés par la
guerre, ils ne se fièrent plus qu'à la guerre .... Ne croyant pas à la
paix, il ne surent pas l'organiser." (101) Dies ist sein ständiger Vorwurf
an Deutschland. Europa habe durch seine Aktion das Bild eines unter
ständiger Kriegsdrohung in Waffen stehenden Kontinents angenommen.
Prinzipiell erweist sich Hanotaux so schon vor 1914 als Gegner des
deutschen Einheitsstaates; er lehnt die Politik des "paix armée" ab und
sieht in der deutschen Kultur eine Gefahr für die Substanz des französischen Lebens.

Dennoch ist Deutschland ihm noch kein absoluter Gegner. Er ist überzeugt,
daß die agressive deutsche Haltung eher Ausdruck einer ungeschickten
Politik als bewußte Bösartigkeit ist. Besonders in La Politique de l'équilibre betont er immer wieder, daß Deutschland und seine leitenden Persönlichkeiten den Frieden wollten, und er bezeichnet den Dreibund ausdrücklich als defensives Bündnis. Während er später in der deutschen
Weltpolitik ein "grand dessein" sah, welches konsequent die Eroberung
und Beherrschung der Welt zum Ziele hatte, ist im Jahre 1909 seine
Meinung noch wesentlich differenzierter: (102) "La politique allemande,
dans ces affaires embrouillées, fut une suite d'avances et de voltes-faces

près des deux puissances (England und Frankreich; Anmerk. des Verf.) alternativement. S'il y eut un dessein formé, il ne se découvrit jamais. On ne pouvait ni se fier tout à fait en elle, ni la négliger entièrement. Peut-être y avait-il, dans tout cela, de l'hésitation et du caprice plus qu'un calcul machiavélique. Quoiqu'il en soit, ce système continuellement mobile n'empêcha rien et ne produisit rien. La diplomatie doit savoir, un jour ou l'autre, prendre partie, sinon, n'inspirant que le doute et la méfiance, elle reste dans la position classique du cavalier entre deux selles." Hier beurteilt er die deutsche Politik indirekt noch als stümperhaft und planlos, keineswegs als direkt und bewußt auf einen großen Konflikt zusteuernd. Er empfindet diese Politik zwar oft als etwas gewalttätig und ihre Methoden als ziemlich rauh, ohne aber deswegen schwere Anklagen zu erheben. Er betont den gewaltigen wirtschaftlichen Aufstieg der USA und Deutschlands und schreibt dazu: (103) "L'Allemagne, les Etats-Unis, se sont ceint les reins d'une armure de douanes et se sont jetés dans la lutte internationale, frappant à droite et à gauche, sans souci des blessures. Ils sont maîtres chez eux, n'est-il pas vrai, et n'ont de comptes à rendre à personne." Bemerkenswert ist, daß hier Deutschland in einem Atemzug mit den USA genannt wird, einer Macht, die Hanotaux einmal als das "pazifistische" Land par excellence bezeichnet. (104) Es zeigt sich, daß Hanotaux trotz prinzipieller Ablehnung des deutschen Reiches durchaus an die Möglichkeit eines praktischen Auskommens mit ihm glaubt und er baut es folgerichtig und konsequent in sein System der "politique de l'équilibre" ein.

Im Wesentlichen lassen sich folgende Prinzipien der Hanotaux'schen Deutschlandpolitik erkennen: (105) Ausgangspunkt ist eine betonte Reserviertheit wegen Elsaß-Lothringens, ein "rapprochement", welches zu irgendeiner vertraglichen Bindung und damit zu stillschweigender Anerkennung des Frankfurter Friedens führen könnte, wird abgelehnt. Innerhalb dieses Rahmens aber bleibt noch genügend Spielraum, um auf mehreren Stufen praktische Politik mit Deutschland zu treiben. Zunächst wird Hanotaux sich bemühen, höfliche, korrekte Beziehungen zu erreichen, mit dem Hintergedanken, eventuell eine friedliche Revision des Friedens von 1871 zu erlangen. In diesen Rahmen gehört etwa die Verleihung des Großkreuzes der Ehrenlegion an den deutschen Botschafter; (106) weiter Hanotaux' wiederholtes Bemühen, besonders während der Dreyfusaffäre, jede antideutsche Polemik in der Öffentlichkeit und der Presse zu verhindern; (107) vor allem aber die Teilnahme französischer Schiffe an den Einweihungsfeierlichkeiten des Nord-Ost-See-Kanals im Juni 1895, die Hanotaux trotz heftiger französischer Proteste durchsetzte. (108) Danach ist es möglich, innerhalb des "concert européen" in Fragen, die die allgemeine Friedenssicherung betreffen, mit Deutschland zusammenzuarbeiten. Hierher gehören die Konsultationen in der fast permanenten Orientkrise, (109) in der Kubakrise (110) und vor allem die europäische Intervention gegen den Frieden von Shimonoseki, wobei sich Hanotaux wiederum gegen die Kritiker im eigenen Lande zu wehren hatte. (111) Auf einer dritten

Ebene kann es schließlich geschehen, daß Hanotaux in Fällen, bei denen besondere französische Interessen auf dem Spiele stehen, in ein gemeinsames Vorgehen allein mit Deutschland einwilligt, wie es besonders in der später zu betrachtenden Frage des Protestes gegen den Kongovertrag von 1894 der Fall war.

Für die Jahre, in denen Hanotaux die französische Außenpolitik leitete, ließe sich zusammenfassend folgendes über sein Verhältnis zu Deutschland sagen: Trotz seiner äußerst geringen Sympathien für dieses Land, trotz seiner latenten Gegnerschaft, sah er keinerlei Sinn darin, es links liegen zu lassen. Eine absolute Germanophobie, die es Hanotaux prinzipiell verboten hätte, sich in einzelnen Fragen mit Deutschland zu verbinden, bestand nicht. Die tiefreichenden Streitfragen, deren Lösung im Augenblick nicht zu erreichen war, wurden ausgeklammert, um die Bahn für eine rein pragmatische Politik freizumachen. Deutschland wurde voll in das System der Gleichgewichtspolitik integriert. Durch Beharren auf Prinzipien wollte Hanotaux nicht der eventuellen deutschen Unterstützung gegen England in Kolonialfragen verlustig gehen. Die Fixierung auf die "ligne bleue des Vosges" wurde deshalb abgelehnt. Die Kolonialpolitik erschien ihm vorrangig und England stellte ihm in diesen aktuellen Fragen den Hauptgegner dar, nicht Deutschland, mit dem die Reibungspunkte auf der kolonialen Ebene viel geringer waren. Die europäischen Fragen aber, wo der deutsch-französische Gegensatz durch Elsaß-Lothringen ganz unverhältnismäßig größer als der englisch-französische war, wurden von Hanotaux eingefroren und einer späteren Zeit zur Lösung überlassen. Bis diese Fragen spruchreif wurden, sah Hanotaux in Deutschland nicht den prinzipiellen Gegner, sondern eine Macht, die unter Umständen die französischen Interessen unterstützen könnte. Sein Verhältnis zu Deutschland auf außenpolitischer Ebene wurde nicht von Prinzipien und Emotionen, sondern von einem weitgehenden Pragmatismus bestimmt.

3) Ägypten und der Sudan als Fernziel der Hanotaux' schen Außenpolitik

Nach Betrachtung der allgemeinen außenpolitischen Methoden Hanotaux' und seines Verhältnisses zu den europäischen Hauptmächten gilt es nun noch zu sehen, welches außenpolitische Ziel er mittels dieser Methoden zu erreichen suchte. Die Kolonialexpansion war Hanotaux' Hauptanliegen. Ruhe, status quo, Einfrieren der bestehenden Lage in Europa; Bewegung, Expansion auf den der Kolonisierung offenen Kontinenten Afrika und Asien. Niemand, weder seine Zeitgenossen noch die modernen Historiker, haben diese Grundhaltung Hanotaux' bestritten, und sehr prägnant formuliert sie Chastenet: (112) "Jadis Ferry et plus récemment Hanotaux considéraient que l'expansion outre-mer devait constituer l'objet essentiel de la politique extérieure française et qu'en Europe il s'agissait avant tout de maintenir la paix, fût-ce au prix d'un certain rapprochement avec l'Allemagne." Es ist jedoch ein wesentlicher Unterschied zwischen Ferry und Hanotaux zu beachten. Der Kolonialpolitik Ferrys lag kein fester Plan zugrunde; als er an die Macht kam, war er noch kein Anhänger

kolonialer Expansion; er wurde dazu im Maße, wie die Gelegenheiten und
Zufälle ihn auf diese Bahn lenkten; er steht am Beginn einer Entwicklung,
ist der Wegbereiter. Anders Hanotaux. Er erschien auf dem Höhepunkt der
kolonialen Bestrebungen, interessierte sich schon lange bevor er Minister
wurde für diese Fragen, kannte die Problematik von seiner Arbeit am
Quai d'Orsay her. Für ihn ist die Frage der Kolonialexpansion nichts
Neues mehr. So treibt er eine Politik, die zielbewußt auf den systemati-
schen Erwerb von Kolonien ausgerichtet ist. Da das so ist, wird es für
uns möglich und notwendig, die Prioritäten zu untersuchen. Diese liegen
für Hanotaux eindeutig in Afrika; und dort wiederum steht der Komplex
Ägypten-Sudan, das heißt das Niltal, im Zentrum. Er kümmert sich zwar
auch um Südostasien, beschränkt sich dort aber im wesentlichen darauf,
Bestehendes zu sichern und auszubauen. Er bemüht sich, die indochinesischen Kolonien und Protektorate durch Verträge mit England und China
zu konsolidieren, im übrigen zeigt er kein stärkeres Engagement; vor
allem versucht er in einer Zeit, als viel von der Aufteilung dieses Reiches
gesprochen wurde, die Zerschlagung Chinas zu verhindern. Er begnügt
sich, die französischen Interessen und Einflußsphären zu schützen. Die
Gazette de France druckt am 26. 3. 1898 ein Interview Hanotaux', in
dem dieser erklärte: "Dieu veuille que nous n'assistons pas à la mort
de la Chine! Ce serait une catastrophe dont le vieux monde serait
ébranlé. De ce côté-là, il n'est question ni d'acquisition, ni d'occupation; nous ne devons pas chercher à augmenter en Extrême-Orient notre
domaine colonial déjà vaste; nous devons tout simplement chercher à le
mettre à l'abri des surprises. Nous devons aussi, avant tout, chercher
à étayer l'Empire du Milieu dont les ruines feraient tant de ruines."
Anders in Afrika! Hier will er für Frankreich neue, große Gebiete gewinnen.

Leider besitzen wir keine Dokumente oder Aufzeichnungen, in denen
Hanotaux seine konkreten Pläne eindeutig dargelegt hätte. Kenneth Vignes
erwähnt zwar beiläufig einen "Plan de colonisation et de pénétration
africaine", (113) den Hanotaux im Jahre 1890 dem damaligen Außenminister vorgelegt habe. Dieser Plan ist jedoch nicht aufzufinden gewesen,
so wenig wie ein Afrikaplan, der laut Hanotaux im Jahre 1892 zwischen
ihm selbst in seiner Eigenschaft als "chef du service des protectorats"
sowie den späteren Generälen Mangin und Marchand ausgearbeitet worden
sein soll und der zur Unterstützung der diplomatischen Aktionen angeblich ein Expeditionsprogramm in mehreren Etappen vorgesehen hatte. (114)
Iiams seinerseits spricht zwar von einem "Brazza-Hanotaux-Plan für
Westafrika", kann aber keinerlei konkrete Hinweise auf die tatsächliche
Existenz eines derartigen Planes geben und begnügt sich in dem derart
überschriebenen Kapitel seiner Arbeit, die französische Expeditionstätigkeit im westafrikanischen Raum aufzuzeigen.

Als Hauptergebnis seiner Tätigkeit als Außenminister hat Hanotaux später
neben der endgültigen Erwerbung Madagaskars, neben den China- und
Tunisverträgen stets die Konvention vom 14. Juni 1898 herausgestellt,

durch die die Hinterländer der französischen Besitzungen Algerien, Tunesien, Senegal, Elfenbeinküste und Dahomey untereinander verbunden und bis zum Tschad ausgedehnt wurden, womit das spätere Französisch Westafrika seine endgültige Gestalt erhielt. Trotz dieses nicht unbedeutenden Ergebnisses dürfen wir nicht übersehen, daß es sich hierbei lediglich um eine letzte Grenzregelung, eine Vervollständigung der grundlegenden Abkommen von 1890 handelte. Hanotaux' Ehrgeiz aber war größer gewesen, er wollte wirklich neue Gebiete erwerben, in leere Räume vorstoßen. Diese aber lagen östlich der französischen Kongobesitzungen, am Ubangi, im Bahr el Ghasal, jenseits des Tschads und im oberen Niltal. Auf diese unerschlossenen Regionen richtete sich der Blick der Kolonialisten, mit denen Hanotaux in jener Zeit durch seine Stellung im Außenministerium in engem Kontakt stand. Er berichtet selbst über die Gespräche mit Marchand und drückte später unverhohlen seine Bewunderung für Brazza und dessen Wirken im Kongo aus. (115) Daß sich vom Kongo aus sein Blick auf den Sudan, damit auf den Nil richten mußte, war unvermeidlich. Das obere Nilbecken zog in den neunziger Jahren die Kolonialenthusiasten aller Länder wie ein Magnet an und die Berichte über den Mahdi und das Schicksal Gordons verschafften ihm eine zusätzliche Aureole. Wie der Sudan nun die Quelle des Nil umschloß, so beherrschte Ägypten seine Mündung und damit stoßen wir auf Hanotaux' höchstes Ziel, in jenen Jahren von ihm immer wieder erwähnt, später schamhaft verschwiegen. Wir werden weiter unten sehen, daß Hanotaux' Originalität gerade darin bestand, das Niltal als einen zusammenhängenden Komplex gesehen und die Fragen des Sudan und Ägyptens untereinander verknüpft zu haben. Dem aufmerksamen Betrachter der Hanotaux'schen Politik drängt sich unwiderstehlich die Beobachtung auf, daß hier, am Nil, das eigentliche Ziel seiner Politik zu suchen ist: im Süden, im Sudan, neue Gebiete zu erwerben und die französischen Kongobesitzungen weit nach Osten auszudehnen; im Norden aber die "vieille question d' Egypte" zu lösen.

Im Sudan hatte Hanotaux für diese Pläne natürlich alle französischen Kolonialisten auf seiner Seite, doch auch in Ägypten stand er keineswegs mit seinen Absichten allein. Die französischen Kolonialkreise und die Diplomaten des Quai d' Orsay hatten es nie verwinden können, daß die Engländer 1882 Frankreich in Ägypten zuvorgekommen waren. Ferry etwa schreibt: (116) "Pour nous, et pour tous ceux qui avaient gémi de cette faute irréparable, - pour Gambetta notamment, - l' occupation du Tonkin était d' abord une revanche de l' affaire d' Egypte." Muß daran erinnert werden, daß Ferry und Gambetta die von Hanotaux am meisten verehrten Politiker der Dritten Republik waren? - Entsprechend hatten diese Kreise denn auch immer wieder versucht, eine Revision der Entscheidung von 1882 zu erzwingen. (117) Ein Indiz für die Bedeutung, die Ägypten für die französische Außenpolitik besaß, stellt allein schon die Masse der politischen Korrespondenzen in den Archiven des Ministeriums dar. (118)

Das spezielle Interesse Hanotaux' an Ägypten ist unbestreitbar. Der Historiker hat stets die große Rolle vor Augen, die Frankreich seit Ludwig dem

Heiligen in Ägypten gespielt hat; eine seiner Lieblingsgestalten aus der jüngsten französischen Geschichte ist Ferdinand de Lesseps und bezeichnenderweise sollte Ägypten das einzige Land neben Frankreich sein, dem er ein großes historisches Werk, die Histoire de la Nation égyptienne widmet. Der Politiker aber begann seine Karriere am Quai d'Orsay gerade zu dem Zeitpunkt der Krise, die zur englischen Besetzung Ägyptens führen sollte; er hat diese Ereignisse ganz bewußt erlebt und ist zweifellos stark von ihnen berührt worden. Während seiner ganzen Tätigkeit hat ihn diese Frage nicht mehr losgelassen. Schon 1892 macht er den Gedankensprung von den Kongofragen zur Affaire d'Egypte, wenn er schreibt: (119) "Aujourd'hui, 8 décembre 1892 j'ai fait un certain nombre de choses qui ne sont pas sans importance: Le matin je suis tombé d'accord avec le comte de Grelle-Rogier pour une convention de délimitation des possessions de l'Etat Indépendant et de la colonie française du Congo, dans le haut Oubanghi et dans le bassin du haut Nil. C'est peut-être le premier pas fait par la France vers la reprise de l'Egypte, - ... " Hier ist auch deutlich ausgesprochen, daß die Rückgewinnung Ägyptens ein Ziel der Hanotaux'schen Bestrebungen gewesen ist. Wie sehr ihn dann als Minister die ägyptische Frage beschäftigt, mag folgendes Beispiel zeigen: Als ihm am 16. 5. 1896 Auszüge einer 1890 an den Khediven gerichteten Note vorgelegt wurden, schreibt er dazu folgende Marginalie: (120) "J'aurais voulu voir les documents in extenso - Me donner d'ailleurs les mémoires faits à diverses époques et qui permettent de suivre les diverses phases de la question d'Egypte." Kaum an den Quai d'Orsay zurückgekehrt, ist er bestrebt, sich intensiv in diese Frage einzuarbeiten.

In eingeweihten politischen Kreisen war bekannt, daß Hanotaux schon zu Beginn seiner Karriere zu den Befürwortern einer konzessionslosen, offensiven ägyptischen Politik gehörte, wie uns ein Schreiben Millets recht eindeutig zeigt. Letzterer hatte gerade seine Versetzung vom Quai d'Orsay nach Belgrad erfahren und schreibt am 22. 10. 1885 anläßlich dieses Revirements an Hanotaux, der zu jener Zeit Botschaftssekretär in Konstantinopel war: (121) "Permettez-moi d'ajouter que le moment de rentrer ici n'est pas venu pour vous. Moi-même, si l'on m'éloigne, tout en me couvrant de fleurs, croyez bien que mes sympathies bien connues pour ces affreux opportunistes y sont pour quelque chose. On est évidemment très-bienveillant pour moi, mais on n'est pas fâché d'écarter de la Direction politique un Monsieur qui n'a aucun goût pour la politique de concessions à outrance particulièrement en Egypte. Ceci tout à fait entre nous. - Donc, a fortiori pour vous." Aber auch im Ausland und speziell in England scheint man sich über Hanotaux' Haltung im klaren gewesen zu sein. Am 29. 12. 1895 schickt G. Monod Auszüge eines Briefes an Hanotaux, den er von einem englischen Bekannten erhalten hatte. Der Engländer drückt in diesem Fragment seine Befriedigung darüber aus, daß Hanotaux von Berthelot abgelöst worden sei, denn unter Hanotaux hätte die Gefahr bestanden, daß Frankreich und England sich über die Ägyptenfrage zerstritten. (122)

Hanotaux' Mitarbeiter scheinen seine Bemühungen in der Ägyptenfrage nicht nur weisungsbedingt, sondern aus eigenem Antrieb heraus unterstützt und gebilligt zu haben. Cambon etwa meint am 14. 6. 1894: (123) "Je vous fais tous mes compliments sur la façon dont vous menez l'affaire du Congo ... Je crois même que cette affaire-là va vous donner l'occasion ou le prétexte de reprendre toute l'affaire Egyptienne. Si vous pouvez mener les Anglais à une conférence Européenne où nous aurions l'Allemagne avec nous, vous aurez le moyen de nous tirer du marécage où nous pataugeons depuis 1882. " De Noailles schließlich meint am 19. 2. 1897 in einem Schreiben an Hanotaux, der allgemeine politische Hintergrund werde seit achtzehn Monaten durch einen heimlichen Kampf zwischen Frankreich und England gebildet, dessen Einsatz Ägypten sei. (124)

Was Gambetta und Ferry nicht gelungen war, Ägypten zurückzugewinnen, er, Hanotaux, beider Schüler, hoffte es zu erreichen. Später, nach dem Scheitern, ließ er immer wieder durchblicken, daß, wäre er im Amt geblieben, die Ereignisse einen anderen Lauf genommen haben würden. 1938 schreibt er zu diesem Thema: (125) "Deux fois, le 29 juillet 1882, et le 30 mars 1885, la Chambre française a renversé son gouvernement au moment où il lui apportait la solution de l'affaire égyptienne. Deux fois la France vit l'Egypte lui échapper. " Wenn er dies sagt, so scheint er doch andeuten zu wollen, daß das gleiche Unheil nach 1882 und 1885 auch 1898 geschehen ist, daß nach Gambetta und Ferry auch er, Hanotaux, in dem Augenblick gestürzt worden ist, als er sich anschickte, die ägyptische Frage zu lösen.

Bei diesem hier aufgezeigten Ziel der Hanotaux'schen Kolonial- und Außenpolitik handelt es sich selbstverständlich um ein Maximalziel, einen Plan, welcher nur im günstigsten Falle hätte realisiert werden können. Es handelt sich um ein idealistisches Fernziel, welches die große einzuschlagende Richtung angab. Es war das Ziel, welches der Patriot und Historiker Hanotaux erträumte. Wir werden sehen, ob und wie sich der Politiker Hanotaux im konkreten Fall bereit fand, sich realistisch einzuschränken.

4) Die Nigeraffäre

Vor dem im Vorausgehenden erarbeiteten breiten Hintergrund können wir uns nun Hanotaux' konkreten kolonialpolitischen Aktionen zuwenden, wobei als erstes die Nigeraffäre betrachtet werden soll, die sich über acht Jahre von 1890 bis 1898 hinzog, also genau über die Jahre, während denen Hanotaux aktiv am Quai d'Orsay tätig war. Von geringerer Bedeutung als der Ägypten-Sudan-Komplex ist sie geeignet, als Auftakt zu dieser größeren Affäre behandelt zu werden, zeigen sich doch hier schon gewisse Besonderheiten, auf die wir später in verstärktem Maße stoßen werden.

Am 5. August 1890 unterzeichneten England und Frankreich ein Kolonialabkommen, demzufolge die beiden Mächte gegenseitig ihre Protektorate über Sansibar und Madagaskar anerkannten und überdies im Nigergebiet ihre Interessensphären durch die Linie Say (Niger) - Barua (Tschad) abgrenzten. Eine Kommission wurde beauftragt, die Grenzlinien im Nigergebiet im Einzelnen festzulegen. Auf französischer Seite nahmen in dieser Kommission Haussmann für das Kolonialministerium und Hanotaux für das Außenministerium Platz. Die Kommissionsgespräche zogen sich mit größeren und kleineren Unterbrechungen über mehrere Jahre hin, ohne daß sie bis zur Berufung Hanotaux' zum Außenminister greifbare Ergebnisse erbracht hätten.

Diese langen Verhandlungen waren nichts Außergewöhnliches, vielmehr durchaus das Übliche in jener Zeit der großen territorialen Aufteilungen. Interessensphären werden im Groben festgelegt, Claims abgesteckt, Verträge mit Eingeborenenherrschern geschlossen - die Regelungen der Einzelfragen verlangen dann oft lange Zeit, können erst erfolgen, wenn die riesigen Gebiete effektiv erforscht und besetzt werden. So ergibt sich eine längere Zeitspanne, in der Verhandlungen am grünen Tisch und Eroberungszüge auf dem Terrain einander abwechseln und gegenseitig beeinflussen.

Im vorliegenden Falle ergab sich im wesentlichen folgende Situation: (cf. Skizze):

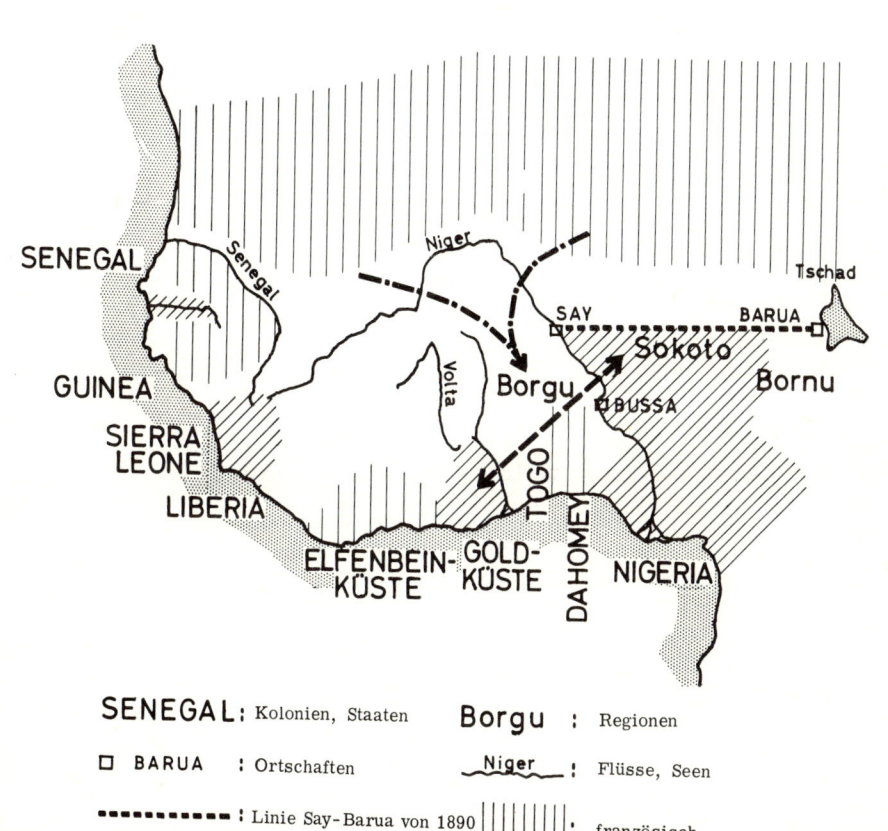

Neben der genauen Fixierung der Linie Say-Barua, wo besonders der Besitz des Sultanats von Bornu umstritten war, gingen die Verhandlungen vor allem um das Gebiet westlich und südlich des Nigers. England versuchte eine Verbindung zwischen seinen Besitzungen östlich des Nigers und denen der Goldküste herzustellen. Frankreich dagegen wollte das Hinterland Algeriens und des Senegal mit den Besitzungen in Dahomey und an der Elfenbeinküste verbinden, darüber hinaus aber auch einen Zugang zum schiffbaren Niger südlich der Stromschnellen von Bussa erlangen. Das Gebiet von Borgu wurde somit zum bedeutendsten Streitobjekt.

England und besonders die Nigerkompagnie versuchten zunächst, jegliches französisches Vordringen nach Süden zu verhindern, indem sie erklärten, die 1890 vereinbarte Linie Say-Barua gelte auch westlich des Nigers. Diese nicht haltbare Interpretation wurde von französischer Seite energisch zurückgewiesen. Interessant ist aber, festzustellen, daß die französische Haltung ihrerseits nicht einheitlich war, sich vielmehr in der Interpretation des Abkommens von 1890 ein entscheidender Unterschied zwischen der offiziellen französischen Politik, vertreten durch das Außen- und das Kolonialministerium einerseits und dem "groupe colonial" Etiennes andererseits, ergab, wobei die Haltung der letzteren England gegenüber viel härter und intransigenter war. Der Kolonialminister Lebon gibt zu, daß Frankreich 1890 darauf verzichtet hat, östlich des Niger über die bewußte Linie nach Süden vorzudringen. (126) Etienne dagegen behauptet, Frankreich habe 1890 die englischen Ansprüche auf Sansibar anerkannt, wofür England den französischen Besitz der Sahara von Norden her bis zu dieser Linie garantiert hätte, aber über das Gebiet südlich von Say-Barua sei damals noch nicht bestimmt worden, "la France et l'Angleterre restaient donc en présence, libres de leurs mouvements, maîtresses d'agir et de faire valoir leurs revendications." (127) Diese Darstellung, die sich wenig um den Vertragstext kümmert, haben sich jedoch die verantwortlichen Kreise nicht zu eigen gemacht, weshalb sie von Etienne bisweilen scharf angegriffen wurden.

Die Gespräche zwischen Hanotaux und seinem englischen Gesprächspartner Phipps waren festgefahren, als sich nach Hanotaux' Berufung zum Außenminister durch den anglo-kongolesischen Vertrag vom Mai 1894 eine neue Situation ergab. England erklärte sich bereit, am Niger Konzessionen zu machen, wenn Frankreich die englischen Ansprüche im Sudan und speziell den mit Deutschland im Jahre 1890 geschlossenen Vertrag, der das gesamte Niltal zur englischen Einflußsphäre erklärt hatte, anerkenne. Es sollte bei dieser Gelegenheit nicht zu einem Arrangement kommen, aber festzuhalten ist, daß England schon zu diesem Zeitpunkt deutlich seinen Interessen im Niltal den Vorrang vor der Nigerfrage gab. Als dieses globale Arrangement, daß von der englischen Seite angeregt worden war, scheiterte, erklärte sich England zwar bereit, die Nigergespräche fortzusetzen, zeigte sich im weiteren Verlauf aber wieder wesentlich intransigenter und an einem raschen Abschluß weniger interessiert. Gegen Ende 1894 waren die Verhandlungen somit wieder einmal unterbrochen.

Dafür forcierte Frankreich im Jahre 1895 deutlich seine militärische
Aktivität in den umstrittenen Gebieten, wie aus wiederholten englischen
Protesten deutlich wird. (128) Verantwortlich für diese Unternehmungen
zeichnete das Kolonialministerium. Sehr bezeichnend ist der zu beobachtende Unterschied in den von Außen- und Kolonialminister verfolgten Taktiken. Hanotaux als Außenminister war immer wieder bemüht, mit England ins Gespräch zu kommen und auf seine Initiative hin stipulierte der
Artikel V des Anfang 1896 geschlossenen Siam-Abkommens zwischen
England und Frankreich ausdrücklich die Wiederaufnahme der Nigergespräche. (129) Er bedauert es offensichtlich, daß diese Verhandlungen
keine konkreten Ergebnisse brachten. Durch die Abberufung des englischen
Unterhändlers Howard wurden die Gespräche schließlich ganz unterbrochen
und die angekündigte Ankunft seines Nachfolgers Gosselin ließ auf sich
warten. Dazu beunruhigte Hanotaux die neu einsetzende englische Aktivität in den strittigen Gebieten. (130) Es ist ziemlich eindeutig, daß es England war, welches im Moment kein großes Interesse an Verhandlungen
zeigte und dafür seine Position auf dem Terrain zu verbessern suchte.
Anders stellte es später der Kolonialminister Lebon dar: (131) "Elle (la
France, Anmerk. des Verf.) résolut donc, aussitôt après la constitution
du cabinet Méline (29. 4. 1896), non pas de rompre, mais d'interrompre
les négociations de Paris: au lieu de discuter sur textes, elle essaya de
se placer dans une position telle qu'elle pût délibérer sur occupation
effective." Nach dem, was wir gesehen haben, war es gewiß nicht Hanotaux, der diese Entscheidung getroffen hat; wenn überhaupt von einer eindeutigen französischen Entscheidung gesprochen werden kann, eher arbeiteten beide Ministerien wohl auf eigene Faust. Auch im Frühjahr 1897
zeigt sich wieder diese unterschiedliche Taktik. Das Kolonialministerium
startet eine starke Expedition unter Bretonnet von Dahomey aus in Richtung auf Bussa, eine andere unter Capitaine Cazemajou soll vom Niger
aus in Richtung Tschad vorstoßen. Hanotaux dagegen versucht wieder,
das diplomatische Terrain zu bereiten. (132) Dabei greift er frühere
deutsche Anregungen zu Gesprächen über Togo auf, welche zum Abkommen vom 23. Juli 1897 führen. (133) Dies geschah angeblich in der Hoffnung, daß auch England sich nun aus Furcht vor einem deutsch-französischen Zusammengehen endlich zu Gesprächen bereiterklären würde. Diese
zum Abkommen mit Deutschland führenden Verhandlungen hat Hanotaux
denn auch mehrmals als besonderen diplomatischen Trick, als "mouvement tournant" bezeichnet. (134) Tatsächlich willigt England Ende 1897
auch in neue Verhandlungen ein, und zwar mit dem erkennbaren Bestreben zu einem Abschluß zu gelangen, wobei wiederum nicht zu übersehen
ist, daß die englische Seite jetzt, nachdem die Entscheidung im Niltal
bevorstand, am Niger Ballast abwerfen wollte. Ob es darüber hinaus im
einzelnen das Togoabkommen, die französischen Missionen oder beide
zusammen waren, welche diesen Entschluß herbeiführten, ist schwer zu
entscheiden; bemerkenswert ist, daß sowohl Hanotaux als auch Lebon
glaubten, ihre jeweilige Taktik hätte ihn bewirkt. Für eine Konzertation
der beiden Minister spricht kaum etwas, jeder scheint für sich gearbeitet

zu haben. Auf keinen Fall ist Hanotaux über alle Unternehmungen des Kolonialministeriums informiert gewesen, wie das Beispiel der Mission Cazemajou zeigt. Auf einen englischen Protest hin dementiert Hanotaux zuerst mündlich und später sogar schriftlich, daß eine französische Mission die Linie Say-Barua von Norden her überschritten habe; später erfährt er von Lebon, daß dies sehr wohl der Fall gewesen sei. (135)

Im Verlaufe der nun einsetzenden Verhandlungen sind ebenfalls einige interessante Beobachtungen zu machen. Zunächst zur jeweiligen Verhandlungsführung. Bemerkenswert ist hierbei, wie hart besonders von der englischen Seite verhandelt wurde. Bezeichnend ist die Instruktion, die der englische Unterhändler Gosselin von Salisbury mitbekam: (136) "Any proposals for a compromise should, of course, be preceded by a full and emphatic statement of the British rights." In einem Memorandum an Salisbury vom 20. 1. 1898 geben die englischen Experten unumwunden zu, daß die Franzosen im Recht, die englischen Forderungen aber zu hoch seien. (137) Auch Courcel spricht von London aus von überspannten Forderungen und glaubt sogar, England wolle den Bruch, was zweifellos nicht der Fall war. (138) Um ihre Ziele zu erreichen, mobilisieren die Engländer überdies, besonders durch die Nigerkompagnie, sehr stark ihre Öffentlichkeit, was französischerseits zu Hanotaux' großem Bedauern nie gelang. Lebon meint, London habe eine richtige Pressekampagne gestartet (139) und de Courcel meldet, daß sich die englische öffentliche Meinung für die Nigerfrage passioniere. (140) Hanotaux selbst hat später wiederholt gesagt, daß die Situation bisweilen aufs äußerste gespannt gewesen sei, daß England mit Krieg gedroht hätte. Er rechnete es sich hoch an, daß er klaren Kopf behielt, die Situation meisterte und den Vertrag unter Dach und Fach brachte. Hier sah er wieder seine Theorie bestätigt, daß die Diplomatie letztlich alle Hindernisse zu überwinden im Stande sei. Seine Einschätzung der ägyptisch-sudanesischen Frage und sein Urteil über den Faschodazwischenfall sind von dieser Erfahrung her zweifellos beeinflußt worden. Das Abkommen vom 14. 6. 1898 hat er später stets als einen überragenden Erfolg dargestellt. Es ist nun aufschlußreich, zu sehen, daß der englische Botschafter in Paris Monson am Tage nach dem Vertragsabschluß seinerseits an Salisbury schreibt, England habe Grund zu äußerster Zufriedenheit: (141) "... it is a matter of congratulation for Her Majesty's Governement that they have succeeded in obtaining that, which at the outset, it appeared impossible, or at the least supremely improbable, would ever be recognised as theirs;" Die beiderseitige Zufriedenheit erklärt sich vor allem mit der Tatsache, daß beide Seiten verschiedene Ziele erfolgt hatten. Hanotaux' Objektiv war es vor allem gewesen, ein zusammenhängendes französisches westafrikanisches Kolonialreich zu gestalten, die Besitzungen an der Küste mit dem Hinterland von Senegal, Algerien und Tunesien zu verbinden und über den Tschadsee die Verbindung zum französischen Kongo zu sichern. England dagegen war im wesentlichen auf ein handelspolitisches Arrangement aus. Salisbury schrieb in diesem Sinne an seinen Botschafter Monson: (142) "Point out to Minister of Foreign Affairs that the course which we should take in present negotiations would be very largely influenced by the fiscal policy which the French Governement intended to adopt. Our object is, as we have more than once declared, not territory but facility to trade." Salisbury möchte, daß Frankreich die verschiedenen Zolltarife aufhebe und einem gemeinsamen Tarif für die Gesamtheit der englischen und französischen Kolonien zustimme; in diesem Falle sei er zu territorialen Konzessionen bereit. (143) Hanotaux war sehr bereit, auf diese Vorschläge einzugehen - die wirtschaftlichen Aspekte der Kolonialexpansion waren für ihn ja von untergeordneter Bedeutung - die Widerstände kamen von seiten des Kolonialministeriums und vor allem von seiten des überzeugten Protektionisten Méline. (144) Hanotaux mußte schließlich persönlich im Conseil intervenieren, um die das Handelsarrangement betreffende Klausel durchzusetzen. Auch ist er bereit, Zugeständnisse bei der Regelung der Schiffahrt auf dem Niger zu machen, wenn England die französischen territorialen Ansprüche anerkennen würde. (145) Das Abkommen vom 14. Juni sichert dementsprechend England die handelspolitischen Vorteile, Frankreich die territorialen Wünsche; beide Seiten scheinen ihre Hauptziele erreicht zu haben. (146) Es überrascht uns nicht, wenn wir hören, daß in Frankreich die Opposition gegen die Nigervereinbarungen von dem "groupe colonial" Etiennes ausgingen und sich besonders gegen die steuertariflichen Bestimmungen richteten. (147) Diese Kreise sahen hier eine Schädigung für Frankreichs wirtschaftliche Interessen, die für sie in der Kolonialpolitik allein maßgebend waren.

Die Unterzeichnung des Nigerabkommens war Hanotaux' letzte Amtshandlung. Am Tage darauf demissionierte das Kabinett Méline. Hanotaux hat diesen erfolgreichen Abschluß der Nigerverhandlungen, der nach einer Auseinandersetzung von acht Jahren Dauer erfolgte, stets angeführt, um seine Behauptung zu stützen, bei geschickterem Vorgehen, d. h. wenn er im Amt geblieben wäre, hätte die ägyptisch-sudanesische Frage zu einem ähnlich befriedigenden Abschluß geführt werden können. Diesem Problem haben wir uns im folgenden zuzuwenden.

5) Die ägyptisch-sudanesische Frage

A Überblick über die Entwicklung der Frage

1) Einführung

1882 besetzte englisches Militär Ägypten, um den nationalistischen Aufstand Arabi Paschas niederzuwerfen. Die provisorisch gemeinte Besetzung entwickelte sich bald zu einem Quasi-Protektorat, ein Ende war trotz wiederholter englischer Zusicherungen nicht abzusehen. Besonders Frankreich, welches seit Napoleon und Mehmed Ali stark in Ägypten engagiert gewesen war, sich 1882 aber im entscheidenden Moment von der Intervention zurückgezogen hatte, bemühte sich in den folgenden Jahren ständig, eine Evakuation Ägyptens durch die englischen Truppen zu erreichen. Die "Question d' Egypte" entwickelte sich zu einem wahren Trauma für den

Quai d'Orsay. Um zu ihrem Ziel zu gelangen, praktizierten die französischen Regierungen eine Politik der Nadelstiche, indem sie über den Umweg der "Commission de la Caisse de la Dette publique" und den "Conseil d'administration du Canal de Suez" und damit über die ägyptischen Finanzen Druck auf die anglo-ägyptische Verwaltung auszuüben suchten. Als besonderen Grund für die fortdauernde Besetzung führte England vor allem die Gefahr der Mahdistenbewegung im Sudan an, die die ägyptischen Südgrenzen bedrohte. Von 1881 bis 1885 hatte der Mahdi die gesamten sudanesischen und äquatorialen Provinzen, die seit 1820 von Ägypten besetzt worden waren, unterworfen und von Ägypten losgelöst. Das ägyptische Vizekönigreich, nominell ein Bestandteil des osmanischen Reiches, war damit in zwei deutlich getrennte Teile zerfallen. Das weiterhin unter osmanischer Oberhoheit stehende Ägypten unter dem von England beherrschten Khediven und die ehemaligen Provinzen südlich Wadi Halfas, die unter dem Mahdi der osmanisch-ägyptisch-englischen Herrschaft entrissen waren.

Typisch für die Jahre von 1882 bis etwa 1894 ist, daß die von England praktizierte Politik in den beiden Gebieten radikal verschieden ist.
Obwohl sich kaum sagen läßt, ob England von Anfang an die Absicht hatte, sich für immer in Ägypten festzusetzen, bestand die Taktik doch darin, die Herrschaft im Lande immer stärker auszubauen, den über die "Commission de la Dette" ausgeübten französischen Einfluß zurückzudrängen, englische Beamte in alle wichtigen Positionen einzuschleusen und den Khediven immer stärker zu einem Abhängigen des britischen Hochkommissars zu machen. Besonders Lord Cromer, der diesen Posten über zwanzig Jahre lang inne hatte, war ein entschiedener Verfechter einer definitiven Besetzung Ägyptens durch England. Alle Bemühungen der Franzosen, die Engländer zu Verhandlungen über eine Evakuierung zu bringen oder hierfür eine feste Frist zu setzen, stießen sich an der Weigerung der Engländer, über dieses Problem auch nur zu sprechen. Stets wurde der gute Wille betont, man sei durchaus bereit, Ägypten zu verlassen, wenn das Land einmal fähig wäre, sich selbst zu regieren und nach außen zu schützen - aber dieser Zeitpunkt sei noch fern, alle Sondierungen in dieser Richtung demnach verfrüht. Besonders ab 1890 wird die englische Haltung immer intransigenter. Die Taktik, über Ägypten einfach nicht zu sprechen, wurde dann auch in den Jahren von 1894 bis 1898 stets weiterverfolgt. Die französischen Akten legen ein eindeutiges Zeugnis darüber ab, wie die französische Seite immer wieder versuchte, das Gespräch auf diese Frage zu lenken, und wie der englische Gegenspieler sich diesen Initiativen gegenüber völlig taub stellte. (148)

Ganz anders das Vorgehen in den südlichen Provinzen: Englands große Sorge war in jener Zeit, die Verbindungswege nach Indien zu sichern; daher das Bemühen, sich in Ostafrika und im roten Meer festzusetzen (Aden, Sansibar, Somalia). Hinzu kommt der von den führenden englischen Imperialisten, allen voran Cecil Rhodes, verfolgte Plan einer Verbindung vom Kap bis Kairo. Allgemein herrschte überdies in den europäischen

Kolonialkreisen der Gedanke vor, daß der Besitz der Nilquellen über das
Schicksal Ägyptens entscheiden würde. Daher ein allgemeines Vortasten
in die von den Nachfolgern des Mahdi beherrschten Räume. Frankreich
vom französischen Kongo, die Belgier über den Kongostaat, Italien von
Eritrea und Abessinien, England von Britisch-Ostafrika über Uganda. Sehr
wichtig ist, daß England die Auffassung zu vertreten schien, mit der Eroberung durch den Mahdi sei die Oberhoheit des Sultans über diese Territorien erloschen, (149) das heißt, daß nach Vernichtung der Mahdistenbewegung die Gebiete res nullius sein würden, sie also der europäischen
Besitznahme wie die übrigen afrikanischen Gebiete offen stünden. Daher
das englische Bemühen, in Verträgen mit den anderen europäischen Bewerbern das Niltal, besonders den südlichen Zugang von Uganda her, als
eigene Interessensphäre anerkennen zu lassen. Es erreichte zunächst
im Jahre 1890 die Übereinkunft mit Deutschland im Helgoland-Sansibar-Vertrag, in dem das Reich auf seine Ansprüche auf Uganda verzichtete
und das Niltal als englische Einflußsphäre anerkannte. Weitere Abmachungen folgten mit den anglo-italienischen Protokollen von 1891, ergänzt
durch den Vertrag vom 5. 5. 1894 und dem anglo-kongolesischen Vertrag
vom 12. 5. 1894. Besonders letzterer sollte größte allgemein-politische
Bedeutung erlangen, versperrte eine seiner Klauseln doch den Franzosen
jegliches weitere Vordringen von ihren Ubangibesitzungen aus in Richtung
auf den Nil. England hoffte auf diese Weise, den französischen Konkurrenten auf indirektem Wege auszuschalten, ohne mit ihm verhandeln zu müssen,
was angesichts des französischen Ehrgeizes in diesen Regionen wenig versprechend erschienen war. Die Situation nach Abschluß dieses Vertrages
stellte sich demnach so dar, daß alle wichtigen Konkurrenten Englands
Ansprüche auf den Nil anerkannt hatten, der Hauptgegenspieler aber in
seinem weiteren Vordringen gehindert war. England schien der weiteren
Entwicklung mit Ruhe entgegensehen zu können, seine Ansprüche waren
angemeldet und registriert. Frankreich war ausgekreist worden.

Für Hanotaux stellte sich bei seinem Amtsantritt somit eine doppelte Aufgabe: einerseits, und dies war vordringlich, mußte er die französischen
Interessen im Sudan verfechten, die schwer bedroht schienen - andererseits mußte er versuchen, England endlich zu Gesprächen über das weitere
Schicksal Ägyptens zu bewegen. Von größter Bedeutung wird hier die Tatsache, daß Hanotaux beide Fragen, die bisher stets getrennt betrachtet
und behandelt worden waren, miteinander zu verknüpfen suchte. "L'idée
maîtresse de la diplomatie française, en 1894, fut que cette question du
Nil, noeud de toutes les questions pendantes, pouvait devenir, précisément, le noeud d'un arrangement général." So schreibt er rückblickend
in Partage de l'Afrique (150) Zahlreiche Belege zeigen, daß diese
Bemerkung keineswegs eine spätere, willkürliche Interpretation ist:
schon am 8. 12. 1892 drückte er ja in seinem Tagebuch die Hoffnung aus,
die damals mit dem Kongostaat ausgehandelte Konvention über die Ubangiregion könnte einen ersten Schritt auf die Rückgewinnung Ägyptens darstellen. (151)

Vermutlich Anfang 1893 erörtert er anläßlich eines Projektes über ein
Abkommen mit dem Kongostaat, (152) warum es vorteilhaft wäre, das Abkommen gerade jetzt zu schließen: (153) "Enfin, raison très importante
au point de vue de la politique générale africaine: l'arrangement nous
reconnaît définitivement toutes les voies d'accès vers le haut Nil. Il nous
permet de mettre le pied dans le bassin du fleuve et de déchirer ainsi,
indirectement, le traité anglo-allemand qui attribue à l'Angleterre le
bassin du Nil entier. Peut-être, dans un avenir plus ou moins éloigné, nos
communications avec le Nil par le Bahr el Gazal joueront-elles un rôle
important dans la solution de la question d'Egypte?" Als er schließlich
als Minister mit England ins Gespräch über den Sudan gekommen war,
setzt er durchaus folgerichtig seine Bemühungen in der angedeuteten
Richtung fort. Er schreibt an den französischen Botschafter in London,
Decrais: (154) "Enfin, il reste un élément capital sur lequel il est impossible que l'Angleterre s'obstine à fermer volontairement les yeux, c'est
la corrélation qui existe entre cette affaire du Congo et l'affaire d'Egypte
...." Ende 1894 wiederum bittet er den Londoner Botschaftssekretär
d'Estournelles sich Gedanken über die Ägypten- und Sudanfragen zu
machen und "d'essayer de dégager des points précis par lesquels on
pourrait les régler l'une par l'autre...." (155), und Anfang 1895 bittet
er de Courcel de "continuer à suivre simultanément les deux questions
du Haut-Nil et de l'Egypte" und die Einflüsse zu studieren, die sie aufeinander ausüben könnten. (156)

Diese hiermit von Hanotaux vollzogene Verbindung der ägyptischen mit
der sudanesischen Frage muß etwas näher betrachtet werden. Die ägyptische Frage war seit 1882 akut, ihre Wurzeln reichen aber wesentlich
tiefer. Sie gehen zurück bis Napoleon und von ihm reicht das französische
Engagement in einer ununterbrochenen Linie über Mehmed Ali, Thiers
und Lesseps bis ins Jahr 1894. Dem entspricht die Breite der Kreise, die
sich für diese Frage interessieren: Historiker und Bildungsbürgertum,
Bankiers und Suezkanalaktionäre, Gläubiger des ägyptischen Staates,
Berufsdiplomaten und professionelle Außenpolitiker des Quai d'Orsay.
Wesentlich anders steht es mit dem Sudan. Das Interesse an ihm ist neu,
entstand erst mit dem unter Ferry einsetzenden allgemeinen Interesse
an Afrika. Die "milieux coloniaux", die sich für die französische Expansion einsetzen, interessieren sich für den Sudan im gleichen Maße, wie
sie die Blicke auf den Niger und Indochina lenken. Sie sehen im Sudan
ein der Kolonisation offenstehendes Territorium. Gleichzeitig blicken
sie nach Ägypten, aber von einer anderen Warte aus als die obengenannten
Kreise. Den Gläubigern war es letztlich egal, ob England oder Frankreich
Ägypten beherrsche, was sie wollten, war Sicherheit für ihre finanziellen Anlagen; den Diplomaten ging es weniger um die Erwerbung Ägyptens
als um Reparation des 1882 begangenen Fehlers, der rein professionelle
Ehrgeiz spielte eine große Rolle. Die milieux coloniaux aber sahen in
Ägypten in erster Linie einen Teil Afrikas, den sich die Kolonialmächte
streitig machten, dessen Besitz auszuhandeln war, wie die Territorien
des Nigergebiets. Hanotaux aber ist zu beiden Gruppen zu rechnen, wie

sich diese denn auch bisweilen überschnitten. Er war Historiker, der Frankreichs Leistungen in Ägypten kannte, er gehörte seit dem entscheidenden Jahr 1882 zum Kreis der Berufsdiplomaten des Quai d'Orsay - aber er gehörte daneben auch zu den milieux coloniaux, die den Sudan neu ins Auge gefaßt hatten und in ihm ein Ziel für die französische Expansion sahen. Keiner seiner Vorgänger am Quai d'Orsay vereinigte wie Hanotaux in seiner Person alle in Frankreich existierenden, an Ägypten und dem Sudan interessierten Gruppen und Strömungen. Er ist der erste Außenminister, der ganz klar beide Fragen zu einem einzigen großen Problemkreis zusammenfaßte und eine globale Lösung anstrebte. (157)

2) Der Kongovertrag von 1894

Nachdem jahrelang keine englisch-französischen Verhandlungen über Ägypten und den Sudan zustandegekommen waren, sollte der anglo-kongolesische Vertrag vom 12. 5. 1894 Hanotaux die Gelegenheit bieten, endlich mit England ins Gespräch zu kommen. (158)

Der französische Widerstand entzündete sich besonders an der Bestimmung, derzufolge England einen großen Teil des ehemals ägyptischen Bahr el Ghasal an den Kongostaat verpachtete und Frankreich damit den Zugang zum Nil sperrte. Da entsprechende Proteste in London und Brüssel zunächst keine anderen Ergebnisse als unverbindliche Erklärungen brachten - England machte Frankreich zwar ein Angebot zu umfangreichen, umfassenden allgemeinen Gesprächen, welches aber sehr unverbindlich gehalten war und im wesentlichen wohl von einer präzisen Diskussion der umstrittenen Konvention ablenken sollte - (159) bemüht sich Hanotaux, möglichst viele Mächte gegen den Vertrag zu mobilisieren. Er läßt zunächst in Petersburg vorfühlen und erreicht schließlich einen russischen Protest gegen den im gleichen Kontext stehenden anglo-italienischen Vertrag vom 5. 5. 1894; (160) des weiteren bemüht er sich ganz eindringlich, einen Protest des Sultans als des nominellen Herren der betreffenden Gebiete zu erwirken, der auch nach langem Zögern erfolgt. (161) In diesem Zusammenhang ist bedeutsam, daß Hanotaux die englische These, die Gebiete seien res nullius, scharf ablehnt; er betont dagegen die Rechte des Sultans und macht sich zum entschiedenen Verfechter der Integrität des osmanischen Reiches, damit alle Signatarmächte des Berliner Abkommens an ihre Verantwortung ermahnend. (162) Entscheidender als die russischen und türkischen Proteste sollte aber sein, daß Deutschland sich auf die Seite Frankreich stellte. Der Vertrag hatte nicht nur die französischen Interessen geschädigt, sondern auch die deutschen, als der Kongostaat einen fünfundzwanzig Kilometer breiten Landstreifen längs der deutschen Ostafrikakolonie für den Bau der Kap-Kairo-Telegraphenlinie an England abtrat. Die deutsche Kolonie sah sich dadurch auf drei Seiten von englischen Besitzungen umgeben, überdies vom Kongo abgeschnitten und fürchtete deshalb eine Behinderung ihres Handels mit diesem Staat. Der Staatssekretär im Auswärtigen Amt Marschall schlägt am 13. Juni dem französischen Botschafter Herbette einen gemeinsamen Protest vor.

(163) Hanotaux nimmt das Anerbieten freudig an. Bezeichnend ist, daß er sofort versucht, Deutschland dazu zu bewegen, in den künftigen Verhandlungen mit England, dem Kongo und Belgien auf dem "statu quo légal africain, tel qu'il résulte des actes internationaux" zu bestehen; (164) seine Absicht ist ganz offenbar, Deutschland stärker an den englisch-französischen Auseinandersetzungen um den Sudan und Ägypten zu beteiligen, indem er die vorgeschlagene Konzertation auf ganz Afrika ausdehnen möchte. Marschall will sich aber keineswegs zu weit mitziehen lassen und so kommt es nur zu einer recht losen Zusammenarbeit: (165) "Il a été entendu que les deux Gouvernements poursuivraient, chacun de leur côté, jusqu'à nouvel ordre, leur démarche à Londres et à Bruxelles et qu'ils se tiendraient au courant des incidents notables de cette double négociation." Als England den von Deutschland beanstandeten Artikel der Konvention fallen läßt, worauf letzteres seinen Protest zurückzieht, bemüht sich Hanotaux über Herbette und im persönlichen Gespräch mit Münster, die deutsche Politik dazu zu bewegen, auch nach Erreichung ihrer Ziele an der gemeinsamen Aktion festzuhalten; Marschall winkt auch hier ab. Daraufhin bemüht sich Hanotaux wieder mehr, die direkten Verhandlungen mit England zu aktivieren, (166) welches aber offensichtlich versucht, die Angelegenheit hinzuziehen und sich nicht sehr gesprächsbereit zeigt; gleichzeitig wendet Hanotaux sich an Belgien, das, deutlich von der deutschen Reaktion auf den Vertrag beeinflußt, einzulenken bereit ist und im französisch-belgischen Arrangement vom 14. 8. 1894 auf die Pachtklausel verzichtet. (167) Damit war der britisch-kongolesische Vertrag von Anfang Mai praktisch hinfällig geworden. Der Status quo ante war hergestellt; das vordringlichste Ziel der französischen Politik war erreicht.

Die französisch-belgischen Verhandlungen, die keinerlei Spuren in den Archiven hinterlassen haben, (168) sind durchgehend von Aktionen auf dem umstrittenen Terrain selbst begleitet worden. Im Mai 1893 hatte der Kolonialminister Delcassé den Commandant supérieur du Haut-Oubangui, Monteil, beauftragt, zu versuchen, von den französischen Besitzungen aus nach Faschoda vorzustoßen, um den Engländern, die von Süden vordrangen, zuvorzukommen. (169) Diese Mission sollte jetzt reaktiviert werden, nachdem sie bisher nicht recht von der Stelle gekommen war; nun aber mit geänderter Zielsetzung. Sie sollte nicht mehr nach Faschoda an den Nil vordringen, sondern in den zwischen Frankreich und dem Kongostaat umstrittenen Gebieten operieren, um dort die französischen Ansprüche zu betonen und um ein Gegengewicht zu den belgischen Aktivitäten zu bilden. Die Instruktionen, die an Monteil am 13. 7. 1894 gesandt wurden, sind von Außenministerium und Kolonialministerium gemeinsam ausgearbeitet worden. (170) Monteil wird beauftragt: "à faire rayonner notre action vers le nord-ouest dans la direction du Chari et du bassin du Tchad et, vers le nord-est, dans la direction du bassin du Nil, (en veillant, scrupuleusement à ce que les forces ou les missions placées sous vos ordres, s'abstiennent de pénétrer dans le bassin du Nil, de façon à ce que la question du Soudan égyptien reste entière et complètement réservée.)" Sehr bedeutsam ist hier vor allem, daß der in Klammern gesetzte Text von Hanotaux nachträglich eingerückt wurde. Die Gründe hierfür werden aus einer von Hanotaux verfaßten Aktennotiz deutlich, die ein am Tag zuvor mit Monteil geführtes Gespräch betrifft: (171) "Il a pris à mon égard l'engagement formel, et d'ailleurs conforme à ses instructions, qu'il n'enverrait jamais une troupe ou même un homme dans le bassin du Nil, et il a parfaitement compris qu'il devait éviter toute action qui serait contraire à notre thèse sur l'intégrité de l'Empire ottoman." Deutlich ist hier ein Unterschied zwischen Hanotaux' Taktik und der im Jahre 1893 von Delcassé verfolgten festzustellen. Delcassé wollte Monteil an den Nil schicken, um den Engländern zuvorzukommen, ganz als ob es sich um besitzloses Territorium, um ein res nullius, handele; Hanotaux dagegen verficht die These der intégrité de l'Empire ottoman, wonach diese Gebiete der türkischen Oberhoheit unterliegen, demnach nicht der einfachen Besitznahme offenstünden und damit das Recht des "premier occupant" hinfällig würde. Offen bleibt, ob das Kolonialministerium sich voll und ganz zu dieser neuen These bekannte und wenn ja, ob es in der Lage sein würde, den Eifer der Kolonialoffiziere wirksam zu bremsen, die sich zweifellos nur unwillig in ihren Aktionen durch ein so wenig handfestes Hindernis wie es die seit Jahren nurmehr theoretische Oberhoheit des Sultans darstellte, würden aufhalten lassen wollen.

Rückblickend auf die Auseinandersetzung um den Kongovertrag sind für unsere weitere Untersuchung drei wichtige Punkte festzuhalten:

1) Hanotaux versuchte die übrigen europäischen Mächte an der Frage zu interessieren, die gewissermaßen internationalisiert werden sollte. Der Erfolg dieser Bemühungen ist nicht durchschlagend, da keine Macht bereit ist, sich stärker an der französischen Seite zu engagieren.

2) Hanotaux stellt sich als Verteidiger der Integrität des osmanischen Reiches dar, um die Engländer am Vordringen im Niltal zu hindern.

3) Zur Unterstützung der diplomatischen Aktion werden Missionen eingesetzt, die jedoch unter Einfluß Hanotaux' eine andere als die ursprünglich vom Kolonialministerium beabsichtigte Zielsetzung erhalten.

3) Die britisch-französischen Gespräche im Herbst 1894

Mit der französisch-kongolesischen Konvention war Englands Plan, Frankreich vom Niltal fernzuhalten, ohne mit ihm sprechen zu müssen, gescheitert. Es blieb nichts anderes übrig, als zu versuchen, dieses Ziel in direkten Verhandlungen zu erreichen; daher war die indirekte Folge des anglo-kongolesischen Vertrages eine Periode intensiver Gespräche zwischen England und Frankreich. (172)

Verhandlungspartner bei diesen Gesprächen sind Hanotaux und Phipps, die vor Hanotaux' Berufung zum Minister schon gemeinsam über die Nigerfrage beraten hatten. Phipps versucht zunächst, Frankreichs Zustimmung zu den englischen Abmachungen mit Deutschland aus dem Jahre 1890, also die Anerkennung des Niltals als englische Einflußsphäre, zu erlangen, indem er ein großzügiges Angebot für die Regelung der Nigerstreitigkeiten unterbreitet. (173) Hanotaux sind diese Konzessionen nicht weitgehend genug. In diesem Stadium bringt er die Frage der Unterscheidung zwischen ägyptischen Territorien und britischer Einflußsphäre im oberen Sudan neu in die Debatte. (174) Zentraler Punkt der Gespräche werden so die ägyptischen Südgrenzen, die mit den Nordgrenzen der englischen Einflußsphäre zusammenfallen würden. Hanotaux will England offensichtlich den Zugang zum Nil von Süden her sperren, der damals aktuellen Stoßrichtung der englischen Expansion. Die Debatte würde sich so nur um die nicht-ägyptischen Gebiete drehen, das Zentralproblem wäre ausgekreist. Dadurch aber, daß Hanotaux den Sudan als zu Ägypten gehörig bezeichnet, und von der Teilung ausnimmt, versucht er die Engländer zu zwingen, über Ägypten zu sprechen, wenn sie eine Lösung der Sudanfrage anstrebten. Da England keine Südgrenzen Ägyptens nennen will, wodurch es seiner eigenen Expansion ja eine Grenze setzen würde, schlägt Hanotaux schließlich eine vorläufige Neutralisierung des oberen Sudan, ein "désistement réciproque" vor. (175) Die Frage würde aufgeschoben, d. h. nicht zuungunsten Frankreichs gelöst. Hanotaux zeigte hier wesentlich mehr Sinn für die Realitäten als die französischen Kolonialkreise, die durch Delcassé im Conseil des Ministres das Projekt ablehnen; England hatte zu diesem Zeitpunkt einen deutlichen Vorsprung vor Frankreich und hatte vor allem schon mehrere Mächte für seinen Standpunkt gewonnen. Frankreich konnte von einem Stillhalteabkommen nur profitieren, in der Zwischenzeit hätte es seine rückwärtigen Verbindungen ausbauen und Englands Vorsprung eventuell wettmachen können. Es ist jedoch nicht nur das französische Kabinett, welches das Projekt ablehnt, denn die englische Seite desavouiert ihren Unterhändler und unterbricht plötzlich die Verhandlungen, offenbar nachdem eingesehen worden war, daß von Hanotaux keine Zustimmung zu den weitgehenden englischen Plänen erreicht werden konnte. Die Gespräche waren gescheitert, worüber auch die beiderseitigen Versicherungen nicht hinwegtäuschen konnten, man sei weiterhin an einer beide Seiten befriedigenden Übereinkunft interessiert.

Auffallend ist, daß während dieser Verhandlungen von der Erhaltung der Integrität des osmanischen Reiches nie die Rede war. Sonst wäre ja die Frage nach der ägyptischen Südgrenze eindeutig klar gewesen und hätte nicht gestellt zu werden brauchen. Hier zeigt sich, daß diese These für Hanotaux lediglich ein Mittel war, um der französischen Position eine Rechtsgrundlage zu geben und kein eigentliches politisches Ziel in sich darstellte. Hätte England ein günstiges Angebot zur Teilung der Territorien des ehemals ägyptischen Sudan gemacht, so hätte Hanotaux zweifellos einer Aufteilung dieser Gebiete zugestimmt, ohne einen Gedanken an die Rechte des Sultans zu verschwenden.

Deutlich zeigt sich auch in dieser Phase wieder der Unterschied zwischen Außen- und Kolonialminister. Hanotaux hatte eine diplomatische Lösung auf dem Verhandlungswege angestrebt, Delcassé lehnt dieses Projekt noch vor den Engländern ab und gibt als Motiv die Hoffnung an, die französischen Missionen würden vor den englischen am Nil sein. (176) Dies zeigt uns überdies, daß das Kolonialministerium letztlich weiterhin an der Tendenz der ersten Fassung derMonteilinstruktionen festhielt und den Hanotaux' schen Vorbehalt wieder fallengelassen hatte.

Nachdem Hanotaux und die Taktik des Außenministeriums gescheitert war, setzte sich wieder stärker die Tendenz Delcassés durch, was eine Reaktivierung der Missionstätigkeit und am 17. 11. den Entschluß zur Entsendung Liotards an den Nil mit sich brachte. Hanotaux scheint sich nicht mehr gegen diese Unternehmung ausgesprochen zu haben oder er war überstimmt worden. (177)

Mit dem Scheitern dieser Gespräche war die Periode der englisch-französischen Verhandlungen geschlossen. Sowohl England als auch Frankreich hatten ihr Ziel nicht erreicht. England konnte Frankreich nicht zur Anerkennung seiner Ansprüche auf das ganze Niltal bringen, und Hanotaux war es nicht gelungen, die ägyptisch-sudanesische Frage einer Frankreich günstigen großen diplomatischen Lösung zuzuführen.

4) Die Entwicklung bis zum Ministère Méline

Charakteristisch für diese Periode ist, daß England von der bisher verfolgten Praxis abgeht, die darin bestand, Ägypten und den Sudan als getrennte Komplexe und den Sudan als nicht zum osmanischen Reich gehöriges res-nullius-Territorium zu betrachten. Statt dessen schwenkt es auf die von Hanotaux vertretene These von der Zugehörigkeit des Sudan zu Ägypten und damit zum osmanischen Reich, ein. Im Zusammenhang damit mißt es seinen Bemühungen, vom Süden her an den Nil vorzudringen, weniger Bedeutung bei, konzentriert seine Anstrengungen vielmehr im Norden.

Erstes bedeutsames Ereignis ist die Grey-Erklärung vom 29. 3. 1895; (178) sie stellt zweifellos eine Reaktion auf den Abbruch der Verhandlungen und die folgende Aktivierung der französischen Tätigkeit im Bahr el Ghasal dar. Grey warnt Frankreich eindringlich davor, Missionen in das obere Nilbecken zu entsenden und bezeichnet das ganze Niltal als englische Interessensphäre. Frankreich soll im Grunde die Bestimmungen des deutschbritischen Vertrages von 1890 respektieren, ohne ihn offiziell anerkannt zu haben. Hanotaux protestiert vor dem französischen Senat und erreicht von Greys Vorgesetztem Kimberley eine Milderung der Erklärung, die aber laut de Courcel nichts an der Grundhaltung der Engländer änderte und deren Ansprüche voll bestehen ließ. Knapp ein Jahr später schließlich trifft England die entscheidende Maßnahme, die geeignet ist, seine theoretischen Ansprüche zu konkreter Wirklichkeit werden zu lassen. Es startet die Dongolaexpedition, die offiziell im Namen des Khediven für

Ägypten die verlorenen Südprovinzen zurückerobern, praktisch aber Englands Herrschaft auch in diesen Gebieten begründen soll. (179) Von diesem Zeitpunkt an weist England jeden Vorstoß einer europäischen Macht in die ehemaligen ägyptischen Sudan- und Äquatorialprovinzen als Verletzung des khedivisch-ägyptischen Hoheitsgebietes ab. Französischerseits hat man noch mehrmals versucht, England gegenüber die ägyptische Frage zur Sprache zu bringen, stets vergebens. Am bedeutendsten war hier die Initiative de Courcels Anfang 1896, die aber durch die Ankündigung der englischen Expedition brüsk gestoppt wurde. Während somit die Mittel der reinen Diplomatie nichts zu erreichen vermochten, waren die französischen Kolonialpraktiker mittlerweile nicht tatenlos geblieben. Der Capitaine Marchand hatte im Herbst 1895 dem Kolonialminister eine Mission vom französischen Kongo über den Haut-Oubangui nach Faschoda, durchaus den ehemals geplanten Monteil- und Liotardexpeditionen ähnlich, vorgeschlagen. (180) Im Oktober hatte er eine Unterredung mit Hanotaux, die jedoch kaum Spuren in den Archiven hinterlassen hat. (181) Am 30. 11. 1895, also noch drei Monate vor Ankündigung der englischen Dongolaexpedition, gibt Hanotaux' Nachfolger im Namen des Außenministeriums die Zustimmung zu der vorgeschlagenen Mission; Marchand bringt den Winter mit der Vorbereitung der Expedition zu und ist im Aufbruch begriffen, als Hanotaux Ende April 1896 wieder Minister wird.

Die Situation hatte sich gegenüber dem Zeitpunkt, da Hanotaux zum ersten Male Minister geworden war, in wesentlichen Punkten geändert:

Ägypten und der Sudan stellten jetzt nicht mehr zwei getrennte Komplexe dar. Seit Grey-Erklärung und Dongola-Expedition bildeten sie eine unlösbare Einheit. (182) Hanotaux hatte die Lösung der einen Frage durch die Verbindung mit der anderen angestrebt; diese Verbindung war jetzt hergestellt, aber unter für Frankreich recht ungünstigen Voraussetzungen. Vorher hatte England ein Auskommen mit Frankreich im Sudan vielleicht noch gewünscht (September 1894), da dieses mit der These von der Integrität des osmanischen Reiches zweifellos das bessere juristische Argument anführen konnte. Jetzt aber sprach dieses Argument für England, welches als Sachwalter des Khediven auftreten konnte. Gleichzeitig dehnte es die vorher nur in Ägypten verfolgte Taktik des Ausweichens, Hinhaltens, des vage Versprechungen Machens auf den gesamten Komplex des Niltales aus.

Hanotaux aber stand immer noch vor der gleichen Aufgabe, nämlich England zu Verhandlungen über Ägypten zu bewegen.

B) Systematik der Hanotaux' schen Ägypten-Sudan-Politik

1) Grundtendenz

Mit dem Ministerium Méline unternimmt Hanotaux einen zweiten Anlauf in Richtung auf die Lösung der ägyptischen Frage. Seine Politik während dieses fast zweieinhalbjährigen Ministeriums, einer Zeit, die sich fast genau mit der Dauer der englischen Sudanexpedition deckt, soll im folgenden im Detail behandelt werden. Dies wird uns erleichtert durch die Tatsache, daß es Hanotaux durch die außergewöhnliche Langlebigkeit des Kabinetts Méline möglich war, seine politische Linie konsequent über mehr als zwei Jahre hin ungestört von Ministerkrisen zu verfolgen. Wie zuvor spielen sich die französischen Bemühungen weiterhin auf zwei Ebenen ab: auf der diplomatischen Ebene versucht Hanotaux möglichst viele Mächte für seinen Standpunkt zu gewinnen, er will die Frage internationalisieren; daneben wird versucht, die diplomatische Aktion durch aktives Vorgehen in den umstrittenen Gebieten zu unterstützen. Die bedeutende Zäsur der Dongola-Expedition, die den durch die französisch-deutsche Reaktion auf den Kongovertrag eingeleiteten Umschwung der britischen Politik abschließt, hat sich auf Hanotaux' Taktik letztlich nicht ausgewirkt; er bleibt der bisher praktizierten Methode treu.

Wir werden sehen, wie die Ägyptenfrage ganz im Zentrum der Hanotaux' schen Außenpolitik steht, wie sie diese Politik weitgehend bestimmt und inspiriert, wie sie die Klammer und den gemeinsamen Nenner für viele, wenn nicht die Mehrzahl der außenpolitischen Aktionen Hanotaux' darstellt. "La question égyptienne dominait tout, exaltait tout." (183) Sie bildet den Hintergrund zu Hanotaux' Politik, die nur verstanden werden kann, wenn die einzelnen Aktionen nicht willkürlich getrennt und nicht jede separat für sich behandelt werden.

Die von Hanotaux verfolgte Strategie geht klar aus mehreren seiner Schreiben an den französischen Geschäftsträger in Kairo, Cogordan, hervor. Am 21. 6. 1898, als das Kabinett Méline schon zurückgetreten war, gibt er einen ausführlichen Bericht über den Stand der ägyptischen Angelegenheit und über die von ihm in dieser Frage verfolgte Politik. Es handelt sich um ein für uns sehr wertvolles Resümee seiner gesamten Ägyptenpolitik, welches durch in ihrer Tendenz fast identische frühere Schreiben ergänzt wird. Von Januar 1897 über November 1897 bis Juni 1898 erkennen wir eine konsequent durchgehaltene Grundtendenz: (184) Hauptziel ist, Verhandlungen über Ägypten und den Sudan zustande zu bringen, an denen möglichst viele Mächte teilnehmen sollen. Der internationale Charakter der Frage wird stark betont. Um dieses Ziel zu erreichen, seien Anstrengungen in den verschiedensten Richtungen unternommen worden: die ständigen Kontakte mit England um weniger schwierige Probleme aus dem Wege zu räumen; die Konsultationen mit dem russischen Verbündeten; die Versuche, den Sultan, den abessinischen Herrscher ebenso wie die anderen europäischen Kolonialmächte für die Frage zu interessieren; überdies wird die Einflußnahme in Ägypten selbst und die Aktion auf dem umtrittenen Terrain betont. Alle diese Punkte sollen näher beleuchtet werden, um die von Hanotaux selbst skizzierte Politik im Einzelnen zu verfolgen.

2) Das offizielle Ziel des Quai d'Orsay

Zunächst taucht aber ein anderes Problem auf. Wenn Hanotaux' Ziel ist, möglichst viele europäische Mächte an der Frage zu interessieren und bei den angestrebten Verhandlungen zu beteiligen, so ergibt sich ganz von selbst die Frage nach den Vorschlägen, die er diesen Mächten unterbreiten und wie er ihnen die Zukunft der umstrittenen Gebiete präsentieren wollte.

Hanotaux' letztes, höchstes Ziel ist die Rückgewinnung Ägyptens für Frankreich gewesen. Selbstverständlich handelt es sich dabei um ein Ziel mit emotionalem Hintergrund. Hanotaux muß sich nach seinen langjährigen praktischen Erfahrungen bald klar geworden sein, daß dieses Ziel unter normalen Umständen nicht voll zu erreichen sein würde, und so paßte er sich zweifellos diesen normalen Umständen an. Wie in der Frage der Assimilation lassen sich in seinen außenpolitischen Zielen zwei deutlich verschiedene Ebenen erkennen. Auf der höheren Ebene das ideelle Fernziel; auf der niederen Ebene das im Augenblick mögliche und erreichbare Nahziel.

In zahlreichen in den DDF abgedruckten Dokumenten bezeichnet Hanotaux stets die Evakuierung Ägyptens durch die englischen Truppen als wichtigstes Ziel, während er im Sudan eine Teilung angestrebt zu haben scheint. Genauer ausgeführt hat er persönlich diese Pläne nicht - zumindest liegen uns keine Zeugnisse darüber vor - doch findet sich in den Archiven des Quai d'Orsay ein "Projet de règlement des questions pendantes dans le Nord-Est-africain" das im Februar 1897 von de Beaucaire für Hanotaux und vermutlich auf seine Anregungen hin ausgearbeitet worden ist. (185) Es zeigt die Absichten der Ministerialbürokratie, der Praktiker des Quai d'Orsay und gibt doch selbst wenn es in Einzelheiten nicht mit den persönlichen Ideen Hanotaux' zusammenfallen mag, die Richtung an, die die französische Außenpolitik unter seiner Leitung eingeschlagen hat. (186)

Die Note hat ausgesprochen programmatischen Charakter: (187) "La présente note a pour objet d'exposer un ensemble de solutions vers lequel doivent tendre nos efforts."

Als wesentliche Bestimmungen des Projekts erscheint einerseits die Evakuierung Ägyptens durch die englischen Truppen mit anschließender Neutralisierung des Landes wie auch des Suezkanals und des Roten Meeres, andererseits die Aufteilung des Sudan. Viel Raum wird der künftigen Organisation Ägyptens zugemessen.

Im einzelnen sind folgende Punkte zu erwähnen:

a) England zieht sich aus Ägypten zurück, welches neutralisiert wird aber als "partie intégrante" des osmanischen Reiches dem Sultan tributpflichtig bleibt. Bedeutsam ist, daß die ägyptische Südgrenze bis zum 5. Katarakt vorgeschoben wird, dies auf Kosten Englands, welchem der nördliche Teil des Sudan zugesprochen wird.

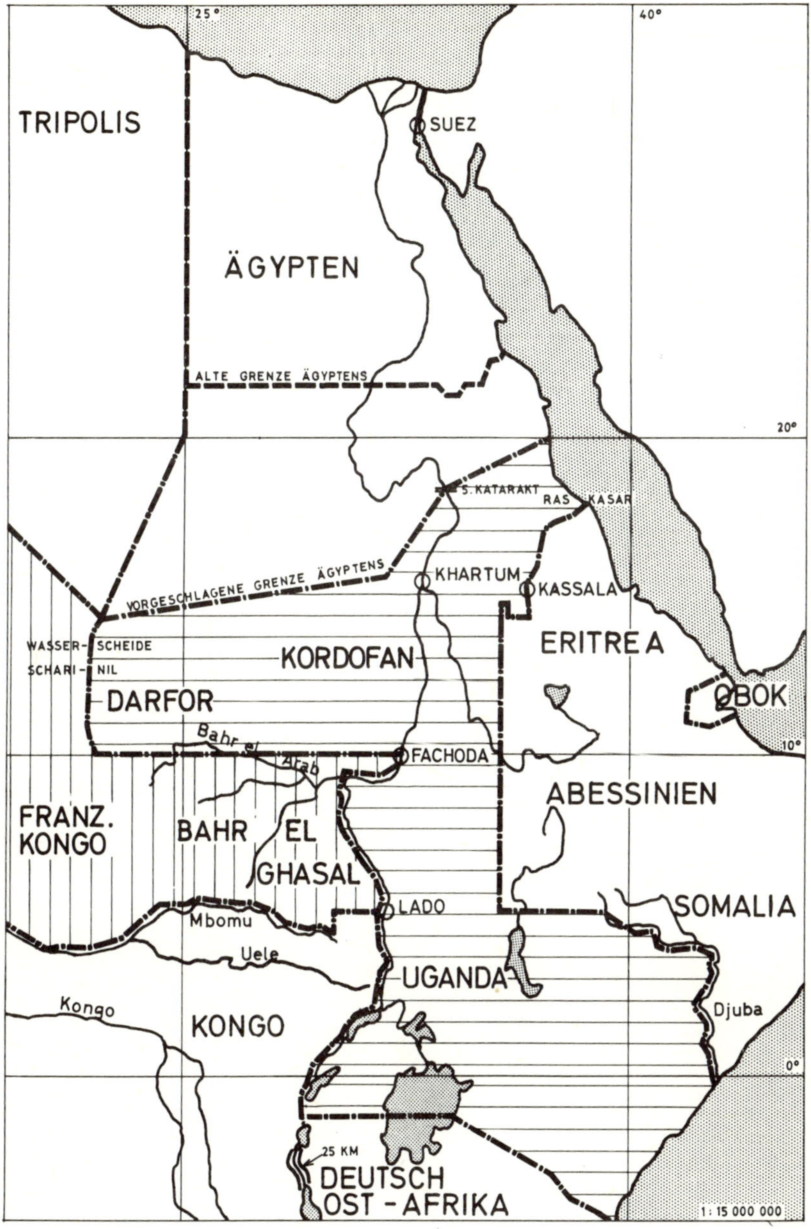
25°
40°
20°
10°
0°
TRIPOLIS
SUEZ
ÄGYPTEN
ALTE GRENZE ÄGYPTENS
S. KATARAKT
RAS KASAR
VORGESCHLAGENE GRENZE ÄGYPTENS
KHARTUM
KASSALA
ERITREA
WASSER- SCHEIDE
SCHARI - NIL
KORDOFAN
DARFOR
OBOK
Bahr el Arab
FACHODA
ABESSINIEN
FRANZ. KONGO
BAHR EL GHASAL
LADO
SOMALIA
Mbomu
Uele
UGANDA
Djuba
Kongo
KONGO
25 KM
DEUTSCH OST - AFRIKA
1: 15 000 000

Legende zur Karte:

KORDOFAN : Kolonien, Staaten, Provinzen

O FACHODA : Städte

Bahr el Arab : Flüße

━ ━ ━ ━ ━ ━ ━ : alte Grenze Ägyptens

━·━·━·━·━·━· : Grenzen nach Vorschlag des Beaucaire-projekts

≡≡≡≡≡ : England zugesprochenes Gebiet

||||||||| : Frankreich zugesprochenes Gebiet

b) Die Theorie, derzufolge der Sudan "partie intégrante de l'Empire Ottoman" ist, wird stillschweigend fallengelassen. Die Haltung und Reaktion des Sultans wird, im Gegensatz zu den Regelungen für Ägypten, bei den Bestimmungen über das Schicksal des Sudan nicht in Rechnung gestellt. Ein weiteres Zeichen dafür, daß die Verteidigung der Integrität lediglich ein gegen England gerichteter Schachzug gewesen ist.

c) Frankreich erhält den Bahr el Ghasal, damit im wesentlichen die 1894 von England an den Kongo verpachteten Gebiete. Durch den Zugang zum schiffbaren Nil und durch die Internationalisierung des Flusses gewinnt es die Möglichkeit zu einer Einflußnahme auf den englischen Sudan und das neutrale Ägypten.

d) England erhält Darfor, Kordofan und eine Verbindung dieser Sudangebiete mit dem Roten Meer und Uganda.

e) Das Schicksal Abessiniens wird nicht berührt.

f) Im Zusammenhang hiermit ist bemerkenswert, daß nicht die Rede von der vielzitierten Verbindung Djibuti-Kongo ist. Dieser Plan scheint den Quai d'Orsay im Gegensatz zu den französischen Kolonialkreisen nicht ernsthaft beschäftigt zu haben. England wird die Verbindung seiner afrikanischen Besitzungen vom Kap bis zur ägyptischen Südgrenze zugestanden.

g) Die Südgrenze des französischen Bahr el Ghasal entspricht der zwischen Frankreich und dem Kongostaat am 14. 8. 1894 festgelegten Linie.

Die Ostgrenze der britischen Besitzungen wird aus den anglo-italienischen Konventionen von 1891 übernommen.

h) Frankreich anerkennt nachträglich die anglo-italienischen und anglo-kongolesischen Konventionen, letztere mit den durch das franko-kongolesische Abkommen geschaffenen Veränderungen.

i) Frankreich gesteht England den 25 Kilometer breiten Streifen zwischen Deutschostafrika und dem Kongostaat zu. Deutschland sollen eventuell Kompensationen angeboten werden.

j) Das Projekt lehnt sich in vielen Punkten ausdrücklich an frühere Pläne und Regelungen an (1891, Konvention Drummond-Wolff, Konferenz von 1885, Kanalvertrag von 1888, Grenzlinien von 1891 und 1894). Dies kann als Beweis für die Kontinuität der französischen Ägyptenpolitik gewertet werden.

Als französisches Hauptziel erscheint ganz deutlich der Rückzug Englands aus Ägypten und vom Suezkanal. Es geht weniger um Erwerbungen für Frankreich als um eine Eindämmung Englands. Da auch Hanotaux früher oder später mit dem Zusammenbruch des osmanischen Reiches rechnete, war die ägyptische Frage durch diesen Plan nicht endgültig gelöst, vielmehr auf den Stand von 1882 zurückgeschraubt. Eine Erwerbung Ägyptens durch Frankreich war für eine spätere Zukunft wieder möglich geworden. Die Ägypten gewährten bedeutenden Gebietsvergrößerungen konnten so eventuell einmal Frankreich zugute kommen. Es besteht damit eine direkte Verbindung zwischen den relativ realistischen, kurzfristigen Überlegungen des Quai d'Orsay und dem emotionalen Fernziel Hanotaux'.

3) Ägypten

In Ägypten setzt Hanotaux konsequent die traditionelle französische Politik der "coups d'épingle" fort. Ansatzpunkt ist vor allem die "Caisse de la Dette égyptienne", eine internationale Institution, die es Frankreich erlaubte, eine Oberaufsicht über die ägyptischen Finanzen und damit über alle Projekte, die die Engländer gemeinsam mit der ägyptischen Regierung realisieren wollten, auszuüben. Besonders in der Dongola-Affäre, als die ägyptische Regierung unter englischem Druck die Kosten der Unternehmung aus dieser Kasse bestreiten will, interveniert Frankreich zusammen mit Rußland und betreibt einen Prozeß vor der "cour mixte d' Alexandrie". Es geht Hanotaux bei diesem Prozeß keineswegs darum, die Interessen der Gläubiger oder gar der Ägypter selbst zu verteidigen; er will die Engländer in Zugzwang bringen. Die juristische Argumentation ist ein Vorwand. Eindeutig schreibt er in der Aufzeichnung eines Gesprächs mit dem russischen Außenminister per interim, Schischkin: (188) "Il a été entendu que les deux puissances s'appuieraient sur le procès initié par les porteurs et sur les embarras financiers de l'Egypte pour amener l'Angleterre à aborder avec nous et si possible avec l'Europe, les conditions dans lesquelles elle entend exécuter ses engagements en Egypte." Ganz entsprechend lauten die Instruktionen an den französischen Botschafter in London im weiteren Verlauf dieser Affäre: (189) De Courcel solle bei Lord Salisbury sondieren, wie man aus der durch die englische Initiative geschaffenen rechtlichen Schwierigkeit herauskommen könne.
Es ist eindeutig, daß Frankreich die juristischen Einwände fallenlassen würde, wenn sich England zu praktischen Konzessionen bereiterklären sollte. Wenn Hanotaux mit diesem Prozeß die Engländer auch nicht direkt zur Aufgabe Ägyptens zwingen kann, und nicht einmal die Dongola-Expedition zu verhindern vermag, so bietet sich hier doch einmal mehr die Gelegenheit, den internationalen Charakter der ägyptischen Frage zu betonen; andererseits reiht sich der Prozeß in die Taktik ein, die darin besteht, den Engländern möglichst viele Schwierigkeiten zu bereiten in der Hoffnung, sie verlören schließlich die Lust an der Besetzung des Landes. In diesem Sinne notiert er am Rande eines Berichtes Cogordans: (190) ".... les charges et les périls d'une occupation sans profit finiront peut-être un jour ou l'autre par éclairer les hommes d'Etat et l'opinion en Angleterre."

Parallel zum Bemühen, die Engländer nie zur Ruhe kommen zu lassen, gehen die Bestrebungen, die französische Präsenz in Ägypten zu stärken.

So beschwört Hanotaux Cogordan, alles zu tun, um die französische Kolonie vor der Entmutigung zu bewahren, (191) außerdem informiert er sich regelmäßig über die Situation der in der ägyptischen Verwaltung beschäftigten französischen Beamten. Auf entsprechende Anfrage hin, berichtet Cogordan, die Zahl dieser französischen Funktionäre sei im Vergleich zu der ihrer englischen Kollegen stark zurückgegangen; daraufhin verlangt Hanotaux ihre Zahl solle auf alle Fälle erhalten bleiben und ihre Moral müsse gehoben werden; um letzteres zu erreichen, schlägt er unter anderem vor "distinctions honorifiques" zu gewähren. (192) Als die von England beherrschte ägyptische Regierung der französischen Agence Havas wegen ihrer angeblich tendenziösen Ägyptenberichterstattung die bisher bewilligte finanzielle Unterstützung streicht, fordert Hanotaux Cogordan sofort auf, sich energisch um Wiederherstellung dieser Subventionen zu bemühen. (193) Als weiteres Mittel, den französischen Einfluß zu wahren, pflegt Hanotaux die Beziehungen zum Khediven. Er empfiehlt Cogordan, engen Kontakt zu ihm zu wahren, (194) ihm gegen den englischen Druck den Rücken zu stärken und ihm immer wieder zu versichern, Frankreich werde sich auf keinen Fall von der ägyptischen Sache abwenden und die Engländer gewähren lassen. (195)

Im Verhältnis zu den Ägyptern ergaben sich bisweilen Schwierigkeiten durch Aktionen der Mitglieder des groupe colonial. Während Frankreich offiziell die ägyptische Autonomie und Selbständigkeit verteidigt und immer wieder betont, keineswegs an die Stelle der Engländer treten zu wollen, verlangt diese Gruppe ziemlich offen Ägypten für Frankreich. Beispielhaft ist die Ägyptenreise des Abgeordneten Deloncle im Frühjahr 1895. (196) Als Mitglied des groupe colonial hält er recht agitatorische Reden und nimmt Kontakte zu der revolutionären Gruppe des "Jeune Egypte" auf, deren Mitglieder sich als ganz besonders entschlossene Gegner der Engländer geben. Hanotaux sieht diese Aktivitäten äußerst ungern und hätte die Reise am liebsten verhindert. Die Annektionspläne des groupe colonial konnten nur den Khediven und die Ägypter mißtrauisch machen, die Kontakte mit den revolutionären Patrioten den Engländern, unter Verweis auf die Gefahr eines neuen nationalistischen Aufstandes nach dem Vorbild Arabi Paschas, einen Vorwand für eine Fortdauer der Besetzung liefern. Deshalb bittet Hanotaux Cogordan wiederholt, mäßigend auf Deloncle einzuwirken und auf eine Abkürzung der Reise zu drängen. Als Deloncle schließlich nach Paris zurückkehrt, verweigert ihm Hanotaux mehrmals eine Audienz, um deutlich zu zeigen, daß sich die französische Regierung von seinen Umtrieben distanziere.

Hanotaux' Politik in Ägypten zielt also darauf ab, die englische Position möglichst zu schwächen, die französische Präsenz zu stärken, die internationalen Instanzen zu fördern und den ägyptischen Widerstand gegen die englische Besatzung zu ermutigen; bei alledem geht er allerdings sehr vorsichtig zu Wege, um jeden Eklat zu vermeiden. "Il me paraît évident que notre intérêt n'est pas de pousser les choses à l'extrême: la continuation de l'état des choses actuel est ce que nous devons désirer, aussi longtemps que l'Europe n'aura pas ouvert les yeux. " (197) Die Lösung des Problems erwartet er nicht von einer Evolution in Ägypten selbst; dort soll vor allem die Stellung gehalten werden, bis die allgemeine internationale Situation eine Revision der bestehenden Verhältnisse ermöglicht.

4) Das Osmanische Reich

Das osmanische Reich befand sich Ende des neunzehnten Jahrhunderts in einer permanenten Krise. Über die armenischen Unruhen, die Kretakrise und den griechisch-türkischen Krieg kam es auch während Hanotaux' Ministerzeit nicht zur Ruhe. Alle europäischen Mächte aber waren am Schicksal der Türkei aufs höchste interessiert und die diplomatischen Bemühungen rissen in jenen Jahren nie ab und bildeten den allgemeinen Hintergrund zur Außenpolitik der Zeit.

Hanotaux hat sich im Gegensatz zu Rußland und England ganz konsequent für die Erhaltung der Türkei, für die "intégrité de l'empire ottoman" eingesetzt. Gleich zu Beginn seiner Amtszeit, anläßlich seines Protestes gegen den Kongovertrag, verkündet er am 7. 6. 1894 vor den Deputierten dieses Prinzip. Seine Beweggründe sind eindeutig. Er setzt sich für das osmanische Reich nicht aus besonderer Liebe zu diesem Gebilde ein, sondern weil ihm dessen Erhaltung in sein kolonialpolitisches Konzept paßt, wie Millet deutlich gesehen hat, der ihm am 10. 6. 1894 schreibt: (198) "Rattacher la question de l'Afrique orientale à une idée aussi simple et aussi populaire que la conservation et l'intégrité de l'empire ottoman, c'était conquérir d'un seul coup l'opinion publique qui se perdrait dans un problème trop compliqué. " England hatte in Ägypten fest Fuß gefaßt und auch im Sudan einen erheblichen Vorsprung vor Frankreich. Setzte sich Frankreich für die Integrität ein, so hatte es ein unangreifbares juristisches Argument, um von England die Evakuierung jener Gebiete zu verlangen. Diese Überlegung beherrscht Hanotaux' ganze osmanische Politik. Immer wieder betont er, daß Frankreich größtes Interesse an der Erhaltung der Türkei habe, (199) denn bei einer eventuellen Teilung könne es im gegenwärtigen Zeitpunkt nur zu kurz kommen. Er schreibt an P. Cambon: "Si séduisantes que soient toutes les combinaisons du condominium, de contrôle ou de partage, elle se heurtent toujours pour nous à cette objection que je vous ai développée dans une vieille lettre particulière: nous voyons bien ce que gagnent les autres. Nous ne voyons pas ce que nous y gagnerons nous-mêmes. " (200) In diesem Zusammenhang ist ein Detail aus dem griechisch-türkischen Krieg von 1897, welches die unterschiedliche Haltung von Engländern und Franzosen deutlich zeigt, recht interessant und erwähnenswert. (201) Als der Krieg zwischen Türken und Griechen ausbrach, stellte sich die Frage nach dem Schicksal der griechischen Konsuln in Ägypten. Nach Meinung der Engländer konnten sie nach Kriegsausbruch in Ägypten bleiben; nach französischer Auffassung dagegen hatten sie das Land zu verlassen, da Krieg zwischen Konstantinopel und Athen automatisch den Kriegszustand zwischen Kairo und Athen bedeute. Es zeigt sich klar das Bemühen der Engländer, Ägypten als nicht zum osmanischen Reich gehörig zu betrachten, während es für Hanotaux integrierender Bestandteil dieses Reiches war.

Diese Haltung Hanotaux' bedeutet doch nicht, daß er die Eventualität des Zusammenbruchs nicht in Rechnung gestellt und für diesen Fall keine Pläne gemacht hätte. Solange England Ägypten militärisch besetzt hält, ist es klar, daß dieses Land im Falle der Teilung an Großbritannien fallen würde; Hanotaux muß also anderwärts Kompensationen für Frankreich suchen. Sein Blick richtet sich in diesem Zusammenhang auf Kreta und Syrien. Anläßlich des griechisch-türkischen Krieges gibt er am 19. 4. 1897 vor dem Ministerrat eine Übersicht über alle Möglichkeiten, die die Zukunft des osmanischen Reiches bietet. (202) Er gibt klar zu verstehen, daß ihm ein türkischer Sieg am willkommensten wäre, bedeutet er doch, daß die Integrität des Reiches und der status quo erhalten blieben und gleichzeitig England eine moralische Niederlage erleiden würde. Sollte es aber mit einem griechischen Sieg zur Teilung des Reiches kommen, dürfe sich Frankreich nicht fernhalten, da sonst das Mittelmeer der englischen Herrschaft ausgeliefert würde. Wenn daher im Falle der Teilung Rußland sich in Konstantinopel festsetze und Ägypten an England fiele, müsse sich Frankreich Kreta sichern, um seine Mittelmeerstellung zu wahren. Hanotaux folgert demnach: "Il faut habituer l'Europe à admettre l'hypothèse que la Crète relève de la France ..." Andererseits hat sich die französische Politik stets in Syrien engagiert, wodurch es gelegentlich besonders in der Frage der heiligen Stätten zu ernsthaften Reibereien mit dem russischen Verbündeten kam. Auch unter Hanotaux hielt dieses Interesse unvermindert an. In den Papiers Hanotaux am Quai d'Orsay findet sich eine Reihe für den Minister ausgearbeiteter Memoranden über Syrien, die sich eingehend mit der wirtschaftlichen, politischen und religiösen Situation der Region beschäftigen. (203) Es geht darum, wie der französische Einfluß verstärkt werden könne, ohne doch das Prinzip der Integrität aufzugeben. Besonders das "Protectorat religieux", welches Frankreich ausübt, solle benützt werden, um den Einfluß zu erhöhen. Die Note "La Russie et les Lieux Saints" (204) ihrerseits zeigt, daß auch die Russen den Kampf um politischen Einfluß mit Mitteln religiöser Institutionen, hier der "Société Impériale orthodoxe de Palestine" führten. Trotz dieses manifesten Interesses an Syrien bleibt Hanotaux' Haltung betreffs der Annexion dieser Region ablehnend, und er würde ihr, angesichts der zu erwartenden Komplikationen, nur im Notfalle zustimmen, wenn sich der Zusammenbruch des osmanischen Reiches gar nicht mehr aufhalten ließe. (205)

Wenn sich Hanotaux so als entschiedener Gegner der Teilungspläne, die zu verschiedenen Malen besonders von Nelidow und Salisbury vorgebracht wurden, erweist, muß er sich folgerichtig auch darum bemühen, das türkische Reich lebensfähig zu erhalten. "Puisque l'Empire ottoman paraît devoir subsister, il faut le maintenir, m a i s p o u r l' a m é l i o r e r . " (206) Er wird so einerseits zu einem der eifrigsten Befürworter des europäischen Konzertes, welches sich bemüht, die aus der

Situation des osmanischen Reiches regelmäßig erwachsenden Krisen durch Konzertation der europäischen Mächte und durch Verhandlungen mit der Pforte beizulegen, andererseits setzt er sich dafür ein, die Türkei durch Reformen zu stärken und zu konsolidieren, um das Entstehen dieser Krisen zu verhindern. Bezeichnend ist seine Haltung in der Frage, welcher Art diese von jedermann geforderten Reformen sein sollten und auf welche Weise sie durchzusetzen seien. England und besonders Salisbury zeigten sich stets als Befürworter von Koerzitivmaßnahmen, wollten hart gegen die Person des Sultans vorgehen und auch Nelidow, der russische Botschafter in Konstantinopel, setzte sich für ein sehr energisches Eingreifen der europäischen Mächte ein. Bei beiden ist zweifellos der Gedanke vorhanden, daß die, von ihnen letztlich gewünschte, Auflösung des osmanischen Reiches schmerzlos eingeleitet werden könnte, indem die Souveränität des Sultans beschnitten würde. Hanotaux' Haltung war ganz anders und hat Anlaß zu einer bemerkenswerten Kontroverse mit dem französischen Botschafter in Konstantinopel, Paul Cambon, gegeben. (207) Hanotaux wollte den Sultan überzeugen, überreden, durch gutes Zureden dazu bringen, freiwillig die nötigen Maßnahmen zu ergreifen. Er hofft über die Person des Sultans die Einleitung von Reformen zu erreichen, er will ihn in seiner Rolle als Souverän bestärken. (208) Diese "weiche" Politik ist in Frankreich scharf angegriffen worden, wobei Hanotaux ganz besonders vorgeworfen wurde, den armenischen Massakern untätig zuzusehen. (209) Auch Cambon kritisiert seinen Minister recht offen, bezichtigt ihn der Passivität und verlangt mehrmals ein härteres, energisches Handeln. (210) Er wirft ihm vor, die Orientfrage nur nach seinen eigenen Konstantinopler Erfahrungen zu beurteilen, die aber einfach durch die Zeit überholt seien. (211) Aus seinen eigenen Erfahrungen aber meinte Cambon ein hartes Vorgehen fordern zu müssen und schien eine Zeitlang sogar den Nelidowplan befürworten zu wollen. (212) Nun mag zweifellos richtig sein, daß Hanotaux von seinen Verhandlungen in Top Hané her ein veraltetes Bild von der Person Abdul Hamids und den Verhältnissen am Konstantinopler Hof hatte; wesentlich bedeutsamer ist jedoch eine Tatsache, die Cambon offensichtlich nicht oder nicht deutlich genug gesehen hat: Hanotaux wollte den Sultan für seine eigene ägyptische Politik benützen. Er sah in Abdul Hamid nicht nur den osmanischen Sultan, sondern ganz besonders auch den "Souverain de l'Egypte" (213) und versuchte stets, den Herrscher in der ägyptisch-sudanesischen Frage zu aktivieren. (214) Letzteres wäre aber zweifellos schwieriger gewesen bei einer europäisch, das heißt auch englisch kontrollierten Regierung, in der der Sultan persönlich entmachtet gewesen wäre. Er lehnt daher jeden Gedanken an ein Kondominium ab, sein Plan ist vielmehr, dem Sultan zu schmeicheln, ihn gegen europäischen Druck abzuschirmen, ihm neue Autorität zu verschaffen und sich dafür seine Dankbarkeit einzuhandeln, um ihn in Ägypten für die französische Sache zu gewinnen: (215) "Si nous reprenons une certaine autorité sur le Sultan, la question d'Egypte pourra entrer dans une phase nouvelle." Diese dem Sultan gegenüber verfolgte Taktik erläutert Hanotaux auch in einem Schreiben an Montebello: (216) "La politique inverse celle qui consistait à se servir du Sultan, tout en l'effrayant, à panser d'abord les blessures, puis à rassurer les esprits, puis à mettre une main prudente dans ses affaires, pour le diriger, le contenir et le tirer d'embarras, cette politique qui mettait, en somme, le Sultan et l'Europe à notre discrétion, à peine ébauchée, a déjà porté ses premiers fruits. "

Bei seiner gesamten Politik gegenüber dem osmanischen Reich hat Hanotaux demnach nie die ägyptische Frage, sein Hauptziel, aus den Augen verloren und er hat der Meinung Salisburys bestimmt beigepflichtet, der einem Bericht de Courcels zufolge meinte: (217) "La solution du drame qui se joue à Constantinople pourra faciliter la solution du drame qui se joue en Egypte. "

5) Rußland

Einmal in verantwortungsvoller Position am Quai d'Orsay hielt Hanotaux fest zur russischen Allianz, es ist aber deutlich, daß er den Sinn und Zweck dieser Allianz etwas anders verstand als deren Begründer. Diese wollten mit dem russischen Bündnis Frankreich aus der außenpolitischen Isolierung lösen, eine Stütze gegen den deutschen Gegner erlangen. In ihrem Sinne und im Sinne der breiten Masse der französischen Öffentlichkeit war die Allianz klar gegen Deutschland gerichtet. Aspekt der Sicherung gegen Deutschland ist natürlich auch bei Hanotaux vorhanden, verliert jedoch etwas an Bedeutung, nachdem er ein ordentliches Auskommen mit Deutschland anstrebte. Dafür tritt ein zweiter Aspekt stärker hervor: Hanotaux versucht Rußland für seine Kolonial- und speziell seine Ägyptenpolitik zu gewinnen und zu benützen. Damit aber erhält das Bündnis unter Hanotaux eine antienglische Komponente. Da Hanotaux auch Deutschland für seine ägyptischen Pläne zu gewinnen sucht, kommt es, wenn er auch einen Kontinentalblock ablehnt, zu einem gelegentlichen russisch-deutsch-französischen Zusammenspiel, wie im Falle der Japanintervention im Jahre 1895. Gerade in diesem letzteren Falle hat Hanotaux denn auch beträchtliche Schwierigkeiten mit der französischen Öffentlichkeit bekommen, die nicht recht verstehen konnte, daß Rußland und Frankreich, die doch ein Bündnis gegen Deutschland geschlossen hatten, nun mit dieser Macht zusammenarbeiten. Rußland seinerseits bemühte sich stets, die diplomatische oder eventuell auch militärische Unterstützung Frankreichs für seine Politik auf dem Balkan und an den Meerengen zu erlangen. Wir haben demnach eine Situation vor uns, in der beide Bündnispartner versuchen, den anderen für die eigenen Pläne einzuspannen. Aus dieser Situation resultieren zwei Aspekte der Hanotaux'schen Politik gegenüber Rußland. Ein negativer, indem er sich bemüht, die russischen Vorstöße abzuwehren, ein positiver, indem er seinerseits versucht, Rußland für seine eigenen Pläne zu gewinnen.

a) Durchgehend beobachten wir Hanotaux' Bemühen, die Russen vor einem Alleingang in den Orientfragen zu warnen und ihnen klar zu verstehen zu

geben, daß sie nicht auf eine militärische Unterstützung durch Frankreich
rechnen könnten. Hierin unterschied sich Hanotaux' Haltung nicht von der
der anderen französischen Außenpolitiker. Im Dezember 1895 und Januar 1896 war es unter Berthelot zu einem intensiven Gedankenaustauch
zwischen Frankreich und Rußland über die Balkan- und Orientfragen gekommen. Dabei hatte die französische Seite eindeutig erklärt, daß Rußland im Falle eines Konflikts mit den Dreibundmächten wohl auf die diplomatische Unterstützung Frankreichs rechnen könne, daß an ein militärisches Engagement aber nur gedacht werden könne, wenn dabei die Frage
Elsaß-Lothringens gelöst werden würde. (218) Da Rußland keinerlei Interesse an einer militärischen Auseinandersetzung mit Deutschland Elsaß-
Lothringens wegen haben konnte, und dies klar zu verstehen gegeben hatte,
bedeutete dies eine deutliche Zurückweisung der russischen Ouverturen.
Als im Herbst 1896 die russische Seite unter Murawjow erneute Vorstöße
in derselben Richtung unternimmt, verfassen Paléologue und Hanotaux
gemeinsam eine "Note pour le ministre", die diese früheren Gespräche
resumiert und in der Hanotaux sich voll mit der Berthelot' schen Haltung
identifiziert. (219) Ebenso stellt sich Hanotaux Ende 1896 eindeutig gegen
den Nelidow-Plan und schreibt anläßlich eines Gesprächs mit dem russischen Botschafter: (220) "Je lui ai dit qu'il fallait se faire aucune
illusion, que la France ne se considérerait nullement comme engagée
dans un conflit qui viendrait à éclater pour la question de la mer Noire
et des Détroits. Ce n'était pas la première fois que je lui faisais cette
déclaration." Zur gleichen Zeit zeigen verschiedene Berichte des französischen Militärattachés, des Lieutenant-colonel Moulin über militärische
Vorbereitungen Rußlands die französischen Befürchtungen eines russischen Vorgehens gegen das osmanische Reich. (221) Wenig später, anläßlich der Kretakrise, im Frühjahr 1897, erinnert Hanotaux in einem
Schreiben an Montebello wiederum an die verschiedenen Gelegenheiten,
bei denen er den Russen die französische Haltung klar gemacht hätte und
betont erneut die "abstention vigilante de la France dans les Balkans."
(222) Ganz allgemein zeigt sich hier das Widerstreben der Franzosen
durch die russische Allianz, die essentiell gegen Deutschland gerichtet
war, in die Balkanwirren hineingezogen zu werden; dies wird deutlich
durch die wiederholten Hinweise auf Elsaß-Lothringen. Bei Hanotaux
kommt noch ein zweites, wohl ebenso wichtiges Motiv hinzu: da er sich
aus taktischen Gründen für die Integrität des osmanischen Reiches einsetzte, konnte er es nicht zulassen, daß Rußland unter Hoffnung auf französische Unterstützung seinen alten Bestrebungen auf Besetzung und Erwerb
Konstantinopels nachgab, wodurch die Teilung der Türkei eingeleitet und
Hanotaux' ägyptische Politik ruiniert worden wäre.

b) Es war allgemein bekannt, daß Hanotaux Rußland für die französische
Ägyptenpolitik zu gewinnen versuchte. Dies geht recht deutlich aus einem
Schreiben des deutschen Botschafters in Wien, Eulenburg an Hohenlohe
hervor: (223) "Die Annahme des Ministeriums des Äußeren in Paris durch
Monsieur Hanotaux schien - wie zu erwarten war - auf Graf Kapnist

(russischer Botschafter in Wien; Anmerk. des Verf.) einen sehr befriedigenden Eindruck zu machen. Sein direkter Gedankensprung von Ägypten auf Monsieur Hanotaux läßt mich darauf schließen, daß die gemeinschaftliche Aktion Rußlands mit Frankreich in Ägypten durch das Wiederauftauchen Monsieur Hanotaux' eine womöglich noch präzisere Form zu gewärtigen hat."

Schon anläßlich des Kongovertrages von 1894 hatte sich Hanotaux bemüht, auch den russischen Widerstand gegen das englische Vorgehen zu mobilisieren. Als Ende 1894 die Verhandlungen mit England gescheitert waren, versucht er zu Beginn des folgenden Jahres sofort Rußland wieder mehr an Ägypten zu interessieren. Er setzt zunächst bei den ägyptischen Finanzen an und betont anschließend die Bedeutung "de la Caisse de la Dette publique qui était, avec la juridiction mixte la pierre angulaire du f u t u r édifice de l'internationalisation en Egypte." (224) In einem Gespräch mit Mohrenheim sagt er dem russischen Botschafter: (225) "D' ailleurs il faut que nous reprenions cette affaire d'Egypte et que nous en causions à fond. Il n'est pas admissible que ce soit le seul point du globe sur lequel la politique des deux Cabinets paraisse en désaccord quand, en réalité, nos intérêts sont les mêmes." Zu einer recht engen russisch-französischen Zusammenarbeit sollte es nach dem Start der Dongolaexpedition kommen. Mehrmals werden im Verlauf des Frühjahrs und Sommers 1896 Versuche unternommen, England zur Aufnahme von Verhandlungen zu zwingen, und andere europäische Mächte an der Angelegenheit zu interessieren.

Eine nicht geringe Bedeutung hatte für diese Zusammenarbeit das ausgezeichnete persönliche Verhältnis zwischen Hanotaux und Lobanow. Beide verband das gemeinsame Interesse an der Geschichte, sie korrespondierten privat miteinander und unterrichteten sich gegenseitig über den Fortgang ihrer Forschungen. Es bestand ein ausgesprochenes Vertrauensverhältnis zwischen beiden Ministern. Wichtig ist, daß auch Lobanow der ägyptischen Frage größte Bedeutung beimaß, wobei kaum zu ermitteln ist, wie weit hier der Hanotaux'sche Einfluß entscheidend war. (226) Hinzu kommt die Tatsache, daß Lobanow, nach dem Tode des Mitbegründers der russisch-französischen Allianz, des Zaren Alexander III im Herbst 1894 die Fortdauer des guten russisch-französischen Verhältnisses garantiert hatte.

Unter diesen Umständen konnte der plötzliche Tod Lobanows im September 1896 beträchtliche Auswirkungen auf das Verhältnis der beiden Mächte gewinnen und von der Wahl eines neuen Außenministers durch Nikolaus II hing auch für Hanotaux' Politik viel ab. Deshalb versuchte er, den noch unter Lobanow geplanten Besuch Nikolaus II in Frankreich auszunützen, um vollendete Tatsachen zu schaffen. Wir beobachten einen deutlichen Versuch Hanotaux', die russische Politik ins Schlepptau zu nehmen und sie für die französischen Pläne und Interessen einzuspannen, wobei er die Unerfahrenheit des Zaren und die schwache Position des Außenministers per interim, Schischkin, weidlich auszunützen versuchte. Drei

Aufzeichnungen Hanotaux' über Gespräche mit Schischkin und dem Zaren
legen hierüber deutliches Zeugnis ab und zeigen klar, in welche Richtung
er die russische Politik lenken wollte. (227) Zunächst wird die Situation
des osmanischen Reiches besprochen, wobei Hanotaux ein russisches Bekenntnis zum Prinzip der Integrität erwirkt. Folgerichtig schneidet er
dann die Frage der Reformen an und versucht, die Russen von deren Notwendigkeit zu überzeugen. Er betont, man solle den Sultan, den die Engländer stürzen wollten, unterstützen. Wir erkennen hier genau die Prinzipien der Hanotaux' schen Politik gegenüber dem osmanischen Reich. Um
die Reformen durchzuführen, wünscht Hanotaux den Eintritt eines russischen Vertreters in die "Commission de la Dette ottomane". Über die
Finanzkontrolle könnten die beiden Mächte Reformen erzwingen und vor
allem auch den englischen Einfluß auf die türkischen Finanzen ausgleichen.
Hier deutet sich schon an, wie Hanotaux versucht, Rußland in eine Frontstellung gegen England zu bringen. Diese Tendenz verstärkt sich, wenn
er die Haltung Englands beklagt, welches stets seinen Wunsch ausdrücke,
gemeinsam mit den anderen Mächten zu handeln, sich im entscheidenden
Augenblick aber zurückziehe. Noch deutlicher wird er, wenn er behauptet,
die armenischen Wirren seien von England angezettelt worden mit der eindeutigen Absicht, die Russen vom Euphrat und vom Mittelmeer fernzuhalten. Damit ist das Terrain bereitet, um Rußland auch in der ägyptischen
Frage auf der französischen Seite gegen England zu engagieren. "J'ai
fait sentir à Monsieur Chichkine que c' était un point sur lequel la France
devait compter sur le plein concours de la Russie." Der Kairoer Prozeß
um die Finanzierung der Dongola-Expedition soll von beiden Mächten dazu
benutzt werden, England zu Verhandlungen über Ägypten zu bewegen.
Würde England entscheidende Zusagen machen, könne man sich konziliant
zeigen. Beide Diplomatien sollten andererseits gemeinsame Anstrengungen
unternehmen, um Menelik von Abessinien auf ihre Seite zu ziehen und dabei helfen, möglichst rasch einen Friedensvertrag zwischen Italien und
Abessinien zustande zu bringen. Außerdem versucht Hanotaux, die Russen
davon zu überzeugen, es sei für beide Mächte nützlich, den Ehrgeiz Italiens in der Adria zu fördern. Dadurch könne es eventuell vom Dreibund
gelöst werden, überdies verlöre England in Ostafrika einen treuen Verbündeten, wenn Italien sich an diesen Gebieten desinteressiere. Es ist
überdeutlich, wie Hanotaux mit diesen Gesprächen versucht, die russische
Politik in den Dienst seiner eigenen ägyptischen Pläne zu stellen. Er begnügt sich aber nicht damit, die unverbindliche, mündliche Zustimmung
Schischkins und des Zaren für diese Politik zu gewinnen; er möchte die
Ergebnisse der Gespräche schriftlich fixieren und bemüht sich um Ausarbeitung von "Instructions identiques", die an die Botschafter beider
Mächte gesandt werden sollen. Auch hierzu kann er seine beiden Gesprächspartner bewegen, die Instruktionen werden Ende Oktober abgesandt. (228) Sie enthalten alle von Hanotaux während der Pariser Gespräche geforderten Punkte und für den Moment scheint es ihm gelungen zu
sein, sich der vollen russischen Unterstützung zu versichern. Nicolas
Giers berichtet in seinen Memoiren, daß Hanotaux sogar versucht hatte,

in seinen Gesprächen mit dem Zaren die Wahl des Nachfolgers für Lobanow zu beeinflussen. Hanotaux hätte als russischen Außenminister angeblich gerne den Grafen Woronzow-Daschkow oder aber Schischkin gesehen, jeweils mit Lamsdorff als Adjoint. (229) Bald aber zeigte sich, daß Hanotaux seine Gesprächspartner in Paris überfahren hatte und zu weit vorgeprescht war. Maßgebliche Leute in Petersburg, wie Witte und besonders Nelidow, stemmten sich gegen die Abmachungen. Die Entsendung eines russischen Vertreters in die "Commission de la Dette" schien ihnen den Internationalisierungsprozeß, den sie befürchteten, zu befördern; sie erstrebten für Rußland eine von den anderen Mächten unabhängige Stellung in Konstantinopel. Ab November mehren sich die Meldungen, daß die Gegner der von Hanotaux gewünschten Politik die Überhand gewinnen, und trotz eindringlicher Appelle an Montebello gelingt es Hanotaux nicht, seine Wünsche, voran die Entsendung des russischen Vertreters, durchzusetzen. (230) Giers meint hierzu: (231) "Hanotaux avait exposé ses idées à l'empereur et l'inexpérience des relations avec un souverain aura fait concevoir au Ministre français des Affaires étrangères des illusions quant à l'influence que ces paroles pouvaient exercer sur l'empereur."

Hanotaux gibt dennoch in der Folgezeit die Versuche, die russische Politik in seinem Sinne zu beeinflussen, nicht auf. Ende 1896 glaubt er einen stärkeren Wandel in der russischen Politik feststellen zu können, welchen er besonders dem Einfluß Nelidows zuschreibt. Die Besetzung des Bosporus ist im Gespräch, damit die Integritätspolitik in Gefahr. Hanotaux zeigt sich auch besorgt über die russische Haltung in Bezug auf Ägypten und befürchtet eine zu starke deutsch-russische Annäherung. (232) So gewinnt die Reise des neuen russischen Außenministers Murawjow nach Paris zu Beginn des Jahres 1897 größte Bedeutung. In der Unterredung mit dem neuen Chef der russischen Diplomatie betont Hanotaux nicht nur erneut, Frankreich könne ein einseitiges russisches Vorgehen, gemäß dem Nelidowplan keinesfalls militärisch unterstützen, er versucht darüber hinaus wiederum den Russen zu den wesentlichen Prinzipien seiner Politik zu bekehren: keine isolierte Aktion - Reformen - "Intégrité et maintien" - "Politique de résistance sur le plan financier" in Ägypten; dies sind wie immer seine Hauptforderungen. (233) Anläßlich dieses Besuches hat Hanotaux ein "Projet pour mes Conversations avec le Comte Mouravieff" (234) niedergeschrieben, in dem er sich mit dem Verhältnis der vier europäischen Großmächte untereinander beschäftigt: er meint die russisch-französische Entente sei ein Bündnis von Geschlagenen. 1870 und 1879 (Hanotaux meint zweifellos 1878, d. h. den russisch-türkischen Krieg und den Berliner Kongreß) seien Frankreich und Rußland jeweils durch das englisch-deutsche Einverständnis unterlegen. In späterer Zukunft könnten vielleicht wirtschaftliche Fragen Deutschland und England trennen, aber augenblicklich bestünde ihr prinzipielles Einverständnis weiter fort. England und Deutschland aber würden Frankreich und Rußland immer wieder ermuntern, in den sie interessierenden Fragen, das heißt Ägypten und den Meerengen, Vorstöße zu unternehmen, sie im

entscheidenden Moment aber fallenlassen. Deshalb müsse die Politik
Frankreichs und Rußlands abgestimmt werden, keiner dürfe vorpreschen,
alles müsse gemeinsam unternommen werden. Frankreich und Rußland
zusammen seien stärker als England und Deutschland, sie müßten nur
zusammenstehen, um nicht bei ihren Initiativen jeweils allein gegen den
deutsch-englischen Bund zu stehen. Sie müßten daher ihre Politik koordinieren. Im Klartext heißt das wieder, Rußland solle Frankreich in Ägypten unterstützen, auf dem Balkan und an den Meerengen aber nichts ohne
französische Zustimmung, das heißt aber letztlich, gar nichts, unternehmen. Wenn Hanotaux bei diesen Überlegungen das deutsch-englische
Einverständnis besonders hervorhebt, so handelt es sich zum großen Teil
gewiß um einen taktischen Schachzug gegenüber Murawjow, um die Notwendigkeit einer gemeinsamen russisch-französischen Politik besonders
zu betonen und die Russen von einem Flirt mit Deutschland abzuhalten
- wir wissen ja, daß er andererseits gehofft hat, Deutschland gegen England mobilisieren zu können, was bei einem prinzipiellen Einverständnis
dieser beiden Mächte kaum zu erreichen gewesen wäre.

Eine neue Gelegenheit zu ausführlichen Gesprächen mit den russischen
Politikern bietet sich im August desselben Jahres anläßlich der Reise
Felix Faures und Hanotaux' nach Rußland. Eine Aufzeichnung Hanotaux'
"Points qui pourraient être abordés dans l'entretien avec le comte Mouravief" (235) zeigt, daß er sich auch hier wieder der russischen Unterstützung in der Frage des oberen Nil versichern wollte. Er nimmt sich
vor, über die Notwendigkeit einer gemeinsamen Aktion in Abessinien zu
sprechen, wobei die Unterstützung des Negus gegen England gewonnen
werden soll. (236) Er möchte die Russen sogar dazu bewegen, sich in
Transvaal zu engagieren, zweifellos in dem Bestreben, den Engländern
zusätzliche Schwierigkeiten zu bereiten. Überall versucht er russischen
Beistand gegen England zu erlangen. In seinem Bericht über die Rußlandreise schreibt er, daß der Zar der Gründung einer russischen Agentur
in Marokko zugestimmt habe mit der ausdrücklichen Zielsetzung der
Unterstützung Frankreichs gegen England. (237)
Auch in der abessinischen Frage scheint Hanotaux gewissen Erfolg gehabt
zu haben. In demselben Bericht schreibt er in Bezug auf die Entsendung
eines russischen Agenten nach Abessinien: (238) "Il a été entendu que
j'enverrai le plus tôt possible au comte de Montebello une note lui permettant de dresser de concert avec le Comte Mouravieff les instructions
communes à adresser à nos deux agents. Il s'agirait surtout de développer une force capable de contrebalancer l'influence de l'Angleterre
sur le Nil et dans la Mer Rouge. A ce sujet, j'ai demandé au Comte
Mouravieff s'il était question de l'établissement d'un port russe dans
la Mer Rouge." Auf diese Frage antwortet Murawjow, daß solche Pläne
zwar bestanden hätten, aber vorerst aufgegeben worden seien. Wir sehen
hier recht deutlich, daß die russisch-französische Konzertation keineswegs so gründlich war, wie Hanotaux es wohl gewünscht hätte. Die DDI
zeigen, daß die Russen in der Angelegenheit des Rotmeerhafens schon

seit November 1896 aktiv gewesen sind, wie Murawjow jetzt bestätigt, Frankreich aber nie davon unterrichtet hatten. Hanotaux selbst erfuhr von dieser Affäre nur durch Anfragen des italienischen Botschafters, der vorfühlen wollte, ob ein russisch-französisches Einvernehmen in dieser Frage bestünde. (239)

Zusammenfassend läßt sich über Hanotaux' Rußlandpolitik sagen, daß er einerseits bemüht war, sich nicht der russischen Balkanpolitik unterzuordnen, er andererseits aber selbst versuchte, die Russen für seine Politik zu gewinnen. Letzteres ist ihm nur in beschränktem Maße gelungen. Rußland unterstützte Hanotaux' Politik insoweit, als es selbst an Abessinien, Ägypten und dem Suezkanal interessiert war, weitergehendem Engagement widerstrebte es nachdrücklich. Dagegen konnte er russische Aktionen, wie die Verwirklichung des Nelidowplans, die den französischen Interessen offen entgegengelaufen wären, verhindern. Vorwürfe, wie sie zum Teil gegen Hanotaux vorgebracht wurden, er ordne die französischen Interessen der russischen Allianz unter, treibe im Grunde russische Politik, erweisen sich auf alle Fälle als völlig unbegründet.

6) Abessinien

Durch seine Lage im Schnittpunkt ägyptischer, italienischer, britischer, kongolesischer, damit aber belgischer und französischer Besitzungen kam Abessinien für die Zukunft dieses Teils Afrikas größte Bedeutung zu. (240)

Schon unter Louis-Philippe hatte Frankreich Beziehungen zu diesem Land geknüpft und im Jahr 1843 einen Handels- und Freundschaftsvertrag mit dem Ras von Choa, Sahle-Sallassie, dem Vorgänger Meneliks, geschlossen, der zwar von französischer Seite nicht ratifiziert worden war, von den Abessiniern aber anscheinend als voll gültig betrachtet wurde. (241) Auch unter der Dritten Republik ließ das Interesse nicht nach; Frankreich meldete seine Vorbehalte gegenüber dem italienisch-abessinischen Protektoratsvertrag von Uccialli aus dem Jahre 1889 an und versuchte auch während der Zeit des italienischen Protektorats die Verbindung nicht abreißen zu lassen. Entsprechend war der französische Gouverneur von Obok, Lagarde bei seinem Amtsantritt im Oktober 1894 beauftragt worden, gute Beziehungen zum Negus Menelik zu suchen. Menelik seinerseits bemüht sich deutlich um russischen und besonders französischen Beistand, nachdem er 1894 den italienischen Protektoratsvertrag gekündigt hatte. Er schlägt im März 1895, in einem Schreiben an den Präsidenten der Republik, Felix Faure, vor, den Vertrag von 1843 zu erneuern und einen "pacte d'union" zu schließen, wobei er sich bereiterklärt, den Franzosen für Djibuti besondere Privilegien einzuräumen. Hanotaux wurde durch diese Initiative in eine recht heikle Lage gebracht, was er in seiner Aufzeichnung von Juli 1895 klar zum Ausdruck bringt. Einerseits konnte er sich vor der Öffentlichkeit kaum leisten, einem afrikanischen Herrscher gegenüber einer europäischen Macht beizustehen, überdies hätte die französische Hilfe für Menelik Italien ganz zweifellos noch enger an England

117

gebunden, andererseits wollte er auch das gute Verhältnis zu Menelik nicht
aufs Spiel setzen. So verhält er sich zunächst nach beiden Seiten äußerst
zurückhaltend und abwartend. Felix Faure antwortet erst nach der italienischen Niederlage von Adua im Frühjahr 1896 und dem anschließenden italienischen Desengagement in Abessinien und akzeptiert prinzipiell am
3. 6. 1896 das Meneliksche Vertragsangebot. Am 30. 9. heißt es dann in
einem Schreiben der Direction politique, es sei an der Zeit, die Früchte
der abessinischen Politik zu pflücken, wobei besonders auf die Bedeutung
des Landes für die Niltalfrage hingewiesen wird. Hanotaux scheint aber
noch den endgültigen Friedensschluß zwischen Abessinien und Italien abwarten zu wollen und fordert bei den Schischkin-Gesprächen die Russen
recht deutlich dazu auf, die von Menelik erbetene Vermittlung anzunehmen,
damit er in Abessinien endlich freie Hand bekomme. (242) Nachdem der
italienisch-abessinische Frieden am 26. 10. 1896 endlich zustande gekommen war, wird Lagarde schließlich Ende November beauftragt, die Details des Vertrages mit Menelik auszuhandeln und die von Hanotaux und
Lebon gemeinsam unterzeichnete Instruktion weist ihn besonders darauf
hin, wie wichtig es sei, den französischen Einfluß im Lande selbst zu erhöhen, alte Freundschaften zu pflegen und neue zu begründen. Hinter allem
aber steht der Gedanke, die abessinische Politik indirekt in den Dienst
der französischen Ägypten-Sudan-Interessen zu stellen. (243)

In den folgenden anderthalb Jahren können wir ein weitverzweigtes Intrigenspiel beobachten, welches sich in und um Abessinien abspielte, wobei
England, Frankreich, Rußland und Italien sich um den Einfluß im Lande
raufen und wo Menelik versucht, möglichst von den Rivalitäten der europäischen Mächte zu profitieren und sie gegeneinander auszuspielen. Dabei
werden offizielle Diplomaten, offizieuse Agenten, wissenschaftliche Missionen und Forschungsreisende, Kaufleute, Waffenhändler und Abenteurer
eingesetzt. (244) Die schlechten Nachrichten- und Verkehrsverbindungen
erschweren den leitenden Politikern, sich ein objektives Bild der jeweiligen
Situation zu machen, so daß sich Gerüchte und Falschmeldungen häufen.
Die verschiedenen Agenten befehden sich untereinander und sehen zum Teil
mehr auf ihr persönliches Interesse als auf den Vorteil ihres Landes.
(245) Die zahlreichen Aktenstücke der Bände 13 und 14 der DDF legen von
den verworrenen Zuständen ein beredtes Zeugnis ab. Die Einzelheiten
können hier nicht dargelegt werden, aber es genügt völlig, die Hauptereignisse und vor allem die wesentlichen Intentionen Hanotaux' aufzuzeigen.

Hanotaux' erklärte Absicht war, in Abessinien dem englisch-italienischen
Vordringen eine Schranke zu errichten. Alle englischen Unternehmungen
auf diplomatischem und wirtschaftlichem Gebiete beobachtet er aufmerksam. So verfolgt er besorgt die Verhandlungen der von Rodd geleiteten
englischen Mission in Abessinien und beauftragt Lagarde den Negus vor
den englischen Umtrieben zu warnen. (246) Desgleichen begegnet er den
Versuchen der Engländer, ihren Einfluß in Abessinien durch Gründung
einer Handelsgesellschaft und einer abessinischen Staatsbank auszubauen,

äußerst mißtrauisch und versucht, Gegenmaßnahmen einzuleiten. (247)
In diesem Kontext sind auch die Bestimmungen des abessinisch-französischen Vertrages, der im Januar 1897 zustande kam, zu sehen. (248)
Djibuti wird zum alleinigen offiziellen Handelshafen Abessiniens (débouché officiel) erhoben. Damit errang Frankreich bedeutende wirtschaftliche und handelspolitische Vorteile, was besonders den groupe colonial befriedigte. Darüber hinaus verpflichtet sich Menelik, kein fremdes Protektorat zu akzeptieren und keinerlei Gebietsabtretungen ohne französische Zustimmung zuzugestehen. Diese Bedingungen waren vor allem als Absicherung gegen eine Wiederholung der Ereignisse von 1889, die zur Errichtung des italienischen Protektorats geführt hatten, und gegen eventuelle derartige Bestrebungen von Seiten Englands und Rußlands gedacht. (249)

Bei aller Bedeutung, die Hanotaux Abessinien zumaß, schien er sich aber doch nicht zu eindeutig auf Meneliks Seite engagieren zu wollen. Wir stoßen hier einmal mehr auf einen bedeutsamen Unterschied in den Auffassungen Hanotaux' einerseits, des Kolonialministeriums und der Kolonialoffiziere andererseits. Zunächst ist zu bemerken, daß alle abessinischen Angelegenheiten dem Gouverneur von Obok, Lagarde, unterstanden, welcher wiederum vom Kolonialministerium abhängig war. Hanotaux mußte also die abessinischen Angelegenheiten stets durch die Vermittlung dieses Ministeriums leiten. Der direkte Briefwechsel zwischen Hanotaux und Lagarde ist dementsprechend recht selten, meist vermittelt Lebon. Auf die Details der französischen Aktion hatte Hanotaux keinen direkten Einfluß. Dies gilt insbesondere auch für die diversen Expeditionen, die in Abessinien in Richtung auf den Nil eingesetzt wurden (Clochette, Bonvalot, Bonchamps). Letztere waren seit Ende 1896 unterwegs, um parallel zu Marchand Stellung am Nil zu beziehen. Diese Pläne trafen sich durchaus mit Meneliks Absichten, der versuchte, die abessinischen Grenzen bis zum Nil und bis nach Khartum vorzutreiben. Für diese Projekte, die naturgemäß auf den entschiedensten englischen Widerstand stoßen mußten, suchte Menelik mehrmals die französische Unterstützung zu gewinnen. Ende 1896 sondiert Leontieff über eine eventuelle französische Hilfe beim Vorstoß zum Nil; (250) Anfang 1898 schlägt dann Menelik vor, Lagarde zum "Duc d'Entotto" zu machen und ihm alle Gebiete bis zum Nil zu unterstellen. Frankreich solle für das Unternehmen Truppen zur Verfügung stellen. (251) Wenige Monate später fühlt Menelik dann nochmals vor, ob Franzosen und Abessinier nicht doch noch etwas am rechten Nilufer unternehmen könnten, bevor die Engländer diese Gebiete endgültig besetzen würden. (252) Es zeigt sich, daß Hanotaux diese Angebote allesamt ablehnte, im Gegensatz zu Lebon, der zumindest das erste und zu Lagarde, der auch das zweite annehmen wollte. Am 5. 3. 1897 stimmt Lebon in einem Schreiben an Hanotaux einem Plan zu, demzufolge die Abessinier mit französischer Unterstützung und in Zusammenarbeit mit Marchand zum Nil vorstoßen sollen. (253) Hanotaux hält den Plan für verfrüht und meint, man solle sich noch nicht festlegen; er lehnt ab. Doch hat er sich offensichtlich im Conseil des 11. März nicht durchzusetzen vermocht, denn am 14. 3. 1897 gibt Lebon Lagarde dem Plan entsprechende Instruktionen (254) und am 20. 3. 1897 wird die französisch-abessinische Konvention über den Weißen Nil unterzeichnet, in der beide Länder sich gegenseitige Unterstützung zur Festsetzung am linken bzw. rechten Ufer zusichern, eine Konvention, die wieder der These von der Integrität des osmanischen Reiches widerspricht. (255) Anfang 1898 meldet Lagarde, er habe durch Vermittlung Meneliks Beziehungen zum Mahdi aufgenommen. (256) Hiergegen protestiert Hanotaux bei Lebon ganz entschieden: (257) "Si telle est exactement la portée de cet incident, on ne peut se dissimuler que nous ne nous trouvions en présence d'une situation sensiblement différente de celle qui avait été envisagée par nos deux Départements dans les instructions données à M. Lagarde, et je dois formuler toutes réserves sur les modifications qui seraient ainsi apportées au programme concerté entre eux. Je ne crois pas avoir besoin en effet d'insister sur les conséquences que peut entraîner, au point de vue de notre politique générale, l'initiative qu'aurait prise M. Lagarde." Lebon aber antwortet, er verstehe diese Besorgnis nicht. Hier zeigt sich der Unterschied zwischen dem Außenpolitiker Hanotaux und dem Kolonialminister Lebon, dessen Horizont wesentlich beschränkter ist. Hanotaux will ganz zweifellos die Unterstützung Meneliks gegen England gewinnen, aber er will auch nichts unternehmen, was ihn endgültig festlegen müßte, was Verhandlungen mit England kompromittieren würde. Er will alles vermeiden, was einem formellen Bündnis zwischen Abessinien und Frankreich gegen England ähneln könnte; in noch viel stärkerem Maße natürlich eine direkte Verbindung mit Englands gegenwärtigem Hauptfeind, dem Mahdi. Lebon dagegen scheint viel mehr auf das momentane Ziel der Kolonialpraktiker fixiert gewesen zu sein, die eine direkte französische Besetzung des Sudan anstrebten, ohne sich viel um die diplomatische Behandlung der Frage zu kümmern und die die Konsequenzen auf dem Gebiet der großen Politik ignorierten. Noch beschränkter war naturgemäß der Horizont der Akteure auf dem Terrain selbst. Sie verlangten von Paris ständig direkte militärische Unterstützung; so Lagarde, der Meneliks Wunsch nach Abstellung französischer Truppen unterstützte, so Bonvalot, der die Entsendung von Kanonenbooten auf die Flüsse des oberen Nilbeckens forderte, um diese Gebiete effektiv zu beherrschen. (258) Diese Ansinnen nach offenem militärischen Einsatz Frankreichs lehnte aber auch Lebon ab.

Hanotaux' Stellung gegenüber Menelik war so nie ganz leicht auszubalancieren. Er erstrebte dessen diplomatische Unterstützung gegen England, wollte sich aber andererseits nicht zu fest mit ihm verbinden, um die Tür zu den angestrebten Verhandlungen mit England nicht zuzuschlagen. Insgesamt kann dennoch festgestellt werden, daß Mitte 1898 unter allen europäischen Mächten Frankreich zweifellos die bedeutendste Stellung am Hofe und im Lande Meneliks errungen hatte. Für sich allein gesehen war dies kein entscheidender Gewinn für die Lösung der ägyptisch-sudanesischen Frage im französischen Sinne, konnte aber einen zusätzlichen Trumpf darstellen, wenn es Hanotaux gelang, auch andere Mächte für seine Politik zu gewinnen.

7) Italien

Seit der Errichtung des französischen Protektorats über Tunis und dem darauffolgenden Anschluß Italiens an den Dreibund, war das französisch-italienische Verhältnis denkbar schlecht. Die Beziehungen waren so gut wie unterbrochen. Erst die Niederlage bei Adua und der daraus resultierende Sturz Crispis schufen die Voraussetzungen für eine Wiederannäherung. Beide Staaten zeigten daran nicht unerhebliches Interesse. Italien drängte auf einen neuen Handelsvertrag, nachdem der von Crispi begonnene Handelskrieg seine Wirtschaft schwer geschädigt hatte; Hanotaux aber mußte die endgültige, offizielle Anerkennung des Tunisprotektorats durch Italien erlangen, besonders nachdem 1896 mit Auslaufen des Vertrages von 1868 zwischen dem Bey von Tunis und Italien ein vertragsloser Zustand drohte. Italien konnte überdies durch seine Besitzungen in Ostafrika eine bedeutende Rolle in den Auseinandersetzungen um den Sudan und Ägypten spielen. Ganz folgerichtig setzten ab April 1896 intensive Gespräche zwischen beiden Ländern ein. (259) Konkretestes Ergebnis ist der Tunisvertrag vom 1. 10. 1896, der mit einer Schiffahrtskonvention gekoppelt war. (260) Weniger handgreiflich, für unseren Zusammenhang aber bedeutsamer, sind einzelne Gesprächsansätze über die italienischen Besitzungen in Ostafrika.

Schon 1891 war es zu Gesprächen über die Abgrenzung der Interessensphären gekommen, die jedoch eingeschlafen waren und zu keinen konkreten Ergebnissen geführt hatten. Seit den italienisch-englischen Abkommen von Mai 1894 und der im Juli folgenden italienischen Besetzung des ehemals ägyptischen, später von den Mahdisten eroberten, jetzt aber aufgegebenen Kassala, schien es zu einer recht deutlichen englisch-italienischen Zusammenarbeit in diesen Gebieten gekommen zu sein, was Hanotaux stark beunruhigen mußte. (261) Nach dem Desaster von Adua gab es Anzeichen für ein allgemeines Desengagement Italiens in Ostafrika und am Roten Meer. Hanotaux war recht besorgt, daß Italien um der englischen Freundschaft willen und um sich die Unterstützung Englands in allgemeinen politischen Fragen zu erhalten, seine ostafrikanischen Besitzungen an diese Macht abtreten könnte. (262) Daher bemühte er sich im folgenden immer wieder, Klarheit über das Schicksal der italienischen Besitzungen und gewisse Garantien von Italien zu erwirken.

Anläßlich der Gerüchte um einen russischen Hafen im Roten Meer bei Raheita kommt es im Februar 1897 zu einem ersten Ansatz zur Wiederaufnahme der Gespräche von 1891, da jetzt auch Italien Interesse daran hat, sich den Russen gegenüber auf geklärte, feste und anerkannte Besitzrechte berufen zu können. Die Fühlungnahme hat jedoch keine Folgen, nachdem ein Dementi Murawjows den Italienern gegenüber die Gefahr einer russischen Initiative beseitigt zu haben scheint. (263)

Italienischerseits wurde ständig befürchtet, Frankreich habe Absichten auf Tripolis und man strebte deshalb eine formelle französische Verzichtserklärung an. Hanotaux versuchte, auch diese Gelegenheit wahrzunehmen, um Gespräche über Ostafrika in Gang zu bringen, wie ein Schreiben Torniellis beweist: (264) "Necessità secondo l'Hanotaux di anteporre alle scambievole dichiarazione di rispettare le s t a t u q u o in Tripolitania, una chiarificazione dei rapporti tra Italia e Francia. " Hanotaux habe dabei speziell auf die Besitzungen am Roten Meer und auf Kassala hingewiesen. Der italienische Botschafter fügt sogar hinzu, Italien müsse früher oder später loyal über Ägypten sprechen, wenn es eine Aussöhnung mit Frankreich wolle. Eine Verbesserung der Beziehungen sei überdies unerreichbar, wenn die betreffenden Positionen an England abgegeben würden. Zur gleichen Zeit und zum gleichen Thema Tripolis schreibt Hanotaux an Billot, den französischen Botschafter in Rom, er wolle mit den Italienern bei dieser Gelegenheit auch über Eritrea sprechen. (265) Zu echten Gesprächen sollte es aber auch diesmal nicht kommen.

Vier Monate später weist Billot in Rom darauf hin, es sei im Interesse aller Mächte, sich um Ostafrika zu kümmern, da das Rote Meer und der Suezkanal für den internationalen Verkehr frei bleiben müßten. Beste Garantie sei, wenn möglichst viele Mächte dort engagiert seien. (266) Es handelt sich um einen deutlichen Vorstoß gegen eine eventuelle Übertragung der italienischen Besitzungen an England.

Einen letzten Anlauf unternimmt Hanotaux dann zu Beginn des Jahres 1898. Erneut liefen Gerüchte um russische Absichten auf Erwerb eines Hafens im Roten Meer um, und eine italienische Landung in Raheita war nicht auszuschließen. Hanotaux läßt in dieser Situation in Rom nachfragen und bezweifelt dabei die Rechtmäßigkeit des italienischen Protektorats über das Sultanat von Raheita. (267) Offenbar soll auch dies die Italiener zur Aufnahme von Verhandlungen über den ganzen ostafrikanischen Fragenkomplex provozieren.

Wenn es auch nie zu ernsthaften Gesprächen zwischen Frankreich und Italien über Ostafrika gekommen ist, so zeigt sich doch deutlich, daß Hanotaux die allgemeine italienische Verständigungsbereitschaft, die unzweifelhaft vorhanden war, ausnützen wollte, um von den Italienern eine Rückversicherung gegenüber den englischen Ansprüchen und Plänen zu erreichen. Daß die Versuche nicht über Ansätze hinausgelangten und Hanotaux' italienische Politik in diesem Punkte letztlich zum Scheitern verurteilt war, liegt daran, daß Italien nicht gewillt war, den englischen Partner zu verärgern. Es wollte die englische Freundschaft nicht zugunsten der französischen aufgeben.

8) Deutschland

Deutschland hatte das Niltal, wo es keine direkten Interessen verfolgte, 1890 als englisches Einflußgebiet anerkannt. Als Signatarmacht der diversen europäischen Abkommen hatte es jedoch ein eindeutiges Mitspracherecht in Angelegenheiten des osmanischen Reiches, war Garant der "intégrité". So erscheint es nur natürlich, daß Hanotaux auch immer wieder Versuche unternahm, Deutschland an den ägyptisch-sudanesischen Fragen zu interessieren.

Schon 1894 hatte Hanotaux versucht, Deutschland anläßlich des Kongovertrages zur Aktion in Ägypten zu bewegen: ganz im Sinne Hanotaux' hatte Herbette Marschall gegenüber die Frage der Evakuierung Ägyptens angeschnitten, nachdem letzterer den gemeinsamen Protest vorgeschlagen hatte. Marschall selbst berichtet über das Gespräch und resümiert Herbettes Überlegungen: (268) "Frankreich wolle Ägypten nicht besetzen, auch das Kondominium nicht wiederherstellen, auch nichts überstürzen, aber auf die Dauer sei die Besetzung Ägyptens durch England nicht erträglich. " In einem Schreiben vom selben Tage an Hanotaux zeigt sich Herbette noch einigermaßen optimistisch und glaubt, da daß englisch-belgische Vorgehen die Deutschen stark verärgert habe, daß die Erfolgschancen für Frankreich nicht schlecht stünden, wenn man nur genügend Geduld aufbringe. (269) Wie wichtig und delikat Hanotaux diese Sondierungen erschienen, zeigt sich daran, daß er die betreffenden Instruktionen nicht der normalen diplomatischen Korrespondenz anvertrauen wollte. "Confidentiel et absolument personnel" telegraphiert er an Herbette: (270) "Je ne vous parle pas dans mon télégramme no 58 de la question d'Egypte. Vous comprenez les raisons pour lesquelles je ne crois pas devoir insister dans mes instructions officielles sur un point aussi délicat. Je n' approuve pas moins les allusions que vous avez faites à différentes reprises à ce sujet. Si elles étaient maintenant relevées par le baron Marschall, je vous serais très obligé de me renseigner exactement sur le caractère des indications qu'il pourrait être amené à vous fournir. " Marschall aber bleibt sehr zurückhaltend und läßt sich nicht auf dieses Terrain locken. Statt Hanotaux' Formel "statu quo légal africain, tel qu'il résulte des actes internationaux" zu übernehmen, schlägt er "statu quo ante légal africain, dans la région fixé par l'Acte général du Congo" vor, eine Formel, die Ägypten eindeutig ausklammert. (271) Herbettes Antwort auf das oben zitierte Telegramm muß denn recht enttäuschend für Hanotaux gewesen sein: (272) "Je suis loin de croire que la Chancellerie impériale soit prête à faire campagne avec nous pour chasser les Anglais de la vallée inférieure du Nil. Je constate seulement que l'on peut traîter ce sujet avec elle: c'est déjà un progrès. "

Im Folgenden wartet Hanotaux nur auf eine günstige Gelegenheit, um die Frage erneut anzuschneiden. Unterdessen bemüht er sich, das politische Klima zu bereiten. Hierzu gehört unter anderem auch sein Bemühen, strittige Fragen auf kolonialem Gebiet, die zu ernsthaften Zusammenstößen mit Deutschland führen könnten, präventiv auf dem Verhandlungswege zu lösen, wie es besonders im Frühjahr 1897 mit der Togogrenzregelung geschah, die am 23. Juli unterzeichnet werden konnte. (273)

Sofort nach Konstituierung des Kabinetts Méline scheint Hanotaux wieder die Initiative ergriffen zu haben, denn im Sommer 1896 können wir mehrere russische und französische Versuche beobachten, Deutschland mit anderen Mächten zusammen in der Ägyptenfrage zu engagieren.

Eine Gelegenheit bot sich anläßlich der Suakin-Affäre. England wollte diesen Hafen im Roten Meer, der offiziell unter ägyptisch-osmanischer Oberhoheit stand, durch indische Truppen besetzen lassen, um die Flanke der Dongola-Expedition zu sichern. Am 13. 5. 1896 schreibt Hanotaux an Montebello: (274) "Mon cher Ambassadeur. Cette affaire de Souakin me préoccupe beaucoup. J'étais disposé à vous envoyer hier un télégramme, dont vous trouverez ci-joint copie. Ma pensée était celle-ci: saisir une occasion de poser devant l'Europe, non plus la question d'Egypte, mais la question de la Mer Rouge et du Canal de Suez et forcer ainsi l'Europe à agir ou à dire pourquoi elle n'agit pas. L'Europe, en somme, dans le cas particulier, c'est l'Allemagne puisque c'est elle qui décide de la majorité. Or il m'est revenu que l'Allemagne déclarait hautement et notammant à la Russie, qu'il n'y avait rien à faire avec la France, que celle-ci ne songeait qu'à se rapprocher de l'Angleterre etc. etc. Tout cela n'a pas le sens commun, mais du moins cela prouve que l'Allemagne, de son côté, ne veut pas agir... Je vous envoie, tout de même, copie de mon télégramme... J'ai entretenu Mohrenheim de tout cela, mais sans lui faire aucune proposition ferme et sans lui remettre aucun écrit. Si le Prince Lobanow vous en parle, accompagnez-le. Il sait que je suis toujours disposé à tout examiner avec lui." Es ist interessant, in dieser Episode die tastende Politik Hanotaux' zu beobachten: er bereitet ein Telegramm mit Instruktionen für den Botschafter vor; zweifelt dann an den Erfolgsmöglichkeiten der geplanten Initiative; kann sich aber nicht entschließen, den Versuch ganz aufzugeben und schickt den Telegrammtext mit der normalen Post, um den Botschafter mit seinen Überlegungen vertraut zu machen. Es zeigt sich hier sehr schön, wie Hanotaux ständig den ägyptisch-sudanesischen Fragenkomplex umkreist, um irgendwo, in diesem Falle über die Frage des Roten Meeres, einen Ansatzpunkt zu finden. Entweder hat Montebello nun diese Anregungen zum Anlaß genommen, um mit Lobanow zu sprechen und ihn zum Handeln zu bewegen, oder letzterer hat von sich aus die Initiative ergriffen; Tatsache ist, daß die Russen in Berlin sondiert haben und von Deutschland abgewiesen wurden. Dies geht aus einem Aktenstück des französischen Außenministeriums hervor, (275) und wird durch einen Bericht de Courcels bestätigt, der im August 1896 schreibt, der russische Botschafter in London, Staal, glaube nicht, man könne zur Zeit in Ägypten etwas erreichen, da Deutschland kategorisch abgelehnt habe, sich in der ägyptischen Frage zu engagieren. (276)

Während die russische Regierung offiziell in Berlin sondiert hat, ist die französische Seite ihrerseits anscheinend auch nicht untätig geblieben. Allerdings wandte man sich nicht direkt an Berlin, sondern wählte weniger offizielle Wege. Der deutsche Botschafter in London, Hatzfeldt, berichtet in den Monaten Mai bis Juli 1896 mehrfach über Gesprächsangebote de Courcels. (277) Der französische Botschafter nütze jede Gelegenheit, um von der Notwendigkeit eines Zusammengehens von Deutschen und Franzosen zu sprechen. Es ist allerdings nicht ausgeschlossen, daß de Courcel hier selbständig aus eigener Initiative, ohne Hanotaux' direkten Auftrag gehandelt hat; entsprechende Instruktionen lassen sich nicht nachweisen und in seinen Berichten nach Paris stellt er es so dar, als ob

die Gesprächsangebote von Hatzfeldt ausgegangen seien. Er meldet am
31. Juli Hatzfeldt habe wieder einmal den Vorschlag gemacht, "de faire
quelque chose ensemble. " (278) Er habe darauf nur sehr zurückhaltend
geantwortet. Später, am 13. 2. 1897, meint er dann, es sei stets ein
besonderer Wunsch Hatzfeldts gewesen, Deutschland und Frankreich zusammenzuführen. (279) Es ist nicht auszuschließen, daß einer der beiden
Botschafter "Privatpolitik" getrieben hat, um eine Politik einzuleiten, die
ihm wünschenswert erschien.

Aber auch Hanotaux selbst scheint versucht zu haben, Kontakte mit Berlin aufzunehmen, obwohl auch in dieser Angelegenheit keine endgültige
Klärung zu erreichen ist:

Am 22. Juni 1896 bittet der französische Journalist Morre, ein früherer
Berliner Korrespondent der einflußreichen Pariser Tageszeitung Le Matin
seinen deutschen Kollegen von Huhn von der Kölnischen Zeitung um eine
Unterredung (280), in der er ihm erklärt, die gegenwärtige französische
Regierung wünsche in ein besseres Verhältnis mit Deutschland zu kommen,
aber da es sich keine französische Regierung leisten könne, offizielle
Gespräche zu beginnen, solle zunächst das Terrain durch inoffizielle Kontakte bereitet werden. Später solle von Huhn dann auch mit Vertretern der
französischen Regierung selbst zusammentreffen. Morre betont wiederholt, daß auch die russische Regierung an einer deutsch-französisch-
russischen Zusammenarbeit interessiert sei und er fragt vor allem, ob
Deutschland eventuell mit Frankreich und Rußland in Ägypten gegen England gehen würde. Die deutschen amtlichen Stellen, denen von Huhn über
das Gespräch berichtet, verlangen jedoch ein Vorgehen Frankreichs in
alleroffiziellster Form, zumal sich Frankreich anläßlich der Transvaalkrise, als es deutsche Angebote recht brüsk zurückgewiesen hatte, nicht
entsprechend verhalten hätte. Daraufhin betont Morre in einem zweiten
Gespräch, (281) die gegenwärtige französische Regierung nehme einen
weit entgegenkommenderen Standpunkt als Berthelot und Bourgeois ein,
offizielle Verhandlungen seien jedoch im Augenblick nicht möglich. Er
betont wiederum, dieser Schritt geschehe im Einvernehmen mit Rußland
und von Mohrenheim, der russische Botschafter in Paris wisse von der
Sache. Außerdem wird jetzt Hanotaux selbst als eventueller Gesprächspartner genannt. Als die deutschen Stellen diese Fühler nicht aufnehmen,
kommt es in den Monaten August/September zu einem weiteren ähnlichen
Vorstoß. Am 21. August gibt der französische Botschaftsrat Jules Hansen
in Kopenhagen dem Dannebrog ein Interview, (282) in dem er erklärt,
einflußreiche Kreise in Frankreich wünschten eine Verbesserung der Beziehungen zu Deutschland. Möglicherweise könne man Einigung in Fragen
erzielen, die Deutschland einerseits, Frankreich und Rußland andererseits interessierten. Derselbe Hansen hat am 17. September ein langes,
von Morre vermitteltes Gespräch mit von Huhn. (283) Er äußert sich im
gleichen Sinne wie Morre, nennt jedoch Hanotaux viel klarer als Verantwortlichen der Initiative. Von Huhn ist überzeugt, daß Hansen tatsächlich
im Auftrage des Außenministers handelt. Da Hanotaux sich nicht auf

offizielle Initiativen einlassen könne, solle Münster die Gespräche einleiten. Elsaß-Lothringen solle aus dem Bereich der praktischen Politik ausgeklammert werden; dadurch könne eine gemeinsame deutsch-russisch-französische Interessensphäre geschaffen werden. Auch Hansen betont, Rußland stünde voll und ganz hinter dem französischen Annäherungsversuch. Diese Initiative bleibt deutscherseits ebenfalls ohne Antwort, da sie zu vage erschien, nicht amtlich war und sich eines so suspekten Mannes wie Hansen bedient hatte. Anfang Dezember schließlich spricht auch Hanotaux selbst einem russischen Journalisten gegenüber im gleichen Sinne wie Hansen. (284) Wenn Deutschland Frankreich im Mittelmeer gegen England unterstütze, sei dieses sogar bereit, Elsaß-Lothringen hintanzustellen. Leider finden sich in den Archiven des Quai d'Orsay keinerlei Dokumente, die diese Sondierungen bestätigen würden; wir müssen daher diese Auskünfte der GP mit Vorsicht behandeln. Dennoch neigen wir zur Annahme, daß Hanotaux tatsächlich hinter diesen Initiativen stand. Hansen ist zwar eine undurchsichtige Gestalt, taucht andererseits aber in französischen Akten als Verbindungsmann des Außenministeriums auf, (285) und auch in den Papiers Hanotaux finden sich Teile seines Briefwechsels mit Hanotaux. (286) Weiterhin kennen wir Hanotaux' Bemühungen, Deutschlands Unterstützung in Ägypten zu erlangen; wir wissen, daß er mit Mohrenheim über diese Frage gesprochen hat; wir wissen, daß Rußland in dieser Hinsicht in Berlin sondiert hat; wir wissen, daß Hanotaux bereit war, Elsaß-Lothringen aus der praktischen Politik auszuklammern. Andererseits mußte jede französische Regierung größte Vorsicht in den Beziehungen zu Deutschland üben, hatte sich doch Le Temps und die gesamte Presse anläßlich der Transvaalkrise "unnatürlichen Allianzen" entgegengestellt. Hanotaux mußte also zusehen, daß seine Annäherungsversuche möglichst geheim blieben, wahrscheinlich sogar seinen eigenen Kabinettskollegen gegenüber, daß die Akten im Falle des Scheiterns keine kompromittierenden Schriftstücke aufwiesen, daß er im Falle von Indiskretionen jede Verantwortung zurückweisen konnte. Daher der inoffizielle Weg über Journalisten, offiziöse Mittelmänner und eventuell über den ihm persönlich recht nahestehenden Botschafter de Courcel. Deutschland aber ging auf die französische Initiative nicht ein. (287) Es hielt sich auch in dieser Phase der ägyptischen Auseinandersetzung an seine traditionelle Politik und blieb abwartend neutral.

Trotz des Scheiterns dieser russisch-französischen Initiativen im Sommer 1896 gab Hanotaux die Hoffnung nicht auf, Deutschland doch noch für seine ägyptische Politik zu gewinnen, wie die schon erwähnte Note vom 23. 10. 1897 zeigt, in der er die Folgen der Kretakrise von 1896/97 analysiert. Er drückt die Hoffnung aus, mit Hilfe des Sultans die ägyptische Frage in eine neue Phase eintreten lassen zu können. Er meint, auch Deutschland hätte seinen Einfluß in Konstantinopel erheblich stärken können, hofft jedoch: (288) "Cette action ne paraît pas en contradiction avec l'influence exercée par l'Allemagne, et celle-ci, habilement ménagée, pourrait même grandement nous servir."

Eine neuerliche Gelegenheit schien sich endlich zu bieten, konnte von Hanotaux aber durch den Sturz des Kabinetts Méline nicht mehr genutzt werden. Portugal, welches sich in einer äußerst prekären Finanzlage befand, hatte am 3. Juni 1898 in London Gespräche hinsichtlich einer Verpfändung seiner afrikanischen Kolonien an England aufgenommen. Hanotaux ist offensichtlich besorgt über diese Entwicklung. (289) Auch die deutsche Regierung interessiert sich für die Angelegenheit, und am 18. Juni gibt Bülow Münster den Auftrag, sich mit Hanotaux wegen eines eventuellen gemeinsamen Protestes ins Vernehmen zu setzen. (290) Am selben Tag macht er dem französischen Botschafter de Noailles denselben Vorschlag. (291) Hanotaux kann, da das Kabinett nur noch geschäftsführend im Amt ist, keine definitive Antwort geben, zeigt sich aber sehr interessiert. (292) Er hat ganz offensichtlich dem deutschen Vorstoß größte Bedeutung beigemessen, kam er doch zu einer Zeit, da die entscheidende Auseinandersetzung zwischen Frankreich und England um den Sudan und damit um Ägypten unmittelbar bevorstand. Es konnte für Hanotaux kaum eine günstigere Situation geben als die jetzt bevorstehende, nämlich Deutschland in einem ganz bestimmten Punkt auf seiner Seite gegen England zu haben. Deutschland wäre in der ägyptischen Frage damit zumindest neutralisiert gewesen. In den Papiers Hanotaux des Quai d'Orsay findet sich ein Dossier, der von Hanotaux' Hand den Titel trägt: "Affaires Portugaises. Très importantes en raison de la démarche du Comte Münster." (293) In einer ausführlichen Note für seinen Nachfolger wird die Situation genau dargelegt; es heißt darin: (294) "On croit superflu de signaler au Ministre l'importance de cette initiative, prise auprès de nous par le Gouvernement allemand dans une question de cette nature et les conséquences éventuelles de l'antagonisme d'intérêts qui paraît s'être ainsi révélé sur un point déterminé entre l'Allemagne et l'Angleterre." Delcassé aber hat in dieser Angelegenheit nichts unternommen, wofür ihm Hanotaux später schwere Vorwürfe gemacht hat. (295)

Abschließend kann festgehalten werden, daß sich Hanotaux' Bemühungen, die Unterstützung Deutschlands für seine ägyptische Politik zu erlangen, insgesamt als vergeblich erwiesen haben. Deutschland hat nie Anstalten gemacht, die Avancen Hanotaux' zu erwidern und hat sich nie aus der in der Ägyptenfrage beobachteten Reserve locken lassen.

9) Die Mission Marchand

Es bleibt uns nun noch über die Marchandexpedition zu sprechen, die Hanotaux als Teil seiner ägyptischen Bemühungen genannt hatte und die schließlich den Faschodazwischenfall hervorrufen sollte. Sie war, unter Zustimmung des damaligen Außenministers Berthelot, vom Kolonialministerium organisiert worden. Aber auch Hanotaux hat seine Billigung gegeben - Marchand hatte Frankreich noch gar nicht verlassen, als Hanotaux wieder Außenminister wurde. Hanotaux hat die Mission Marchand gebilligt und später stets verteidigt. Dennoch schreibt er einmal: (296) "Le Cabinet Méline avait-il même le choix? Les choses étant engagées comme elles l'étaient, personne en France eût-il admis un pareil recul? Le parti colonial, alors si ardent, eût-il supporté l'idée de renoncer, en vue d'une

complication lointaine et peut-être imaginaire, aux espoirs que lui avait
fait concevoir le choix de l'énergique capitaine?" Erscheint es nicht so,
als sei Hanotaux etwas gegen seinen Willen auf diese Bahn gedrängt worden?
Wie beim Nigerkonflikt, beim Kongoprotest, in Siam (297) akzeptierte er
zweifellos das Prinzip, durch Aktionen auf dem Terrain die Verhandlungs-
position zu stärken. Aber ebenso zweifellos waren die Expeditionen für ihn
eben nur ein Element in seinen Bemühungen, sie sollten die Verhandlungen
vorantreiben, eventuell erst in Gang bringen, sie sollten die Verhandlungen
nicht ersetzen, sie sollten nicht das Hauptmittel, das Hauptanliegen, werden.
Die Idee einer Mission an den Nil ist nicht von Hanotaux ausgegangen. Initia-
toren und Hauptbefürworter waren der groupe colonial und die führenden
Kolonialoffiziere. Einer der beteiligten Offiziere, der spätere General Mangin, schreibt am 10. Juni 1896 an den General Hervé: (298) "Il a fallu faire
l'éducation de trois ministres des Affaires étrangères...", was nur heißen
kann, daß Berthelot, Bourgeois und Hanotaux ihre Zustimmung zu der Unternehmung nicht spontan gegeben haben, sondern mehr oder weniger über-
redet werden mußten. Für diese Kreise mußte die eigentliche Entscheidung
zwischen England und Frankreich auf dem umstrittenen Terrain selbst fallen, den Diplomaten wurde eine wesentlich bescheidenere Rolle zugedacht,
sie sollten im Grunde nur nachträglich die Ergebnisse sanktionieren und
die Spitzen und Kanten abschleifen. Vertreter dieser Personengruppe drück-
ten sich bisweilen recht unverholen aus. Schon 1894 hatte Brazza darauf
hingewiesen, daß Frankreich die ägyptische Frage nur zu seinen Gunsten
lösen könnte, indem es über den Bahr el Ghasal in das Niltal vordringe.
Deloncle seinerseits meinte 1895 in einer Parlamentsdebatte, Frankreich
solle direkt zum Nil vorstoßen und in kräftiger Aktion die englischen Stel-
lungen von hinten her aufrollen. (299) Es ist deutlich, daß beide Sprecher
eine militärische Besetzung dieser Gebiete anstrebten, also eine ähnliche
Taktik befürworten, wie sie im Nigergebiet praktiziert wurde.

Im Sommer/Herbst 1895 legte Marchand sein Expeditionsprojekt vor. Auffällig ist, daß sich der Ton des Marchandmemorandums vom 10. November
1895 deutlich von der Sprache Brazzas und Deloncles unterscheidet. (300)
Bei diesen wurde offensichtlich eine effektive militärische Besetzung angestrebt, bei jenem handelt es sich um eine Vorsichtsmaßregel rein zivilen
Charakters: "Il est bien évident qu'il ne peut être question, par l'accès au
Bahr el Ghazal, de considérer cette ancienne province du Soudan égyptien
comme pouvant être acquise à la France uniquement parce qu'une mission
française y aurait pénétré. Le plus solide argument invoqué par la diplomatie française pour résister aux prétentions britanniques sur la vallée du
Nil, c'est précisément le titre de possession de l'Egypte, c'est-à-dire du
suzerain, le Sultan. Toutefois, il est de la plus élémentaire prudence de
prévoir le cas où la Grande Bretagne passerait outre à ses droits, comme
elle vient d'ailleurs le faire pour l'ancienne province de l'Equatoria, et de
prendre nous-mêmes dans le bassin du Nil des gages de restitution collective
à l'Egypte des territoires ayant formé le soudan égyptien et momantanément
occupés, sous un prétexte quelconque par une ou plusieurs Puissances européennes." Der nicht-militärische Charakter der Unternehmung wird

stark betont, auch soll die französische Fahne nur bei Begegnungen mit Europäern gezeigt werden, da die "Inviolabilité de l'Egypte" zu verteidigen sei. Hauptziel der Mission sei, die Engländer dazu zu bringen, den Gedanken einer europäischen Konferenz zu akzeptieren, die das Schicksal des Nils entscheiden solle. So dargestellt, als ein Element unter vielen, die alle zur Lösung der ägyptischen Frage beitragen sollten und nicht als Versuch zur Eroberung des Sudan, konnte auch Hanotaux das Projekt akzeptieren. (301) In Hanotaux' Sinne ist die Marchandmission ein weiterer Trumpf in seinen diplomatischen Bemühungen gegenüber England, eine Entscheidung soll und kann sie nicht allein herbeiführen. Jedoch wurde das Unternehmen von anderer Seite völlig anders gesehen. So schreibt Lebon an den französischen Generalkommissar im Kongo, de Lamothe: (302) "Prévenez Liotard et Marchand nécessaire conclure traités avec chefs toutes populations avec lesquelles sont en contact. En vue revendications ultérieures autres Puissances, est de toute importance que limites indiquées par ces traités se correspondent, et laissent entre elles aucune solution continuité dans territoires Bahr el Ghazal et rive gauche Nil." Dies ist ganz eindeutig die am Niger verfolgte Taktik. Man versucht, Rechtstitel zu erlangen, und faits accomplis zu schaffen. Das Gebiet wird als res nullius betrachtet, von den Rechten des Sultans, der Verteidigung der Integrität ist nicht die Rede. Noch deutlicher zeigt sich diese Tendenz in einem Schreiben Lagardes an Hanotaux vom 8. 3. 1898. (303) Hier wird ganz eindeutig von den "droits du premier occupant" gesprochen, von der Notwendigkeit, die Stellung "inexpugnable" zu machen, um weiße und schwarze Angriffe abwehren zu können; zur Zeit genüge zwar die militärische Stärke Marchands, aber um den bevorstehenden Ereignissen gewachsen zu sein, müsse die Truppe unbedingt verstärkt werden. Wir sind weit entfernt von Marchands Projekt einer zivilen Expedition. Hanotaux lehnte die militärischen Forderungen Lagardes stets ab. Er hielt Verstärkungen nicht für nötig, weil er eben die von Lagarde vorhergesehenen Ereignisse vermeiden wollte, weil er die Entscheidung letztlich nicht auf dem Terrain suchte. In <u>Le Partage de l'Afrique - Fachoda</u> schreibt Hanotaux: (304) "Il suffit de dire que la diplomatie française eut, pour idée directrice, de négocier avant que le choc se produisit, si le choc devait se produire." Wir haben Indizien dafür, daß dies wirklich Hanotaux' Absicht war und nicht eine im nachhinein aufgestellte Behauptung. Am 7. Juni 1898 meldet Cogordan aus Kairo den Stand der englischen Sudanexpedition und meint das Schicksal der Mahdisten müsse sich in drei bis vier Monaten bei Omdurman entscheiden. Hierzu merkt Hanotaux an: (305) "Dans trois ou quatre mois. Tel est le délai qui reste pour utiliser les éléments que nous avons en main, une fois la convention du Niger conclue - 15 Juin - M'en parler." Er selbst war durch den Rücktritt Mélines daran gehindert, die Verhandlungen mit England einzuleiten und er hat nicht mit Vorwürfen an Delcassé gespart, diese drei bis vier Monate nicht genützt und es dadurch zum Faschodazwischenfall kommen zu lassen haben. (306) Dennoch hat er sich auch nach seinem Rücktritt noch bemüht, an den geplanten Verhandlungen mit England teilzunehmen. In den Papiers Hanotaux finden sich zwölf Briefe Pierre Bertrands des "Chef du secrétariat particulier" Hanotaux'. (307) Drei dieser Briefe, die das Datum des 2./4./7. Juli 1898 tragen, zeigen deutlich, daß Hanotaux vor hatte, Nachfolger de Courcels als französischer Botschafter in London zu werden. Bertrand, der Hanotaux mit "Mon cher maître" anredet, hat offensichtlich als Mittelsmann gedient und berichtet über diverse Sondierungen unter anderem bei Bompard und de Courcel, der angeblich einverstanden war, daß Hanotaux ihn ablöse. (308) Diese Tatsache scheint recht klar zu zeigen, daß Hanotaux den englisch-französischen Gesprächen die er geplant hatte, zuversichtlich entgegensah. Offenbar wollte er die seit langem eingeleitete Politik auch selbst zu Ende bringen, wenn nicht als Minister, so doch wenigstens als Botschafter.

Auch bei der Marchandexpedition hat sich also wie schon mehrfach der Unterschied zwischen dem Außenminister Hanotaux und den Kolonialpraktikern gezeigt. (309) Gut umschrieben wird die Lage, allerdings unfreiwillig, durch Mangin, der von Faschoda aus am 6. 11. 1898 an den General des Garets schreibt: "En somme, quelque soit le résultat des négociations en cours, nous avons bon espoir. M. Hanotaux a dit à Marchand: 'Allez à Fachoda. La France tire un coup de pistolet.' C'est fait. Maintenant, si on veut un coup de canon, nous pouvons le tirer dans de bonnes conditions et nos hommes ne feraient, qu'une bouchée du ramassis de captifs campé devant eux, qu' ils ont en souverain mépris." (310) Das Bild von Pistolenschuß und Kanonenschuß gibt die unterschiedliche Einstellung schön wieder. Hanotaux wollte einen Warnschuß abgeben, demonstrieren, daß Frankreich auch noch da war und mitzureden hatte. Die Militärs wollten mit Kanonen schießen. Mit Pistolen kann man keine Länder erobern, im Besitz von Kanonen dagegen kann man versucht sein, zu glauben, dies sei möglich und stelle eine praktikable Politik dar. Hanotaux hat die Mission akzeptiert aber wesentlich anders aufgefaßt als jene Kreise. Für ihn war sie nicht isoliert, sondern sie stand im Kontext seiner Bemühungen die ägyptische Frage zu lösen.

Ob nun die Expeditionstätigkeit ganz in den Vordergrund rückte wie bei den Kolonialoffizieren, oder nur ein Element unter vielen gleichwertigen darstellt wie bei Hanotaux, es bleibt immer die Tatsache, daß diese Unternehmungen auf dem Territorium des ehemals ägyptischen Sudan der von der französischen Diplomatie verfochtenen These von der "Intégrité de l'Empire ottoman" widersprachen und konform mit der entgegengesetzten Theorie waren, derzufolge diese Gebiete "res nullius" seien. Hanotaux ist sich dieser Situation klar bewußt gewesen. Cogordan berichtet schon am 12. 4. 1895 über die Schwierigkeiten, die ihm in Ägypten aus den französischen Unternehmungen in dem oberen Nilbecken erwuchsen: (311) "J'avais déclaré que la France garante de l'intégrité de l'Empire ottoman respecterait les droits du Sultan. Toutefois, m'inspirant de quelques confidences que vous aviez bien voulu me faire avant mon départ de Paris, je n'avais eu garde, dans la crainte d'être démenti par les faits, de nier la présence dans des régions voisines du Bahr el Ghazal d'explorateurs français dont les mouvements étaient fatalement guidés par les nécessités du voyage. " Diese Schwierigkeiten, die Tatsachen mit der offiziellen französischen These in Einklang zu bringen, erhöhten sich natürlich je weiter die Franzosen zum Nil vorstießen. Wir können denn auch beobachten, daß Hanotaux sich bemühte, möglichst wenig über die Marchandexpedition an die Öffentlichkeit dringen zu lassen, vor allem aber nichts, was den ihr zugeschriebenen unmilitärischen, rein zivilen Charakter hätte dementieren können. Er weist in einem Schreiben an Lebon auf die Folgen für die allgemeine französische Politik hin, die aus der Tatsache entstehen können, daß die Mitglieder der Expedition in ihren Privatbriefen allzu offen über die Unternehmung und ihre Ziele sprachen, besonders stößt er sich an der Tatsache, daß diese Briefe von der Presse abgedruckt würden. Die Begleiter Marchands sollten auf das "secret professionnel" hingewiesen werden. (312)

Hanotaux hat die Marchandexpedition akzeptiert und unterstützt, war sich aber dabei über die Problematik des Unternehmens im klaren. Er wußte, daß die Mission den von ihm proklamierten Prinzipien widersprach, wagte jedoch nicht, sich ihr mit seinem ganzen Gewicht, eventuell durch eine Demissionsdrohung, entgegenzustellen, denn er hoffte auf der anderen Seite auch, sie benützen zu können, so wie anderswo Missionen genützt worden waren; er wollte sich dieses Druckmittel nicht nehmen lassen. Letztlich hat er sich nie konsequent zwischen beiden Taktiken - "intégrité de l'Empire ottoman" und "Sudan als res nullius" - entschieden, sondern die erste offiziell vertreten, dabei aber die zweite inoffiziell im Geheimen stets weiterverfolgt.

C) Resümee und Kritik der Hanotaux'schen Ägypten-Sudan-Politik

Bei Hanotaux' Abschied vom Quai d'Orsay trat die ägyptisch-sudanesische Frage, deren Lösung sein Hauptanliegen gewesen war, in ihre kritische Phase. Ein gutes halbes Jahr später war sie gelöst; aber sie brachte eine eindeutige französische Niederlage. England bekräftigte seine Herrschaft über Ägypten und begründete sie neu im Sudan, die Franzosen wurden zurückgeworfen, zogen sich aus dem Bahr el Ghasal zurück, ohne gleichwertige Kompensationen zu erhalten. Die jahrzehntelangen Bemühungen waren gescheitert. Faschoda wurde zum Wendepunkt der französischen Kolonial- und Außenpolitik. Der Name Hanotaux' wird im allgemeinen recht selten mit dem Debakel von Faschoda in Zusammenhang gebracht. Seit mehreren Monaten war er im Augenblick des entscheidenden Zusammenstoßes nicht mehr im Amt und Delcassé war es, der die kritische Situation zu bereinigen hatte. Hanotaux hat überdies nie versäumt zu betonen, daß der Zwischenfall hätte vermieden werden können, wäre er nur im Amt geblieben, daß es möglich gewesen wäre, eine für Frankreich vorteilhafte Lösung zu finden. Seine gravierendsten Vorwürfe an Delcassé waren die verbleibende Zeit nicht zu Verhandlungen mit England genutzt und die deutsche Fühlungnahme anläßlich der Frage der portugiesischen Kolonien nicht aufgegriffen zu haben.

Hanotaux war bemüht gewesen, Deutschland für die französische Auffassung in der Ägyptenfrage zu gewinnen. Sein Anliegen war, ein englisch-deutsches Zusammengehen zu verhindern, ohne deshalb gleich ein deutsch-französisches Bündnis anzustreben. Deshalb maß er der deutschen Initiative größte Bedeutung zu. Es schien sich hier ein deutsch-englischer Interessengegensatz zu zeigen, gerade in dem Augenblick, als die ägyptische Frage vor der Entscheidung stand. Zumindest die deutsche Neutralität schien ihm gesichert, Deutschland würde sich nicht auf Englands Seite stellen und Frankreich eventuell im Ausgleich für dessen Hilfe in der portugiesischen Angelegenheit seine diplomatische Unterstützung in Ägypten gewähren. Delcassés Reaktion bzw. Nichtreaktion ist in dieser Angelegenheit zweifellos recht seltsam und auch die Arbeit von Christopher Andrew bringt keine befriedigende Lösung, sondern unterstreicht noch die paradoxe Haltung von Hanotaux' Nachfolger. Andrew zeigt, daß Delcassé und das "Comité de l'Afrique française" wie Hanotaux stets geglaubt hatten, Deutschland müsse sich für Ägypten interessieren, daß sie zuversichtlich gehofft hatten, diese Hilfe zu erlangen, und daß Delcassé selbst nach Faschoda sich noch um die deutsche Unterstützung in Ägypten bemüht hat. (313)

Wenn Andrew mit dem Mythos aufräumt, Delcassé habe von Anbeginn an das englische Bündnis gesucht und nachweist, daß er vielmehr noch bis 1900 die deutsche Unterstützung suchte, so wird seine Haltung im Sommer 1898 noch unverständlicher. Wenn Delcassé auf Deutschland hoffte, wenn er über die deutsch-englischen und die englisch-portugiesischen Gespräche beunruhigt war, warum hat er die deutsche Anregung nicht aufgegriffen? Andrew meint, Delcassé hätte aufgegeben, auf deutsche Hilfe zu hoffen - warum aber dann die späteren Versuche? Ein englisches Dementi habe gesagt, es bestünden keine Verhandlungen zwischen England und Portugal, deshalb wäre die deutsche Initiative inhaltslos geworden (314) - aber Delcassé muß wie jeder andere gewußt haben, daß solche Dementis gar nichts besagen. Aber auch im Falle, daß England wirklich seine portugiesischen Pläne aufgegeben hätte, wäre es nötig gewesen, die deutsche Initiative wenigstens zu beantworten, um ein späteres Zusammengehen zu ermöglichen. Letztlich handelt es sich in dieser Angelegenheit wohl um einen schlichten Fehler des Neulings Delcassé und insofern sind Hanotaux' Vorwürfe berechtigt. Es muß aber sofort gesagt werden, daß es sich hier um einen subjektiven Fehler handelt, einen Fehler im Rahmen der vorher und nachher verfolgten Politik. Wenn man deutsche Hilfe suchte, durfte man solche Initiativen nicht ignorieren. Es handelt sich dagegen nicht um einen objektiven Fehler, insofern als ganz allgemein die Politik, die eine deutsche Hilfe in Ägypten erstrebte, falsch war. Hanotaux und Delcassé haben sich Illusionen hingegeben, wenn sie glaubten, eine effektive deutsche Hilfe in dieser Frage zu erlangen. Die deutsche Seite hat die Einbeziehung dieser Frage in eventuelle Abmachungen und Absprachen immer kategorisch abgelehnt. Der deutschen Politik war offenbar am meisten daran gelegen, die ägyptische Frage offen zu lassen und damit den dort bestehenden französisch-englischen Gegensatz zu konservieren.

Wie Renouvin zeigt, war Ägypten für Deutschland ein Gewicht auf der politischen Waage, ein eventuelles Lockmittel für Frankreich, eine jederzeit hervorzuholende Drohung gegen England. Hanotaux und Delcassé haben die deutsche Haltung falsch eingeschätzt. Im Gegensatz zu diesen beiden ist es uns heute bekannt, daß Bülow in der portugiesischen Frage von Anbeginn eine Übereinkunft mit England angestrebt hat und die Initiative in Paris nur Druck auf London ausüben sollte. In diesem Sinne schreibt Holstein kurz nach Hanotaux' Rücktritt an Monts: (315) "Frankreich möchte gern in afrikanischen Einzelfragen mit uns zusammen gegen England agieren, die französische Regierung betont aber dabei jedesmal, daß das Zusammengehen ein zufälliges ist, eine sogenannte Parallelaktion. Nun, uns kann das recht sein. Wir haben den Nutzen der tatsächlichen französischen Mitwirkung und können doch abschwenken, wann wir wollen, ohne daß man uns Kontraktbruch vorwerfen darf." Renouvin meint dementsprechend, daß Deutschland seit Bismarck stets das gleiche Spiel gespielt hätte, nämlich Frankreich Avancen zu machen, die, nie ehrlich gemeint, nur Druck auf England ausüben sollten. Daraus folgert er, daß Hanotaux auf Deutschland hereingefallen sei und mit seiner Politik höchstwahrscheinlich Schiffbruch erlitten hätte. (316) Nun stimmt ganz gewiß, daß Hanotaux die Situation in der Portugalfrage falsch eingeschätzt hatte; dennoch scheinen bei Renouvin die Akzente nicht ganz richtig gesetzt: Der "appui" Deutschlands erscheint nach Renouvin als conditio sine qua non der Hanotaux' schen Politik. In Wirklichkeit scheint Hanotaux auch die deutsche Neutralität genügt zu haben. Hanotaux, von der Größe Frankreich überzeugt, vertraut vielmehr als Renouvin glaubt, auf die eigene Stärke.

Das bedeutet indes nicht, daß Hanotaux die Unterstützung anderer Mächte für überflüssig erachtet hätte; er bemühte sich ja stets, die ägyptische Frage zu internationalisieren, den Mächten zu zeigen, daß auch sie ein Interesse an der Evakuierung Ägyptens durch England hätten, sie von der Notwendigkeit einer europäischen Konferenz zu überzeugen. Jedoch auch in dieser Hinsicht scheint Hanotaux, und nicht nur er, sondern breite französische Kreise die Lage falsch eingeschätzt zu haben. Für Hanotaux war Ägypten das Zentralproblem, das gegenwärtige Hauptziel der französischen Außenpolitik; man ist bisweilen versucht, von einem Trauma zu sprechen. Davon ausgehend glaubt er, die anderen Mächte würden oder müßten diesem Problem die gleiche Bedeutung beimessen. In Wirklichkeit war dies nicht der Fall: Deutschland hatte alles Interesse daran, die Frage offen zu halten; Rußland konzentrierte sich auf Konstantinopel und den fernen Osten; Italien legte Wert auf die englische Freundschaft und scheute nach Adua zunächst jegliches Engagement in diesem Teil der Welt; der Sultan schließlich hatte dringendere und naheliegendere Sorgen, die ihn bedrängten. Alle Mächte aber schienen sich letztlich mit der Tatsache abgefunden zu haben, daß England Herrin Ägyptens und des Nils sei. (317) Dieser entscheidende Faktor war es vor allem, der Hanotaux' Bemühungen um Internationalisierung und Wiederaufnahme der ägyptischen Frage zum Scheitern verurteilte. Aber trotz dieses Scheiterns glaubte Hanotaux nicht auf seine ägyptisch-sudanesische Zielsetzung verzichten zu müssen.

Er hätte die aktive Unterstützung der Mächte gewünscht, aber er betrachtete sie nicht als conditio sine qua non. Ihre wohlwollende Neutralität aber glaubte er in seinen langjährigen Bemühungen erlangt zu haben. Wenn sich nur die anderen Mächte nicht auf Englands Seite stellten, hoffte er in bilateralen Gesprächen mit England ein günstiges Resultat zu erzielen.

Hier gelangen wir zu Hanotaux' zweitem Vorwurf an Delcassé; er klagt seinen Nachfolger an, die Verhandlungen nicht früh genug aufgenommen zu haben, sondern erst, als es zur Konfrontation auf dem Terrain gekommen war. Hanotaux war überzeugt, daß England verhandelt hätte, und daß diese Verhandlungen für Frankreich erfolgreich hätten geführt werden können. Und in dieser Einschätzung scheint uns der grundlegende Fehler der Hanotaux' schen Politik zu liegen. Er hat offensichtlich einerseits die Intensität des englischen Engagements in dieser Frage unterschätzt und andererseits die wahren Machtverhältnisse verkannt. Dabei hat es an Warnungen nicht gefehlt. Besonders die Berichte de Courcels aus London sind erfüllt von Hinweisen auf die Bedeutung, die Ägypten für England im Laufe der Zeit erlangt habe. Ende 1894 schon berichtet d'Estournelles de Constant über ein Gespräch mit C. Rhodes, der betont, England würde Ägypten nie aufgeben und der ein eventuelles französisches Vordringen an den Nil als "grief actif qui produira l'explosion" bezeichnet. (318) Im August 1895 drückt Chamberlain de Courcel gegenüber sein Bedauern darüber aus, daß die Angelegenheit nicht in aller Ruhe fünf oder sechs Jahre zuvor geregelt worden sei: (319) "Depuis cette époque, m'a-t-il dit, il s'est formé une opinion publique obstinée en Angleterre; on s'est habitué à considérer l'Egypte comme une possession, ou du moins comme une dépendance anglaise. Il faut compter maintenant avec la puissance de ce sentiment." Noch deutlicher drückt er sich Anfang 1897 aus, als er schreibt, daß Salisbury in Ägypten auf keinen Fall Konzessionen machen würde, und daß die Engländer endgültig entschlossen seien, dieses Land zu behalten. (320) Hanotaux hat aber offenbar nicht so sehr wie de Courcel an die englische Entschlossenheit geglaubt. Bezeichnend ist seine Reaktion auf die scharfe Greyerklärung: (321) "Je pense qu'il y a là-dedans beaucoup de politique intérieure" meint er und urteilt weiter: "On nous menace, comme on nous a menacés pour le Siam, comme on nous a menacés pour le Congo, comme on a menacé la Russie pour Merv. Je sais qu'il faut en prendre et en laisser." Aber anläßlich der Siamauseinandersetzung, auf die Hanotaux hier hinweist, schreibt de Courcel gerade, daß sich die Engländer zur Zeit mit den Franzosen nicht über zweitrangige Fragen streiten wollten, da wichtigere Dinge sie voll in Anspruch nähmen. (322) Wo für England die Prioritäten lagen, drückt er später klar aus: (323) "Ce qui me paraît ressortir principalement du langage tenu hier par le marquis de Salisbury c'est sa résolution de subordonner toute la politique anglaise à la poursuite énergique et immédiate de deux objets essentiels: la conquête des frontières de l'Inde d'une part, et de l'autre, l'affermissement définitif de la puissance anglaise en Egypte et sur tout le cours du Nil. Cette double tâche lui paraît devoir mettre en réquisition toutes les forces de l'Angleterre, et par conséquent, il est nécessaire que toute autre visée, toute autre préoccupation soit considérée comme secondaire ou provisoirement négligeable. " Dennoch hat England auch in diesen Nebenfragen verbissen verhandelt, nicht scheuend bis hart an den Bruch zu gehen, so daß de Courcel sich anläßlich der Nigerfrage wundern kann, warum eine Frage, bei der die auf dem Spiel stehenden Interessen so unbedeutend seien, in England derart heftige und gefährliche Gefühle auszulösen vermöchte. (324) Hanotaux aber scheint nicht gesehen zu haben, daß Ägypten und der Sudan für England viel größere Bedeutung hatten, als die umstrittenen Gebiete in Indochina und Westafrika. In harten, langwierigen Verhandlungen hatte er dort günstige Regelungen für Frankreich erreicht; er hatte den englischen Widerstand in Tunis und Madagaskar gebrochen und war nun überzeugt, auch am Nil zum Erfolg kommen zu können. Bezeichnend ist aber, daß England sich zu Verhandlungen über die eben aufgeführten Fragen herbeigefunden hatte, aber nie bereit gewesen war, die Gespräche über Ägypten aufzunehmen. Hanotaux hatte sich vier Jahre erfolglos darum bemüht; es ist unwahrscheinlich, daß er in den letzten Wochen, da England besser als je zuvor dastand, Erfolg gehabt hätte. Hanotaux berief sich auf Verträge, auf das Recht, England war in der Lage, eine Armee zu stellen. Hanotaux meinte, die Diplomatie würde letztlich die Entscheidung bringen, er glaubte nicht, daß der Gegner den Kampf mit dieser Waffe verweigern würde, um zu ganz anders gearteten zu greifen. Frankreich mochte das bessere Recht haben, die Macht war bei England. Despagnet hat diese Tatsache klar gesehen, wenn er schreibt: (325) "Mais la situation de fait acquise par les Anglais sur les bords du Nil n'en subsistait pas moins, produisant, en définitive, toutes les conséquences d'un état de droit." Im gleichen Sinne stellt der englische Botschafter Monson der "French logic" die "British practice" gegenüber. (326)

Hier muß aber doch gleich gesagt werden, daß es auch mit der "French logic" nicht aufs Beste bestellt war. England hatte die Macht und konnte sich unter Umständen zynisch geben. Hanotaux dagegen vertrat den Rechtsstandpunkt. Seine Schwäche war, auch hier nicht konsequent gewesen zu sein. Wenn er sich für die "Intégrité de l'Empire ottoman" einsetzte, ließ sich die Marchandexpedition nicht rechtfertigen, sie hatte dann am Nil nichts zu suchen. Hanotaux war sich dieses Widerspruchs wohl bewußt, aber er bestimmte nicht allein die Linie der französischen Politik, zahlreiche andere Kräfte wirkten daneben, beeinflußten ihn und modifizierten seine ursprünglichen Intentionen. Die 1894 vor den Deputierten verkündete Politik wurde so nicht konsequent verfolgt. Man versuchte, sich alle Türen offenzuhalten. Eine weitere Inkonsequenz kommt hinzu. Am 5. 4. 1895 sagte Hanotaux im Senat, zum gegebenen Zeitpunkt solle die Frage nach dem Prinzip "à chacun selon ses oeuvres" gelöst werden. Auch dieses Prinzip spricht im entscheidenden Moment gegen die französische Seite. Ein Vergleich der Unternehmungen Kitcheners und Marchands ist angebracht. Kitchener bekämpfte und besiegte die Mahdisten, die Feinde des Sultans, er erschloß die zurückeroberten Gebiete durch Bau von Eisenbahn- und Telegraphenlinien; Marchand dagegen suchte ein gutes Auskommen mit dem Mahdi, um an den Nil zu gelangen, später benutzte er den von Kitchener gebauten Telegraphen; Grey weist etwas maliziös darauf hin, daß das Erscheinen Kitcheners den Franzosen höchstwahrscheinlich das Leben gerettet hätte. (327) Ginge es nach den "oeuvres", läge das Recht allein bei den Engländern.

Die Franzosen hatten versucht, auf zwei Ebenen zu spielen. Sie vertraten parallel beide Theorien: die der Integrität und die des res nullius. Auch Englands Haltung war nicht eindeutig, es vertrat zuerst die eine, dann die andere These. Die Rechtsstandpunkte dienten jeweils nur zur Untermauerung und Bekräftigung der politischen Haltungen und Forderungen, absolut gesehen waren sie für alle Beteiligten ohne Bedeutung. Unter diesen Umständen wird es uninteressant und überflüssig, zu untersuchen, wer im Recht war, wir würden den gleichen Fehler wie Hanotaux machen, nämlich verkennen, daß es sich letztlich um eine reine Machtfrage gehandelt hat.

Die Machtverhältnisse aber, die im Zeitalter des Imperialismus noch entscheidender als in anderen Epochen sind, hatte Hanotaux falsch eingeschätzt - daher das Scheitern seiner ägyptisch-sudanesischen Politik.

6) Zusammenfassung

Versuchen wir kurz die hervorstechendsten Merkmale der Hanotaux' schen Außenpolitik zu resümieren.

In Hanotaux' Amtszeit fallen kaum spektakuläre, von Frankreich provozierte Ereignisse. Nach außen hin haben zweit- und drittrangige Mächte die Initiative. Griechenland, Kreta, die Türkei, China und Japan stehen im Zentrum der aktuellen Konflikte und Kriege. Die europäischen Großmächte scheinen im wesentlichen auf die von diesen Mächten provozierten Ereignisse zu reagieren. Entsprechend sieht es aus, als hätten die meisten der Hanotaux' schen Aktionen wenig Tragweite, als seien sie, örtlich und zeitlich begrenzt, lediglich Resultat des direkten außenpolitischen Kontextes.

Hanotaux wollte sich aber nicht damit begnügen, nur zu reagieren, die Geschäfte nur routinemäßig zu verwalten; seiner Politik liegen durchaus große weitreichende Pläne zugrunde. Allgemeines Hauptziel ist die koloniale Expansion Frankreichs, konkreter auf Afrika und dort besonders auf Ägypten-Sudan gerichtet. Zu betonen ist, daß die Rückgewinnung Elsaß-Lothringens einmal im Rahmen einer gesamteuropäischen Lösung gesehen wird, zum zweiten deutlich den kolonialpolitischen Zielen untergeordnet erscheint.

Der Kontrast zwischen den umfassenden Zielsetzungen und den beschränkten Aktionen und konkreten Ergebnissen ist auffallend. Eindeutige Versuche, den Tagebuchplan zu realisieren, sind nicht erkennbar; kolonialpolitische Erfolge werden zwar errungen, wirklich spektakuläre Ergebnisse aber fehlen; das Hauptziel wird nie erreicht, ja in den offiziellen

Plänen nicht einmal deutlich genannt.

Man mag hier wohl ein politisches Prinzip erkennen. Der Opportunist Hanotaux hat zweifellos ein ideelles Fernziel, aber er ist Realist genug, um eine Situation nüchtern einzuschätzen und seine Bemühungen auf das zu begrenzen, was er für erreichbar hält. So verfolgt er, das Fernziel im Auge behaltend, pragmatisch Nahziele. Nur bei genauestem Hinsehen, wie wir es im Falle der Hanotaux' schen Ägyptenpolitik getan haben, ist der Zusammenhang zwischen augenblicksbedingten Aktionen und dem eigentlichen, hinter allem stehenden Hauptziel zu erkennen. Von diesem Prinzip abweichende Haltungen wären einerseits blindes Fixieren eines Fernziels, ohne sich um die konkrete Situation und die realen Möglichkeiten zu kümmern, andererseits bloßes Verwalten der Geschäfte, Reagieren auf Ereignisse ohne eindeutiges Leitbild. Will man dies als das Prinzip opportunistischer Außenpolitik bezeichnen, so ergäbe sich wohl, daß zu allen Zeiten und überall, nicht nur im Frankreich des ausgehenden Neunzehnten Jahrhunderts, solche Politik getrieben worden ist. Insofern müßten wir Hanotaux recht geben, wenn er sagt, der Opportunismus sei "le génie des affaires"; bezweifelt werden muß seine Behauptung, dies sei die typisch französische Manier der Politik. Opportunistische Außenpolitik erwiese sich als pragmatische Politik zur Durchsetzung idealistischer Fernziele.

Hauptinstrument der Außenpolitik ist für Hanotaux die Diplomatie. Sein Vertrauen in ihre Möglichkeiten ist beinahe unumschränkt. Kanonenbootpolitik liegt ihm fern. Daher sein Gegensatz zu den französischen Kolonialkreisen, daher seine Skepsis gegenüber Bismarck, der, obwohl meisterhafter Diplomat, notfalls das Mittel des Krieges nicht ausschloß, daher sein Unbehagen vor der deutschen Politik unter Wilhelm dem Zweiten und deren plumper Diplomatie. Hanotaux glaubt nicht an einen europäischen Krieg. Kriegsdrohungen hält er für Bluff. Deshalb seine Fehleinschätzung des englisch-französischen Verhältnisses. Er glaubt nicht, daß die militärisch stärkere Macht England zum Mittel der Gewalt greifen würde; er glaubt an die Möglichkeit, daß die klügere Diplomatie die militärisch schwächere Macht Frankreich zum Siege führen könnte.

Feingesponnene Diplomatie gedeiht besser im Kabinett als im Parlament. So fürchtet Hanotaux den Einfluß von Parlament, Presse und Öffentlichkeit. Die Massen sollen die Außenpolitik nicht bestimmen, sie nur gegebenenfalls unterstützen. Er liebt die Verhandlungen von Minister zu Minister, sucht persönliche Beziehungen spielen zu lassen. Er möchte, unabhängig von den Parteien, die Außenpolitik in enger Verbindung mit Botschaftern und Staatsoberhäuptern in der Abgeschlossenheit der Kabinette betreiben. Er hätte gewünscht die Instrumente, die einem Richelieu zur Verfügung standen, in Händen zu halten. Der Wunsch verdeckt ihm oft den Blick auf die Wirklichkeit. Er sieht nicht, daß die Rolle der Massen auch auf dem Gebiete der Außenpolitik immer größer wird und dadurch ein immer stärkeres irrationales Element ins Spiel kommt, welches rationale, nüchterne Diplomatie, wie er sie sich wünschte, fast unmöglich macht. So glaubt er einfach nicht an die Möglichkeit eines Weltkrieges; so wünscht er sich für 1919 eine Art Wiener Kongreß, der klar und vernünftig den Frieden baut; so glaubt er 1892 Europa neu ordnen zu können, ohne auch nur einen Gedanken an den Willen der beteiligten Völker zu verschwenden.

Im Vertrauen auf die Flexibilität der Diplomatie lehnt er feste Bündnissysteme ab. Hier sah er zweifellos richtig die Gefahr einer Kettenreaktion im Falle einer Krise, nach Verfestigung der Bündnissysteme. Er hat erkannt, daß es den europäischen Mächten ungleich schwerer fallen würde, einen Konflikt zu lösen, wenn sich zwei feste Blöcke gegenüberstehen würden. Aber Faschoda brachte auch hier die Wende. Sein Nachfolger Delcassé, einst wie er Befürworter der Kolonialexpansion, gibt diese Kolonialpolitik auf. Er opfert sie einer stärkeren Sicherheitspolitik. Er fühlt sich nicht stark genug zwischen Deutschland und England zu lavieren, sie gegeneinander auszuspielen. Neben der festen Bindung an Rußland sucht er das englische Bündnis. Daneben erhält Elsaß-Lothringen wieder größere Bedeutung. Hanotaux' Abtreten leitet eine deutliche Schwenkung der französischen äußeren Politik ein. Frankreich wendet den Blick wieder von den fernen Kolonien auf Europa und Elsaß-Lothringen zurück. Das Fernziel ändert sich. Nach vier Jahren Hanotaux' scher Politik drohte ein englisch-französischer Kolonialkrieg, nach der Wende unter Delcassé bricht der Weltkrieg in Europa aus und sieht Frankreich und England Seite an Seite.

7) Die nachträgliche Darstellung der Politik Hanotaux' durch ihn selbst und seine Anhänger

Hanotaux hat in späteren Jahren in zahlreichen Veröffentlichungen seine Politik dargestellt und verteidigt. An erster Stelle steht die umfangreiche Rechtfertigungsschrift Le Partage de l'Afrique - Fachoda, daneben vor allem die Histoire de la Nation française und die Artikel Jules Méline in der Revue des Deux Mondes und L'oeuvre coloniale de la Troisième République sowie La Fondation définitive de l'Indo-Chine française in der Revue de Paris. Neben diese Arbeiten Hanotaux' sind Schriften zu stellen, die von seinen Freunden und Mitarbeitern stammen, voran Georges Lachapelles Le ministère Méline, deux années de politique intérieure et extérieure, 1896 - 1898. Wir haben hier eine offizielle Darstellung, geschrieben von einem engen Vertrauten und Mitarbeiter Mélines, der den Text auch ausdrücklich autorisiert hat. Dazu kommt La Politique de la France en Afrique, 1896 - 1898 von Hanotaux' Kabinettskollegen, dem Kolonialminister André Lebon und dessen Aufsatz La Mission Marchand et le Cabinet Méline in der Revue des Deux Mondes sowie Notre politique étrangère de 1898 à 1905 von R. Millet mit einem Vorwort Hanotaux' worin insbesondere die Politik Delcassés heftig angegriffen wird. Der fünfundzwanzigste Band der "Papiers Hanotaux" zeigt uns, daß Millet ein sehr guter Freund Hanotaux' und einer seiner größten Bewunderer gewesen ist.

Alle diese Arbeiten stimmen in ihrer Tendenz überein und bemühen sich, die geschichtlichen Ereignisse in ein Hanotaux günstiges Licht zu rücken. Einerseits bemüht man sich, die nach Faschoda führende Politik zu rechtfertigen und die Schuld am Scheitern anderen, insbesondere Delcassé zuzuschreiben, andererseits werden Hanotaux' Erfolge überbetont und das Scheitern seiner ägyptisch-sudanesischen Pläne heruntergespielt.

Mit Hanotaux' Vorwürfen gegen Delcassé haben wir uns bereits auseinandergesetzt; hier wollen wir auf einige weitere Punkte eingehen:

Hanotaux hatte darauf gedrängt, daß Monteil nicht ins Niltal vordringen solle, und seine Zustimmung zur Liotardmission nur gegeben, weil seine Taktik gescheitert war und er den Kolonialisten keine Argumente mehr entgegenzusetzen vermochte. (328) In Le Partage de l' Afrique aber erscheint es so, als ob Hanotaux immer für die Expeditionen eingetreten sei, als ob er das Stagnieren der Monteil- und Liotardmissionen bedaure. (329) Marchand sei gescheitert, weil er zu spät gestartet sei. Es erscheint, als ob Hanotaux selbst die Initiative ergriffen, die anderen aber gebremst hätten. Kritik an der Unternehmung wird auszuräumen versucht, indem er behauptet, die Mission hätte Frankreich großen Gewinn gebracht: "elle (l' opinion française, Anmerk. des Verf.) oublia, sûrement un peu trop, que cette mission nous assurait toute l' Afrique du Nord et toute l' Afrique équatoriale, tandisque l' Angleterre, au prix d' un risque si fâcheux, n' obtenait que les marais du Bahr-El-Ghazal. " (330) Daß diese Behauptung nichts mit der historischen Realität zu tun hat, ist evident. Die Kongobesitzungen hatte Frankreich schon vorher erworben, während der Nigerverhandlungen wurde nie über Marchand gesprochen, er hat sie keinesfalls beeinflußt, und was diese Mission mit Nordafrika zu tun haben soll, ist vollends rätselhaft; die Sümpfe des Bahr el Ghasal dagegen waren den französischen Kolonialisten sehr erstrebenswert erschienen und stellten das offizielle Ziel des Quai d' Orsay dar. Kein Wort verlautet überdies davon, daß man im Stillen gehofft hatte, auf diese Weise die ganze ägyptische Frage neu aufzurollen. Eine ähnliche willkürliche Verquickung der Nigeraffäre mit dem Sudankomplex stellen wir in der Histoire de la Nation française fest. Über seine eigene Tätigkeit als Minister schreibt Hanotaux: (331) "il déclare nul et non avenu le ' traité à bail' conclu entre l' Angleterre et l' Etat du Congo en vue de barrer la route à l' expansion française en Afrique et ouvre ainsi le champs nécessaire à la fondation d' un grand empire colonial africain. " Die Nigerkonvention hat wenig mit dem Kongovertrag zu tun, wurde durch ihn nicht bestimmt, das an Kongo und Nil angestrebte Imperium aber kam gerade nicht zustande.

Ganz allgemein werden die wirklichen am Nil verfolgten Ziele später nie mehr genannt. Die ehrgeizigen Pläne bleiben unerwähnt und so fällt auch ihr Scheitern nicht auf. Dafür werden die tatsächlichen Erfolge Hanotaux' besonders herausgestellt und zum Teil deutlich übertrieben. In der Histoire de la Nation française betont Hanotaux die erfolgreiche Politik des europäischen Konzertes, die den Frieden erhielt, die Publikation der russischen Allianz, die Annektion der "Inseln unter dem Winde", die "Mise en valeur" der Neuen Hebriden und vor allem die Nigerkonvention. (332) Letztere war unbestreitbar ein Erfolg; dennoch sollte darauf hingewiesen werden, daß dieses Abkommen, welches später so stark herausgestrichen wurde, noch im Jahre 1898 wesentlich im Schatten der ägyptischen Frage stand und der Streitfrage nicht die spätere überragende Bedeutung beigemessen wurde, sprach doch de Courcel von "une controverse où les intérêts en litige sont d'une importance relative si minime". (333) In dem Artikel La Fondation définitive de l'Indo-Chine française werden die im Anschluß an Shimonoseki geschlossenen französisch-chinesischen Verträge von 1895 und 1897 als die eigentliche Gründung des indochinesischen Imperiums interpretiert. Die bis dahin so unruhige Kolonie habe sich von nun an erst ruhig und gut entwickelt. Die genannten Verträge haben gewiß ihre Bedeutung, aber es ist doch deutlich, daß letzte Grenzgeplänkel als die eigentliche Gründung der Besitzung dargestellt werden. Erstaunlich ist dabei, daß Hanotaux seinen Anteil gerade auf Kosten seines so verehrten Vorbilds Ferry übertreibt.

Bei Lachapelle fällt auf, daß Hanotaux' Verdienste um die russische Allianz überbetont werden; es erscheint beinahe, als sei er derjenige französische Politiker gewesen, der die Allianz begründet hat. Die Bekanntgabe des Bestehens eines Abkommens wird als dessen Abschluß dargestellt. Hanotaux selbst erwähnt später nie mehr, wie skeptisch er diesem Bündnis seinerseits gegenübergestanden hat. In der "Histoire de la Nation française schreibt er über sich: (334) "Hanotaux assure la tranquillité en Europe en déclarant l' a l l i a n c e russe qui, à la suite de longs entretiens avec le prince Lobanoff transforme et complète le pacte militaire..." Klingt dies nicht, als ob die eigentliche Allianz erst von Hanotaux und Lobanow geschlossen worden sei und das Militärabkommen lediglich eine Vorstufe dargestellt habe?

Allgemein werden die Fehler des Kabinetts Bourgeois und des Außenministers Berthelot überbetont. Es wird behauptet, Bourgeois und Berthelot hätten Frankreich in eine äußerst kritische Lage gebracht, aus der Hanotaux es nur mit größter Mühe wieder hätte befreien können: (335) "... tandisqu'une politique extérieure des plus aventureuses l'entraîne, les yeux fermés, dans un conflit avec l'Angleterre au sujet du Soudan et de l'Egypte. Berthelot, ministre des Affaires étrangères a donné sa démission .... (Bourgeois) il insiste auprès d'Hanotaux pour que celui-ci fasse partie de la future combinaison ministérielle afin de dégager la politique française des voies dangereuses où il s'était lui-même laissé entraîner." Nun war die Situation im Frühjahr 1896 tatsächlich nicht sehr gut. Frankreich war Rußland und England gegenüber durch die Ungeschicklichkeiten Berthelots in eine schiefe Lage geraten, besonders durch die Reaktion auf die Ankündigung der englischen Dongolaexpedition, die desto heftiger ausfiel, als de Courcel kurz zuvor noch auf erfolgreiche Verhandlungen mit England gehofft hatte. In Le Partage de l'Afrique präzisiert Hanotaux seine Vorwürfe: (336) "Ainsi, la mission Marchand fut décidée comme une des parties d'un plan général mûrement combiné, après qu'on eut repoussé une offre d'entente au sujet de la marche sur Dongola... " Eben in Bezug auf den Ursprung der Marchandmission und die Verantwortung für diese Initiative haben sowohl Hanotaux als auch Lebon eine recht zwiespältige Haltung eingenommen. Einerseits haben sie die Mission stets verteidigt, haben betont, daß Frankreich das Recht hatte, diese Unternehmung zu starten, daß es die richtige Politik gewesen sei - andererseits aber schieben beide die letzte Verantwortung Berthelot zu. Wie Hanotaux behauptet auch Lebon, der Entschluß zur Entsendung Marchands sei nach Ankündigung der Dongolaexpedition und als Reaktion auf diese gefaßt worden. (337) Tatsache ist, daß die Mission schon lange vorher beschlossen worden war, daß es überdies nach dem Sturz des Kabinetts Bourgeois noch sehr gut möglich gewesen wäre, Marchand zurückzurufen, wie dies einst bei Monteil geschehen war. Aber Hanotaux und Lebon versuchen offenbar der Kritik aus jeder möglichen Richtung zuvorzukommen, wobei sie sich ganz deutlich in Widersprüche verwickeln. Weit schwerer wiegt indes der Vorwurf Berthelot habe ein englisches Angebot zurückgewiesen. Nun hat de Courcel tatsächlich mit den Engländern über Ägypten gesprochen, wobei manche Anzeichen darauf hindeuten, daß er in steter Verbindung mit Hanotaux gestanden hat: diese Verhandlungen brachen naturgemäß in dem Augenblick zusammen, da England sich zur Dongolaexpedition entschloß. (338) Während de Courcel rückblickend zunächst meinte, England habe einen Augenblick gezögert, ob es die Expedition starten oder einen Ausgleich mit Frankreich suchen solle, (339) sagt er kurz darauf ziemlich deutlich: (340) "l'Angleterre nous a certainement joués." Jedoch selbst wenn ungewiß bleibt, ob Salisbury einen Moment eine Regelung mit Frankreich angestrebt hat oder ob er von Anbeginn den Gesprächen keine Bedeutung beigemessen hat und nur Zeit gewinnen wollte, so steht doch unzweifelhaft fest, daß es die englische Seite war, die den Dialog abbrach und daß nicht, wie von Hanotaux behauptet, Berthelot ein englisches Angebot abgewiesen hat. Es sei dahingestellt, ob Hanotaux diesen Vorwurf böswilligerweise oder im guten Glauben gemacht hat, auf alle Fälle kann gesagt werden, daß Berthelot das Verhältnis Frankreichs zu England nicht wesentlich kompromittiert hat. Ein Schreiben Montebellos aus Petersburg zeigt überdies, daß auch die Beziehungen zu Rußland nicht so sehr belastet worden waren, wie von Hanotaux'scher Seite gesagt wurde: "Je suis chargé tout d'abord de vous transmettre la félicitation du Comte Lobanov et sa grande satisfaction de vous voir reprendre la direction de nos affaires extérieures. Vous savez que, de sa part, cette expression n'est pas banale. Il s'est plu à constater que, sauf quelques malentendus, la politique extérieure du Cabinet précédent n'avait amené aucun changement dans la direction générale des affaires, mais il se sent plus à l'aise avec un collaborateur tel que vous qui lui inspire entière confiance." (341)

Hanotaux hat die Außenpolitik Delcassés scharf angegriffen und die Entente Cordiale verurteilt. Später hat er seine Haltung England gegenüber zumindest nach außen stark korrigiert. Diese nachträgliche Korrektur ging so weit, daß A. Poizat 1935 im Correspondant den Unterschied zwischen Hanotaux und Delcassé völlig verwischen konnte. Er behauptet, Hanotaux habe gesehen, daß 1898 eine von Gambetta über Ferry führende politische Linie zu Ende ging, daß eine neue Richtung mit Delcassé kommen mußte und daß er sich dieser neuen Richtung nicht entgegengestellt habe. (342)

Es zeigt sich somit durchgehend, daß man ein völlig falsches Bild von der Hanotaux' schen Außenpolitik gewinnen würde, richtete man sich allein nach seinen und seiner Freunde Aussagen aus späteren Jahren. Die Vorsicht und Kritik bei der Lektüre dieser Arbeiten kann kaum übertrieben werden. Auf diese nachträgliche Darstellung der Hanotaux' schen Politik, die so ganz offenbar allerwichtigste Sachverhalte umkehrt, mußte näher eingegangen werden, weil sie doch einen recht beachtlichen Platz in der Literatur einnimmt und offensichtlich das Urteil mancher Historiker zu bestimmen vermocht hat. Darüber hinaus schien es interessant, auch auf diesen Aspekt der "double vocation" Hanotaux' für Geschichtsschreibung und große Politik hinzuweisen.

8) Interpretation der Tagebucheintragung von 1892 (342a)

Bei dem hier angesprochenen Text handelt es sich um die bei weitem umfangreichste Eintragung aus Hanotaux' Journal, welches in unregelmäßigen Abständen aufgezeichnete Notizen und Gedanken aus den Jahren 1887 bis 1893 enthält. In dieser siebeneinhalb Seiten langen Aufzeichnung klingen fast alle wesentlichen Ideen des Außenpolitikers Hanotaux an.

In der Nacht des 22. 6. 1892 geschrieben, entstand sie zu einer Zeit, da Hanotaux als "Sousdirecteur à la direction politique chargé de la sousdirection des pays placés sous le protectorat de la France" hoffte, als éminence grise einen bedeutenden Einfluß auf die Gestaltung der französischen Außenpolitik zu gewinnen. Ministerpräsident und Außenminister in Personalunion war in jenen Tagen Ribot, von dem Hanotaux an anderen Stellen im gleichen Journal behauptet, er hätte seinen Ratschlägen stets aufmerksames Gehör geschenkt. (343) Ribot versteckt sich demnach mit an Gewißheit grenzender Wahrscheinlichkeit hinter der auf der letzten Seite der Eintragung angeführten Abkürzung "R". Wir sehen uns einem Plan gegenüber, für den Hanotaux den verantwortlichen Leiter der französischen Außenpolitik zu gewinnen gedachte.

Erster und beherrschender Eindruck bei der Lektüre dieses Textes ist die Tatsache der antienglischen Grundeinstellung Hanotaux'. Gegen diese Macht ist der Plan gerichtet, gegen sie sollen die übrigen europäischen Mächte zusammengefaßt, ihr Besitz soll geteilt werden. Wenn dem so ist, ergibt sich folgerichtig, daß Hanotaux neben dem verbündeten Rußland, auf das er ohne weiteres zählen zu können glaubt, die Unterstützung Deutschlands sucht. Das Reich erweist sich keineswegs als der "Erbfeind", als vornehmster Gegner, sondern vielmehr als möglicher Helfer gegen die planetarische Großmacht England. Das Problem Elsaß-Lothringen wird in diesem Zusammenhang zwar nicht zur "quantité négligeable",

Hanotaux spricht von einer "question grave", stellt aber beileibe kein unüberwindliches Hindernis für eine deutsch-französische Zusammenarbeit dar. Hanotaux schlägt im Rahmen seines europäischen Arrangements eine recht großzügige Lösung vor, mit Neutralisierung der beiden Provinzen, zeigt sich aber auch bereit, eventuell das Gebiet im Austausch gegen wertvolle Kolonialgebiete den Deutschen endgültig und definitiv zu überlassen. Es ist deutlich, daß für den Anhänger der Kolonialexpansion, als den wir Hanotaux kennen, die Rückgewinnung Elsaß-Lothringens weniger Bedeutung hat, als der Erwerb eines großen Kolonialreichs. Die Franzosen Elsaß-Lothringens werden der Größe Frankreichs, dargestellt im empire colonial, ohne Bedenken zum Opfer gebracht.

Hauptzielpunkt der Hanotaux' schen Bestrebungen ist die Beherrschung des Mittelmeerbeckens, wobei Ägypten die entscheidende Schlüsselstellung zukommt. Das einst römische Mittelmeer soll ein französisches werden, wofür Voraussetzung ist, daß Italien, a priori auf Englands Seite verwiesen, jegliche Bedeutung entzogen wird. Frankreich erhält, wie immer bei Hanotaux, das Monopol die Latinität zu vertreten, zugewiesen. Der Ausgangspunkt für Hanotaux' Plan liegt deutlich auf kolonialpolitischem Gebiet, er ist gegen die führende Kolonialmacht gerichtet. Englands Kolonien sollen verteilt werden - hieran entflammt sich Hanotaux' Phantasie. Das weitere Schicksal Englands wird gar nicht berührt, von einer Absorbtion der britischen Inseln durch einen der drei Verbündeten ist beispielsweise nicht die Rede.

In das imperialistische Kolonialdenken mischen sich aber von Anbeginn an die traditionellen Gleichgewichtsüberlegungen und die Idee der Neuordnung Europas tritt im Verlauf der Überlegungen mehr und mehr in den Vordergrund. Der Historiker Hanotaux, in den überkommenen Fragen der europäischen Politik befangen, verdrängt den kolonialpolitisch denkenden Außenpolitiker. England erscheint als die zur Zeit übermächtige Macht, der gegenüber das Gleichgewicht wieder hergestellt werden soll. Hanotaux plant so im Grunde nur eine im Laufe der europäischen Geschichte wiederholt aufgetretene Umschichtung der Schwergewichte innerhalb Europas. Er denkt noch nicht weltpolitisch - Amerika und Japan spielen nicht die geringste Rolle. (344)

Ein ganz nüchternes Schachspieldenken herrscht vor. Haß gegen das angegriffene England zeigt sich nicht, die instinktive Abneigung gegen Deutschland wird verdrängt. Hanotaux spielt in weiterer Ausführung seines Planes mit den Ländern, als lebte er im Siebzehnten oder Achtzehnten Jahrhundert. Europa und die Welt werden neu geordnet, wie dies im Westfälischen Frieden oder im Frieden von Utrecht geschehen war. Länder werden zerstört oder neu gegründet, Grenzen verschoben und arrangiert, ohne auch nur einen Gedanken an die Meinung der betroffenen Völker zu verschwenden. Elsässer und Lothringer, also Franzosen, werden verschachert wie Türken und Afrikaner. Hanotaux zählt nur auf die Souveräne und führenden Männer. Er baut auf die Unterstützung Wilhelm II - dessen leicht entflammbare Begeisterung für große Pläne dabei wohl gar nicht falsch einschätzend und will den Tod Bismarcks abwarten, den er stets als geschworenen Gegner Frankreichs eingeschätzt hat. Welche Macht er aber den gekrönten Staatsoberhäuptern beimißt zeigt sich daran, daß er auch vor dem Ableben der englischen Königin nichts unternehmen will; hier völlig irrational - kein englischer Herrscher hätte doch jemals für den Plan gewonnen werden können -; aber selbst eine politisch unbedeutende Königin steht ihm noch über den Parlamenten. Wenn er andererseits die französischen Wahlen abwarten will, dann nur in der Hoffnung, aus ihnen würde eine starke Regierung hervorgehen, die dann die von ihr bestimmte Politik, ohne Behinderung durch eine mächtige parlamentarische Opposition, nach Gutdünken führen könnte. Das Schicksal der Welt wird von den Regierenden allein bestimmt, die öffentliche Meinung kann man völlig übergehen.

Alles, was wir hier gesehen haben, steht keineswegs im Widerspruch zu dem, was wir im Verlauf unserer ganzen Untersuchung über Hanotaux ermittelt haben. Überraschend wirkt nur die Nacktheit und Direktheit, mit der Hanotaux in seinem Journal gewisse Dinge ausspricht, die in seinen Büchern und Briefen, wo die Reaktion der Leser berücksichtigt werden muß, nuancierter und verschleierter dargestellt werden. Die Unterschiede liegen weit mehr in der Form als im Inhalt.

In krassen Kontrast zu diesem die gesamte politische Struktur Europas umwälzenden Plan steht der bestürzende Dilettantismus der Mittel und Vorbereitungen, die Hanotaux zur Realisierung seines Plans vorschlägt. Seine Phantasie läßt hier, wo er an die Realitäten stößt, deutlich nach. Er deutet an, der Plan müsse in drei Stufen durchgeführt werden, skizziert aber nur die Phase der Vorbereitungen. Dabei klingt es geradezu lächerlich, wenn er neben ganz vagen Andeutungen über die "combinaisons commerciales" und die "vorsichtige Führung des problème colonial", präzise verlangt, man solle im Norden Frankreichs Garnisonen und Vorräte an Holz, Eisen, Kohle und Lastkähnen anlegen.

Dennoch sehen wir, daß sich Hanotaux im Rahmen seiner vagen Ausführungen immer wieder an einzelnen konkreten Punkten festhält, so etwa wenn er verlangt, das irische Problem in England in die Berechnungen einzubeziehen. Wir stoßen dabei an eine Frage, die ihn schon in der Vergangenheit beschäftigt hat und auch später nicht losgelassen hat. Ende 1887 berichtete er im gleichen Journal über ein Gespräch mit dem amerikanischen republikanischen Präsidentschaftskandidaten Blaine, in dem speziell auch die irische Frage angeschnitten worden war, und Hanotaux notierte besonders sorgfältig die Bemerkungen Blaines, der darauf verwies, wie vorteilhaft es für einen europäischen Gegner Englands im Falle eines Krieges wäre, die irische Aufstandsbewegung zu schüren und zu benützen. (345) In den letzten Monaten von Hanotaux' Außenministerzeit zeigen uns Briefe des französischen Militärattachés in London, dem lieutenant-colonel Du Pontavice de Heussey, daß die Franzosen tatsächlich im steten Kontakt mit der irischen Partei gestanden haben. (346) Doch sind diese Kontakte auch unter Hanotaux zweifellos zaghaft geblieben, denn der

Führer der Aufstandbewegung verlangte gerade eine massive Unterstützung anstelle der bisherigen "politique des petits paquets. " Dieser konkrete Fall zeigt die bei einem verantwortlichen Beamten des Außenministeriums und späteren Minister gefährliche Tendenz, bei einzelnen konkreten Tatsachen anzusetzen und darauf aufbauend, die Realitäten mißachtend, chimärische Gedankengebäude zu konstruieren.

So ja auch der ganze Plan:

In einer schlaflosen Nacht kommt Hanotaux ein Gedankenblitz. Er beißt sich daran fest, läßt sich von seiner Phantasie fortreißen, spinnt den Gedanken aus, kommt vom Hundertsten ins Tausendste, gestaltet ganz Europa um und merkt schließlich selbst nicht mehr, nicht einmal als er die praktischen Möglichkeiten der Realisation seines Planes analysiert, wie wenig realistisch dies alles ist. Hanotaux kam am nächsten Morgen, aus den Träumereien einer schlaflosen Nacht aufgeschreckt und in seinem Büro mit den Realitäten konfrontiert, gewiß rasch wieder auf den Boden der Tatsachen zurück. Der routinemäßige Geschäftsbetrieb mußte die großen Gedankenkonstruktionen zurückdrängen und wir entdecken auch keinerlei Hinweise, wie und ob Hanotaux überhaupt jemals versucht hat, die Realisation seines Plans in Angriff zu nehmen. Was blieb und was auch vorher vorhanden gewesen sein muß, ist die Grundeinstellung, die Stimmungslage, die wir im vorausgehenden analysiert haben, und die sich in dem vorliegenden Plan niedergeschlagen und konkretisiert hatten.

Wir meinen, dieser Plan sollte nicht überschätzt, nicht wortwörtlich genommen werden. Dennoch geht es nicht an, daß diese Tagebucheintragung einfach übergangen und links liegengelassen wird - keiner der Historiker, die sich mit Hanotaux befassen, erwähnt sie auch nur mit einem Wort; sie darf zwar nicht als Grundlage einer Interpretation der Politik Hanotaux' genommen werden, kann aber als Bestätigung dienen, wenn gezeigt wird, daß ihre Grundtendenzen weitgehend mit dem übereinstimmen, was als wesentliche Züge der Hanotaux'schen Politik aus anderen Quellen erarbeitet worden ist.

V. SCHLUSSBETRACHTUNG

In Gabriel Hanotaux haben wir einen Mann kennengelernt, dessen ganze Karriere im Zeichen der Kolonialexpansion stand; seine zahlreichen Schriften zu diesem Thema erscheinen während eines Zeitraums, der ein halbes Jahrhundert umspannt, seine Tätigkeit am Quai d'Orsay fällt in die entscheidenden Jahre der großen imperialistischen Aufteilungen. Er steht mitten im breiten Strom des Imperialismus. Dies unterscheidet ihn wesentlich von den beiden anderen Repräsentanten dieser Richtung, Ferry und Delcassé, die in Frankreich das Außenministeramt bekleidet haben. Der eine war Pionier, Wegbereiter der Kolonialexpansion, entwickelte sich erst im Laufe seiner Amtszeit zum Kolonialisten, der andere, als Exponent der Kolonialkreise zum Minister berufen, sollte als solcher die Abkehr von der forcierten Expansionspolitik einleiten. Hanotaux dagegen wurde Minister zu einer Zeit, da diese Politik nicht nennenswert in Frage gestellt wurde, als der Imperialismus von den maßgeblichen Kreisen voll und ganz akzeptiert war. Er war daher nicht gezwungen, sich mit der dem Phänomen innewohnenden Problematik grundlegend auseinanderzusetzen. Sein Verhältnis zum Imperialismus ist ungebrochen unproblematisch. Selbst im Alter, als um ihn her die Zweifel stärker hervortraten, änderte er seine Haltung nicht. Er bleibt der Tendenz treu, die die Jahre seines intensivsten Wirkens beherrscht hatte. Hanotaux ist in selbstverständlicher Weise Imperialist - der Gedanke, die Berechtigung des Imperialismus anzuzweifeln, kommt ihm nicht. Als Historiker urteilt er bisweilen nach moralischen Kategorien; die Idee, solche Kategorien könnten die Kolonialexpansion verurteilen, fände er absurd. Kolonialismus ist ihm vielmehr moralische Pflicht. Er ist weder Pionier, der eine neue Entwicklung heraufführt, noch Mahner, der das Ende einer Epoche voraussieht. Er ist Ausdruck seiner Zeit, Repräsentant des imperialistischen Zeitalters, welches sich nicht in Frage stellt.

Dennoch entspricht Hanotaux nicht der Klischeevorstellung vom Imperialisten. Er wendet sich gegen die starke Betonung des ökonomischen Aspektes der Kolonialexpansion und hebt sich so von den bedeutendsten französischen Imperialisten ab. Doch handelt es sich weder um Hypokrisie noch um unbewußtes Verschließen der Augen vor den wirtschaftlichen Realitäten. Hanotaux kennt die Bedeutung der Wirtschaft, er verurteilt sie und ist bewußt bestrebt, sie einzuschränken. Daneben fehlt es ihm am Bewußtsein für das Phänomen der Macht. Er wendet sich gegen die Vorstellung, Macht schaffe Recht. Ihr rücksichtsloser Einsatz im wirtschaftlichen und politischen Kampf liegt ihm fern. Die Komponente Macht tritt offener und ausgeprägter im englischen und deutschen Imperialismus hervor; daher kann Hanotaux betonen, Frankreich sei im Gegensatz zu diesen Mächten nicht imperialistisch. Bestärkt wird er in dieser Meinung durch die Überzeugung, Frankreich habe eine Mission, suche nicht wie die anderen bloßen Profit. Ausgesprochenes wirtschaftliches Denken und Machtbewußtsein, bedeutende Momente, die im allgemeinen als typisch für den Imperialismus gesetzt werden, fehlen bei Hanotaux fast vollständig.

Die Frage, ob Hanotaux opportunistische Außenpolitik getrieben hat, können wir bejahen. Als Methode ist diese Erscheinung aber nicht auf eine bestimmte Epoche beschränkt und Hanotaux selbst meint, der Begriff "opportunistische Politik" stehe synonym für "richtige Politik". Während sich in der französischen Innenpolitik jener Jahre Opportunismus und Radikalismus als sich ausschließende Ideologien gegenüberstellen lassen, erscheint die Übertragung dieser Opposition auf die Außenpolitik problematisch. Innenpolitik spielt sich letztlich im relativ geschlossenen Raum ab; Außenpolitik dagegen auf offenem Felde, die äußeren Einwirkungen sind größer. Außenpolitik muß mit anderen Systemen koexistieren und kann sich nicht so ideologisch geben, wie es sich die Innenpolitik leisten kann. Außenpolitik muß in ihren Methoden wohl bis zu einem gewissen Grade stets "opportunistisch" sein. Die Frage, ob Opportunisten und Radikalsozialisten sich auch auf dem Gebiete der Außenpolitik in relativ geschlossenen Fronten gegenüberstehen, muß anders gestellt werden. Sie darf nicht die Methode, sondern muß die Ziele ins Auge fassen. Der Opportunist Hanotaux stellt die Kolonialexpansion über das Problem Elsaß-Lothringen. Die Frage, ob dies typisch für den Opportunismus ist, und ob sich hier eine allgemeine Opposition zwischen Opportunisten und Radikalen feststellen läßt, kann nur durch weitere Untersuchungen beantwortet werden.

Hanotaux verweist immer wieder auf die Geschichte und ihre Lehren. Wir haben die Gefahren dieser Haltung gesehen. Hanotaux ist zu sehr der Vergangenheit zugewandt, ihm fehlt das Gespür für die Zukunft und oft übersieht er neue Entwicklungstendenzen. Er knüpft die Kolonialexpansion des Neunzehnten Jahrhunderts direkt an die des Siebzehnten an, erkennt aber nicht das essentiell Neue des Imperialismus. Er sieht nicht - oder nicht genügend deutlich - die Bedeutung der Industrie, der Massen, der jungen Völker. Weniges in seinem Denken und Handeln weist auf die Zukunft - zu sehr bleibt er seiner Zeit und vergangenen Zeiten verhaftet. Er bestimmt nicht den Gang der Geschichte; er wird von ihr eine Strecke weit mitgetragen, um sich dann von ihr überholen zu lassen. Daher rührt wohl auch seine relative Vergessenheit, die zunächst überraschen mag. Hanotaux ist eine wichtige Gestalt der Dritten Republik - aber er ist kein Großer der Geschichte.

VI. ANHANG

1) Dokumentenanhang

Im folgenden sollen einige sehr wichtige oder nur sehr schwer zugängliche Dokumente wiedergegeben werden. Es handelt sich dabei um:

I: den umfangreichen, bisher unveröffentlichten Tagebucheintrag Hanotaux' aus dem Jahre 1892.
(Aff. Etr. - Pap. Han. I, f. 47 - 50, Journal 22. 6. 1892)

II: das Schreiben Hanotaux' an Cogordan, welches zwar in den DDF leicht erreichbar ist, für unsere Arbeit aber große Bedeutung hat und Hanotaux' Ägypten-Sudan-Politik sehr gut resümiert.
(DDF I, 14 - 236, Hanotaux an Cogordan, 21. 6. 1898; cf. das Original:
Aff. Etr. - Pap. Han. XI, f. 177 - 178, 21. 6. 1898; Reinschrift von der Hand Hanotaux', das Konzept folgt auf den Blättern 179 - 180)

III. Fragmente des Briefwechsels zwischen Montebello, General de Boisdeffre und Moulin, der für Hanotaux' Verhältnis zu dem russischen Verbündeten wichtig ist. Diese Dokumente aus dem Privatarchiv der Familie de Boisdeffre sind der Öffentlichkeit nicht zugänglich; ein Wiederabdruck ist nur unter Vorbehalt möglich.

a) Montebello - Boisdeffre   1. 6. 1895
b) Boisdeffre - Montebello   4. 6. 1895
c) Montebello - Boisdeffre   10. 6. 1895
d) Montebello - Boisdeffre   14. 6. 1895
e) Moulin - Boisdeffre   29.12. 1895
f) Moulin - Pauffin de St. Morel   19.10. 1896

I.   Aff. Etr. - Pap. Han. I, f. 47 - 50; Journal 22 Juin 1892

"Ne dormant pas cette nuit, j'ai pensé qu'on pourrait songer à une politique qui aurait pour objectif l'apaisement des difficultés européennes par le partage des dépouilles de l'Angleterre. La Russie ne serait pas loin d'y entendre. Le tout serait d'y amener l'Allemagne. Avec un souverain comme l'Empereur Guillaume un pareil projet ne serait pas irréalisable. Il aurait de quoi satisfaire certaines aspirations de l'Allemagne, en même temps qu'il séduirait les imaginations. Mais je crois qu'il faudrait attendre, pour essayer de le mettre sur pied, deux événements qui ne peuvent tarder beaucoup la mort du prince de Bismarck et la mort de la reine Victoria.

En gros, il s'agirait de ceci. Les trois puissances continentales s'entendraient pour passer leurs querelles sur le dos de l'Angleterre qui, à l'heure qu'il est, malgré sa faiblesse militaire, est la reine de l'Europe par leurs dispersions. La Russie aurait pour objectif l'Asie et les Indes;

l' Allemagne aurait pour objectif la conquête d'un empire colonial en Afrique et en Océanie (le Cap, les lacs, les antilles anglaises etc.); la France aurait pour objectif le bassin méditerranéen et en particulier l'Egypte. Les trois puissances auraient un grand intérêt à diminuer le péril de la concurrence anglaise en matière industrielle et commerciale. On pourrait entrevoir une sorte d'équilibre européen par une classification des puissances continentales en trois masses: les Pays Slaves avec l'Asie, les pays Germaniques avec débouchés sur la mer du Nord, les pays latins avec l'Empire des deux rives de la méditerranée. Dans la lutte l'Italie serait probablement l'alliée de l'Angleterre et elle serait ramenée, en cas de succès, au rang de puissance subalternisée.

Je vois bien les points sur lesquels il faudrait s'attendre à de graves difficultés dans cet arrangement. Procédons par ordre; il y a tout d'abord la très grave question des petits Etats. Conviendrait-il de les maintenir ou vaudrait-il mieux les supprimer. Belgique, Hollande, Luxembourg, Suisse, et même Autriche, Italie, Espagne; la solution n'est pas des plus faciles et elle ne pourrait se régler qu'au fur et à mesure de la tractation de la grande affaire. A première vu, il semble que le maintien de ces Etats-tampons n'aurait pas d'inconvénient; Mais à condition que leur développement notamment au point de vue militaire et politique fut subordonné au système des trois grandes puissances dominantes; autre question grave: celle de l'Alsace-Lorraine. Elle pourrait être résolue à peu près dans les mêmes termes que la question plus générale des Petits Etats. Le "pays d'Empire" se trouverait dans des conditions de neutralité et de subordination analogue à celles où se trouveraient les autres puissances dont j'ai parlé plus haut. Si cette combinaison ne prévalait, il est à croire que l'on trouverait dans la riche dépouille de l'Angleterre, des compensations suffisantes pour celle des deux puissances qui renoncerait à la domination directe sur l'Alsace-Lorraine. Autre question non moins importante: la question d'Orient, la fin de la Turquie. Il est évident qu'elle disparaîtrait dans le cataclysme. D'où de nombreuses difficultés: à qui Constantinople? A qui Salonique? que faire de la Grèce? où s'arrêterait du côte de l'Asie Mineure l'extension de la Russie? Tous ces problèmes se rattacheraient à un autre plus considérable encore: que deviendraient l'Autriche et les pays des Balkans. Il est difficile d'admettre l'extension de l'Allemagne jusqu'à Trieste et Salonique; Il faudrait donc songer à quelque confédération Danubienne qui ferait sur le bas-Danube une série de tampons analogue à ceux que la Suisse, l'Alsace, le Luxembourg, la Belgique et la Hollande constituent sur le Rhin. Il me paraît difficile de ne pas laisser la Russie s'installer à Constantinople et dans ce cas on lui abandonnerait la Syrie jusqu'au Canal de Suez. Mais cela pose le problème méditerranéen. Ce serait la menace d'un grand conflit pour l'avenir. Le véritable objectif de porter le plus possible la Russie vers l'Asie, les Indes et la Chine, la France se réservant autant que possible le bassin méditerranéen et la domination sur les pays musulmans. (voir le livre de Vandal.)

Les moyens d'exécution n'ont rien de chimérique. Il y aurait deux phases, une phase diplomatique et une phase militaire. La phase diplomatique se diviserait elle-même en période de préparation et période d'action.

Dans la période de préparation méthode à suivre: 1° prendre soin que toutes combinaisons commerciales soient défavorable à l'Angleterre et puissent provoquer chez elle des difficultés financières. Eviter soigneusement les générosités intempestives ou les combinaisons égoistes des financiers internationaux; 2° conduire très prudemment le problème colonial, en nous réservant le plus de droits possibles, sans rien conclure, surtout dans les pays musulmans; 3° entretenir en douceur la question d'Egypte, ainsi que celles qui tiennent l'opinion publique en haleine, sans pourtant l'exiter outre-mesure; 4° veiller avec le plus grand soin à l'appropriation de nos ports de la Manche, à notre flotte de cette mer; accumuler insensiblement sur ses rivages des moyens d'action; examiner avec les hommes compétents les conditions d'un débarquement rapide en Angleterre et pour cela, avoir toujours dans la région du Nord une grande masse d'approvisionnements en bois, charbons, fers, chalands, garnisons renforcées etc., 5° dans la mesure du possible, favoriser très prudemment le mouvement irlandais. Avoir sur les lieux des agents très intelligents, très adroits, chercher à se créer des relations dans la presse et parmi les chefs du parti, notamment en Amérique; 6° saisir toutes les occasions de fomenter en Allemagne les ambitions coloniales et se montrer très coulant avec eux dans cet ordre d'idées. Je pourrais commencer à laisser entrevoir à R. quelques choses de mes idées à ce sujet aussitôt après les élections anglaises.

La période d'actions ou de négociations ne pourrait commencer utilement selon moi, qu'après les élections françaises de 1893 et en supposant que le Gouvernement y ait une forte majorité. "

II. Aff. Etr. - Pap. Han. XI, f. 177 - 178 (= DDF I, 14 - 236)

"Le Caire   Paris, 21 juin 1898

Au moment où vous vous préparez à prendre votre congé annuel, je crois devoir vous donner quelques indications destinées à votre usage exclusivement personnel, mais qui vous permettront avant de quitter l'Egypte de répandre autour de vous un sentiment de confiance plus nécessaire que jamais devant les perspectives qui paraissent devoir bientôt s'ouvrir. La marche des affaires générales africaines et notamment de celles qui sont en corrélation avec l'affaire d'Egypte s'est développée selon les indications que j'ai eues à diverses reprises l'occasion de vous fournir. La convention du Niger vient d'être signée et la conclusion de cet arrangement clôt la série des difficultés internationales (Siam, Madagascar, Tunis, Chine et Niger) où l'Angleterre pouvait chercher à opposer une politique de griefs ou de compensations à nos propres revendications dans la question Egyptienne. Cette question doit désormais trouver sa solution en elle-même.

Une des clauses de la convention qui vient d'être signée reconnaît à la France les rives septentrionale et orientale du lac Tchad, et ainsi, nous met en possession de territoires qui confinent avec ceux qui sont placés sous l'autorité de droit du Sultan et du Khédive.

Par la conclusion de la paix gréco-turque et par l'évacuation de la Thessalie, le Sultan se trouve dégagé des entraves qui ont arrêté son action dans les affaires d'Egypte. En ce moment même, M. Lagarde quitte Djibouti, à la tête d'une mission abyssinienne se rendant à Paris et qui, d'après les indications fournies par notre Ministre en Abyssinie, sera en mesure d'aborder avec nous la suite des négociations ouvertes pour la possession des deux rives du Nil. Enfin, nous avons des raisons très sérieuses d'espérer que la mission Marchand, sans cesse soutenue par les secours que lui fournit M. Liotard est, en ce moment, à proximité des territoires du Haut Nil vers lesquels se sont avancés d'autre part, certains émissaires de Ménélik.

Dans la situation politique internationale, il convient de signaler l'état de tension que les affaires de Chine et que le discours de M. Chamberlain ont développé entre la Russie (et l'Angleterre) et les complications qui peuvent naître au sujet des affaires de l'Afrique du Sud et des possessions portugaises.

De cet ensemble de faits, il résulte que l'Angleterre autrefois isolée en Egypte, paraît devoir se heurter à des difficultés nouvelles et, qu'en tous cas, elle va au-devant du contact de ses rivaux au fur et à mesure qu'elle s'avance vers l'Abyssinie et vers Fachoda.

La prise de Khartoum, si elle se produit vers la fin de l'été, ou dans le courant de l'automne, pourra donner lieu à des négociations en vue desquelles la France a pris, par une action persévérante et jusqu'ici satisfaisante, la position que je viens de rappeler, A ces négociations, toutes les puissances qui ont des intérêts en Egypte auront également à prendre part. Si ceux qui ont gardé jusqu'ici confiance dans l'avenir de l'Egypte se laissaient aller au découragement, leur défaillance pourrait avoir, à une heure décisive, les conséquences les plus graves. C'est pourquoi j'ai eu devoir vous faire part, pour votre usage personnel, les indications qui précèdent en vous priant seulement de recueillir avec soin, au moment de votre départ, les diverses données qui pourront concourir utilement à la discussion probablement prochaine et pacifique, des grands intérêts internationaux que l'Europe en général et la France en particulier, n'ont cessé de défendre en Egypte.

(signé) G. Hanotaux"

(Es handelt sich hier um den Text aus den "Papiers Hanotaux". Die in den DDF abgedruckte Fassung weist demgegenüber etliche stilistische Änderungen auf, die den Sinn des Schreibens jedoch keineswegs berühren. Da dieser Text leicht zugänglich ist, schien es uns interessant, hier die ursprüngliche Version wiederzugeben.)

III. Privatarchiv de Boisdeffre

a)   Montebello an Boisdeffre   1. 6. 1895

"Mon cher Général,

J'ai reçu de mon ministre une lettre qui me cause une peine très vive et de grandes appréhensions pour l'avenir. Je conserverai cette lettre dont le ministre des Affaires étrangères pourra un jour regretter les termes et les tendances. Selon lui, nous n'aurions fait que reculer depuis quatre ans, la Russie se moquerait de nous et se livrerait derrière notre dos à des flirts continuels avec l'Allemagne et les autres puissances tout en nous demandant de grands sacrifices dont elle est seule à profiter et sans rien faire pour nous! Quels mendiants nous sommes!! dès que nous avons faits quelque chose de bien, nous tendons la main pour recevoir notre pourboire. Il nous faut des manifestations apparentes, un cordon, une visite d'un Prince, quelques satisfactions de semblable volume! et nous ne voyons pas plus loin. Et cependant que faisons-nous de notre côté, nous crions dans les rues, nous déployons beaucoup de drapeaux russes, les consulats vendent des cocardes et dis-je, nous sommes logiques avec notre politique qui est la seule que nous ayons eue depuis des années, nous en sommes effrayés nous-mêmes et tellement étonnés qu'il nous faut de suite un baktchich! Je me retrouve aujourd'hui dans une position pire que celle que vous avez connue, ayant à lutter tous les jours contre les fautes immenses que nous sommes prêts à commettre. Il s'en est fallu de quelques heures que nous n'arrivions trop tard pour l'affaire japonaise et encore j'ai été forcé de donner un grand coup de pouce à la pendule. Je les ai laissés quelques heures dans l'inquiétude à Paris et ils le méritaient bien. On ne veut pas voir que notre union avec la Russie est une force immense dont nous devons profiter, il semblerait que nous voulions revenir à l'état d'isolement contre lequel nous nous débattions il y a quatre ans. L'Allemagne qui pouvait alors faire ce qu'elle aurait voulu, en est réduite aujourd'hui à nous faire des avances, espérant peut-être nous tendre des pièges dans lesquels notre chauvinisme nous ferait tomber. Elle cherche à nous séparer de la Russie sans y réussir, elle ne veut pas nous laisser un instant seuls avec la Russie. Mais, si nous ne pouvons pas éviter ses manoeuvres, la Russie fait ce qu'elle peut pour en revenir à l'entente à deux. Nous n'avons pas pu éviter l'initiative de l'Allemagne dans les affaires japonaises, elle n'aurait jamais souffert que nous ayons à nous deux le succès diplomatique que nous avons remporté et elle s'est fourrée entre nous mais on cherche aujourd'hui à la secouer. La Russie fait ce qu'elle peut pour cela et s'est nous qui mettons des bâtons dans les roues. En même temps, nous accusons la Russie de n'être pas loyale. On dirait vraiment que nous voulons détruire tout ce qui a été depuis quatre ans. S'il en est ainsi, j'ai écrit carrément au Ministre qu'il pouvait charger un autre que moi de faire cette vilaine besogne, mais que tant qu'on me laisserait ici, je continuerais à suivre une politique qui me paraît la seule vraie et qui en tout cas,

est la seule que nous ayons eue depuis des années. Je suis exaspéré de
notre fausseté d'allure et de notre lâcheté et j'enverrais tout promener
si je n'étais pas trop bon patriote pour tout sacrifier à ce que je crois
être l'intérêt de notre pays. N'est-ce pas assez vraiment que d'avoir
rendu toute guerre impossible? A ceux qui interpellent notre Gouvernement sur notre politique extérieure, il n'y aurait que ces quelques mots
à dire au lieu de bourdonner sans rien dire comme des hannetons dans le
l'étoupe et comme l'a fait hier mon ministre au Sénat. Nous ne pouvons
pas dire que nous avons signé une convention militaire avec la Russie,
mais nous pouvons bien dire que l'acte quelconque, réel ou moral, qui
nous lie à elle, est assez fort pour tenir le monde entier en respect et
pour nous avoir rendu la place que nous avions perdue. Pourquoi ne dit-on pas cela à ceux qui ne voient pas clair. Ils seraient les premiers à
avoir la colique si on leur faisait entrevoir la guerre. Au fond, voyez-vous, Hanotaux, comme beaucoup d'autres, détestent la Russie et se méfient par principe. Pouvons-nous cependant empêcher l'Angleterre de nous
lâcher et d'être une alliée impossible par son égoisme et son peu de foi.
Gardons précieusement ce que nous avons au lieu de faire chaque jour tout
ce qu'il faut pour dégoûter de nous. Si vous avez l'occasion de dire votre
mot, mon cher Général, faites-le car il y a urgence et danger. Ne demandons pas tant de manifestations extérieures et regardons le fond des choses. Je voudrais bien pouvoir causer une heure avec vous de tout cela et
nous nous comprendrions.

A vous de tout coeur"

b) "Brouillon mercredi 4 juin 10^h du soir
    Gal de Boisdeffre au comte de Montebello

Mon cher Comte

Au moment de monter en chemin de fer pour aller rejoindre le Pt. à St.
Maixent dans le doute de la date du départ du courrier, je vous réponds
de suite me réservant de me compléter au retour si je le puis - Je comprends combien après tous les services que vous avez rendus au pays,
après ce que vous avez fait pour conclure une alliance qui seule lui permet de vivre, vous ayez été péniblement surpris par la lettre de M.
Hanotaux, mais avec vous avec qui je parle en toute franchise, permettez-moi de vous dire que je crains, tout en n'en connaissant pas le contenu
qu'elle ne vous ait trop affecté.

Je crois, je puis dire, je suis sûr, que le Gouvernement a la conviction
absolue que l'Alliance russe est pour nous une question de vie ou de mort,
et je crois l'avoir prouvé dans la séance du Conseil Supérieur qu'à
présidé M. Faure et je sais qu'il en est bien convaincu et qu'à aucun prix
personne ne veut ici lâcher l'alliance russe et perdre le bénéfice de vos
efforts et de vos travaux. Mais vous avez à faire à un gouvernement qui
se préoccupe au point que vous savez de l'opinion publique et de celle
de quelques journaux. Or, il est certain qu'au moment de la question sino-

Japonaise, la dite opinion manifestait certaines inquiétudes et j'ai dû insister sur cette question de vie ou de mort pour nous, pour aider à amener la résolution finale et soyez bien assuré que tout le monde vous a rendu justice et vous a été reconnaissant de ce que vous avez fait.

A côté de ces considérations qui sont au 1er plan et dominent toutes les autres, il n'en est pas moins vrai qu'actuellement par suite du mode de notre Gouvernement, il a du mal à se contenter d'avoir l'amitié sûre, il croit encore avoir besoin de marques apparentes de cette amitié - mais de là à sacrifier l'une pour avoir les autres, il y a un abîme et ces désirs qu'on vous manifeste, n'ont pour moi aucun caractère impératif immédiat et que ce que vous avez répondu au ministère est la véritable politique..."

c) Montebello an Boisdeffre   St. Petersburg, 10. 6. 1895

"Mon cher Général

Merci de votre bonne lettre. J'étais un peu nerveux quand je vous ai écrit, mais cette lettre de Hanotaux est impossible à avaler. Quelques soient les préoccupations, quelque soit l'ambiance, comme dit Nisard, un ministre qui peut se laisser aller à écrire de pareilles insanités à un de ses ambassadeurs, est capable de toutes les folies et c'est horriblement dangereux...."

d) Montebello an Boisdeffre   14. 6. 1895

"J'ai reçu la lettre que Vauvineux s'est chargé de me faire parvenir et je vous en remercie. Le discours de notre ministre est très bien, il a été ferme et net, et pour ceux qui ne connaissent pas le dessous des cartes, la politique de notre Gouvernement paraîtra guidée par une pensée suivie. J'aurais cependant à ce sujet à vous raconter des choses bien curieuses ....

.... On nous montre tous les jours ici qu'on est bien décidé à marcher d'accord avec nous sur toutes les questions. Ne les agitons pas toutes à la fois, ne soyons ni impatients, ni méfiants, et tout viendra à point. Voilà ce que je voudrais voir dans l'esprit de nos gouvernements au lieu de ces méfiances continuelles qui, si je les traduisais, feraient le plus déplorable effet. On croirait qu'il devrait suffire de se reporter aux précédents pour être tranquilles, je l'ai dit cent fois, je l'ai écrit plus souvent encore et c'est comme si je chantais? Dès qu'il y a le moindre point à l'horizon, la première idée est toujours celle de la défiance. Pendant que j'étais à Paris, on accumulait devant moi, au point de m'étourdir, toutes les soit-disant preuves d'une trahison de la Russie qui aurait été d'accord contre nous avec l'Angleterre. Quelques jours après, c'était avec l'Allemagne que la Russie nous trompait!!...."

e) Moulin an Boisdeffre (Memorandum)   29. 12. 1895

"1° Il a été fait une réponse sage et modéré aux ouvertures de Lobanoff. On lui a fait entendre que sauf le maintien de notre situation en Syrie et l'évacuation de l'Egypte, l'opinion en France ne supporterait pas que le Gouvernement allât se lancer dans des aventures en Orient sans une compensation sérieuse telle que le retour à la France de l'Alsace-Lorraine. Il a paru très bien prendre cette réponse et a donné à cette occasion des assurances relativement au désir qu'il aurait de travailler la question de l'évacuation de l'Egypte question à laquelle l'Allemagne de son côté, ne peut être que favorable.
2°..."

f) Moulin an Pauffin de St. Morel   St. Petersburg, 19. 10. 1896
    (Adjudant Boisdeffres)

"... Chichkine dit que de toutes les personnes que l'Empereur a vu à Paris c'est Hanotaux qui lui a plu le plus. C'est un heureux gaillard. Je commence à croire qu'il ira loin..."

2) Quellen- und Literaturverzeichnis

A Archivmaterial

(In Klammer die in Zitaten und Anmerkungen verwendeten Sigel und Abkürzungen)

1) Archives du Ministère des Affaires Etrangères (Paris)
   - Papiers d'agents - Papiers Hanotaux   (Pap. Han.)
                       Papiers Ribot   (Pap. Rib.)
   - Correspondance politique, alte Serie   (bis 1895)
                       neue Serie NS   (ab 1896)

   In Auswahl für die die Hanotaux'sche Politik betreffenden Länder.
   (Aff. Etr. - Serie - Band - Blatt (f.))

2) Bibliothèque Nationale - Manuskriptenabteilung (Paris)
   - Briefe Hanotaux' verstreut in zahlreichen Bänden der n. a. fr.
   (BN - n. a. fr. - Band - Blatt)

3) Archives Nationales (Paris)
   - Einzelne Kartons der Serien C, F^{12}
   (Arch. Nat. - Serie - Nummer)

4) Bibliothèque de l'Institut (Paris)
   - Briefe Hanotaux' in diversen Bänden der Manuskriptenabteilung MS
   (Institut MS - Band - Blatt)

5) Archives de Boisdeffre (Privatarchiv in Boisdeffre bei Alençon)
   - Die in der vorliegenden Arbeit verwendeten und zitierten Dokumente sind im Anhang wiedergegeben S. 152 f

6) Archiv der Librairie Plon (Paris)
   - Ein schmaler Dossier "Hanotaux"
   (Plon)

B Schriften Hanotaux'

Von Hanotaux' überaus zahlreichen Schriften werden nur diejenigen aufgeführt, die für unser Thema von Bedeutung sind und in unserer Arbeit verwendet wurden.

Umfangreiche Schriftenverzeichnisse finden sich in den Bibliographien von Thieme und Talvart-Place:

H. Talvart - J. Place; Bibliographie des auteurs modernes de langue
française 1801 - 1944
t. VIII, Paris (1948)

H. P. Thieme; Bibliographie de la littérature française de
1800 à 1930
t. I, Paris (1933)
mit Fortsetzungen
- für 1930 - 1939 von:
S. Dreher et M. Rolli, Paris (1948)
- für 1940 - 1949 von:
M. L. Drevet, Paris (1954)

Beide Bibliographien bringen auch eine größere Anzahl von Arbeiten über Hanotaux, sind jedoch lückenhaft und lassen vor allem eine ganze Reihe von Zeitungs- und Zeitschriftenartikeln Hanotaux' aus.

a) Bücher:

Die Arbeiten sind in chronologischer Reihenfolge aufgeführt. In Klammer stehen die in den Anmerkungen benützten Abkürzungen.

1) Henri Martin, sa vie, ses oeuvres, son temps, 1810 - 1883
Paris, 1885 (Henri Martin)

2) Etudes historiques sur le XVIe et le XVIIe siècle en France
Paris, 1886 (Etudes historiques)

3) Histoire du Cardinal de Richelieu
5 Bde., Paris (1893 - 1944) - Bde. 3 - 5 in Zusammenarbeit
mit dem Duc de la Force (Richelieu, Band, Seite)

4) L'Affaire de Madagascar
Paris, 1896 (Madagascar)

5) Tableau de la France en 1614
Paris, 1898

6) Du choix d'une carrière
Paris, 1902 (Du choix)

7) L'Energie française
Paris, 1902 (Energie)

8) Histoire de la France contemporaine (1871 - 1900)
4 Bände, Paris, 1903 - 1908
reicht nur bis 1883 ! (Hist. Cont., Bd., S.)

9) La Paix latine
Paris, 1903 (Paix latine)

10) L'Europe et l'Islam
Kairo, 1905 (Europe et Islam)

11) Le Partage de l'Afrique - Fachoda
    Paris, 1909 (Fachoda)

12) La Démocratie et le travail
    Paris, 1910 (Démocratie et travail)

13) Jeanne d'Arc
    Paris, 1911 (Jeanne d'Arc 1911)

14) La Fleur des histoires françaises
    Paris, 1911 (Fleur des histoires)

15) Etudes diplomatiques 1ère série
    La Politique de l'équilibre 1907 - 1911
    Paris, 1912 (Equilibre, Kap. S.)

16) La France vivante en Amérique du Nord
    Paris, 1913 (France Vivante)

17) Etudes diplomatiques 2ème série
    La guerre des Balkans et l'Europe 1912 - 1913
    Paris, 1914 (Balkans, Kap., Seite)

18) Histoire illustrée de la Guerre de 1914
    11 Bände, Paris, 1914 - 1920 (Guerre de 1914, Bd., Seite)

19) L'Union des Etats-Unis et de la France
    Paris, 1918 (Union)

20) Le Traité de Versailles du 29 Juin 1919 - L'Allemagne et l'Europe
    Paris, 1919 (Versailles)

21) Jeanne d'Arc
    Paris, 1919 (Jeanne d'Arc 1919)

22) De l'Histoire et des Historiens
    Paris, 1919 (De l'Histoire)

23) Histoire de la Nation française
    15 Bände, Paris, 1920 - 1929 (Hist. Nat. Frç., Band, Seite)

24) Sur les chemins de l'Histoire
    Paris, 2 Bände, 1924 (Chemins, Bd., Seite)

25) Le Général Mangin
    Paris, 1925 (Mangin)

26) Une Campagne de dix années. L'Oeuvre du Comité France-Amérique de 1909 à 1918
    Paris, 1917 (Une Campagne)

27) La Renaissance provençale. La Provence
   niçoise
   Paris, 1928   (Renaissance provençale)

28) Jeanne d'Arc après cinq cents ans
   Paris 1929   (Jeanne d'Arc 1929)

29) Histoire des Colonies françaises et de
   l'expansion de la France dans le monde
   6 Bände, Paris, 1929 - 1934, in Zusammenarbeit mit A. Martineau   (Colonies, Band, Seite)

30) Histoire de la Nation Egyptienne
   7 Bände, Paris, 1931 - 1935   (Hist. Nat. Egypt., Bd., S.)

31) A propos de l'Histoire et l'Avis des jeunes
   Paris, 1933
   (mit Paul Valéry)   (A propos de l'Histoire)

32) Mon Temps
   4 Bände, Paris, 1933 - 1947   (Mon Temps, Band, Seite)

33) Raymond Poincaré
   Paris, 1934   (R. Poincaré)

34) Pour l'Empire colonial français. Un cri
   d'Alarme
   Paris, 1935   (Empire)

35) Jeanne d'Arc la Pucelle d'Orléans
   Paris, 1938   (Jeanne d'Arc 1938)

b) Artikel:

Der größte Teil der Hanotaux'schen Artikel, die für unsere Arbeit von Bedeutung sind, ist von Hanotaux selbst in diversen Büchern zusammengefaßt worden (Etudes diplomatiques, L'Affaire de Madagascar, La Paix latine, Le Partage de l'Afrique, Le Traité de Versailles). In unserer Arbeit haben wir stets nach diesen Sammelbänden zitiert. Die dort abgedruckten Artikel sind daher an dieser Stelle nicht aufgeführt.

Die Artikel sind in chronologischer Ordnung aufgeführt.

1) 10 Lettres diplomatiques
   in: "La Nation", Juni/Juli 1887

2) La Diplomatie de l'avenir
   in: Revue Hebdomadaire, t. II (1909), p. 5 - 17, 200 - 211, 322 - 343

3) Le Protectorat de la France sur les Catholiques en Orient
   in: Revue Hebdomadaire, t. X (1913), p. 18 - 27

4) Le Concordat de la Séparation
   in: Revue Hebdomadaire, t. XII (1913), p. 5 - 18

5) L'Eglise et l'Etat
   in: Revue Hebdomadaire, t. XII (1913), p. 433 - 445

6) L'Amérique française
   in: Revue Hebdomadaire, t. VI (1916), p. 149 - 161

7) L'Union de la France et de l'Amérique
   in: Revue Hebdomadaire, t. XI (1917), p. 141 - 156

8) La Manoeuvre de la Marne
   in: Revue des Deux Mondes, t. L (1919), p. 281 - 332, 6e période

9) Après les Elections
   in: Revue des Deux Mondes, t. LV (1920), p. 78 - 110, 6^e

10) La Canonisation de Jeanne d'Arc
    in: Revue des Deux Mondes, t. LVIII (1920), p. 673 - 695, 6^e

11) Diplomatie coloniale
    in: Revue des Deux Mondes, t. XXIV (1924), p. 830 - 841, 7^e

12) Jules Méline
    in: Revue des Deux Mondes, t. XXXI (1926), p. 440 - 454, 7^e

13) L'apport intellectuel des Colonies à la France
    in: Revue des Deux Mondes, t. XXXVII (1927), p. 129 - 141, 7^e

14) L'Oeuvre coloniale de la Troisième République
    in: Revue de Paris, 1. 8. 1928, p. 481 - 500

15) La Fondation définitive de l'Indo-Chine française (20 juin 1895)
    d'après les mémoires inédits d'A. Gérard
    in: Revue de Paris, 1. 1. 1929, p. 5 - 16

16) Après le traité de Latran
    in: Revue des Deux Mondes, t. L (1929), p. 280 - 310, 7^e

17) Le projet d'union et de coopération européenne
    in: Revue des Deux Mondes, t. LVIII (1930), p. 755 - 779, 7^e

18) Regelmäßige Beiträge in der "Illustration"
    - falls in der Arbeit benützt, sind sie in den Anmerkungen ausdrücklich genannt -

C   Offizielle Quellenpublikationen

In Klammern die in den Zitaten und Anmerkungen verwendeten Abkürzungen.

1) Documents Diplomatiques Français - Serie I (1871 -1900)
   Paris, 1929 ff.   (DDF, Band, Nummer)
2) Die Große Politik der europäischen Kabinette 1871 - 1914
   1922 ff. hrsg. von J. Lepsius, A. Mendelsohn-Bartholdy,
   F. Thimme   (GP, Band, Nummer)
3) British documents on the origins of the war, 1898 - 1914
   ed. by G. P. Gooch, H. Temperley
   Vol. I (1898 - 1899), London, 1927   (BD, Nummer)
4) I Documenti diplomatici italiani
   3a serie: 1896 - 1907, Vol. 1 - 3   (DDI, Band, Nummer)
   hrsg. von C. Morandi und G. Perticone
   Rom, 1953, ff.
5) A. de Clercq; Recueil des Traités de la France
   22 Bände, Paris, 1864 ff.   (de Clercq)
6) Martens; Nouveau Recueil Général des Traités
   2ème série (1876 - 1908)   (Martens)
   Leipzig, 1908 ff.

D   Privatpapiere, Memoiren, Korrespondenzen

Die Titel sind in alphabetischer Reihenfolge aufgeführt. Als Abkürzungen in Zitaten und Anmerkungen werden die Namen der Autoren verwendet. Liegen mehrere Arbeiten desselben Autoren vor, wird der Titel in Kurzfassung angefügt.

1) Billot, Albert   - La France et l'Italie: Histoire des
                               Années Troublées, 1881 - 1899
                               2 Bde., Paris, 1905

2) Cambon, Paul   - Correspondance 1870 - 1924
                               Paris 1940, Bd. I (1870 - 1898)

3) Cambon, Paul   - Lettres de P. Cambon au Président de
                               la République Félix Faure, 1895 - 1899
                               suivi de L. Le Gall: Opinions de P. Cambon sur le rôle, en politique étrangère de
                               quelques Ministres et des divers Présidents de la République (16. 11. 1898)
                               Paris, 1955
                               ebenfalls abgedruckt in:
                               Revue d'Histoire Diplomatique, t. LXVIII
                               1954, p. 189 - 201

4) Courcel, Alphonse de — "France et Angleterre en 1895", Lettres à G. Hanotaux
in: Revue Historique 212 (Juli/September 1954), p. 39 ff.

5) Dethan, Georges — Les papiers de G. Hanotaux et la proclamation de l'entente franco-russe (1895 - 1897); suivi de: Voyage de Felix Faure en Russie (note de G. Hanotaux)
in: Revue d'Histoire Diplomatique III (1966), p. 205 ff.

6) Faure, Felix — "Fachoda 1898"
in: Revue d'Histoire Diplomatique t. LXIX (1955), p. 29 - 39

7) Faure, Felix — Le Ministère Léon Bourgeois et la politique étrangère de Marcellin Berthelot au Quai d'Orsay
Paris 1957

8) Gérard, Auguste — Ma Mission en Chine, 1893 - 1897
Paris, 1918

9) Gérard, Auguste — La Vie d'un diplomate sous la Troisième République. Mémoires
Préface de G. Hanotaux
Paris, 1929

10) Giers, Nicolas — L'Ambassade Russe à Paris, 1881 - 1898
Les Mémoires de Nicolas Giers
hrsg. von Barbara Jelavich
in: Canadian Slavic Studies
Bd. I (1- 4) 1967
Bd. II (1-4) 1968

11) Grey, Sir Edward — Twenty-five years, 1892 - 1916
2 Bde., New York, 1925

12) Hohenlohe-Schillingsfürst, Fürst Chlodwig zu — Denkwürdigkeiten aus der Reichskanzlerzeit
hrsg. von K. A. von Müller
Stuttgart, 1931

13) Holstein, Friedrich von — Die geheimen Papiere Friedrich von Holsteins
hrsg. von N. Rich und M. H. Fisher
dtsch. von W. Frauendienst
4 Bde. Göttingen, 1956 - 1963

14) Iswolskii, Aleksandre	- Mémoires de A. Iswolskii, ancien ambassadeur de Russie à Paris (1906 - 1910) Préface de G. Hanotaux Paris, 1923
15) Jaray, Gabriel-Louis	- Les Carnets de Gabriel Hanotaux in: Revue des Deux Mondes, 1949; April - p. 385 - 403, 573 - 588; Mai - p. 208 - 220; November - p. 193 - 214;
16) Lebon, André	- La Pacification de Madagascar 1890 - 1898 Paris, 1928
17) Lebon, André	- La Politique de la France en Afrique 1896 - 1898 Paris, 1901
18) Lebon, André	- La Mission Marchand et le Cabinet Méline in: Revue des Deux Mondes, t. CLVIII (1900) p. 274 - 296
19) Mangin, Général	- Lettres de la Mission Marchand (1895 - 1899) in: Revue des Deux Mondes, t. V (1931) p. 241 - 283
20) Monts, Anton Graf	- Erinnerungen und Gedanken des Botschafters Anton Graf Monts hrsg. von K. F. Nowak und F. Thimme Berlin, 1932
21) Paléologue, Maurice	- Tagebuch der Affäre Dreyfus dtsch. von H. Lindemann Stuttgart, 1957
22) Paul-Boncour, Joseph	- Entre deux guerres, Souvenirs sur la Troisième République Bd. I (1877 - 1918) Paris 1945

E   Literatur

Das Verzeichnis erhebt keinerlei Anspruch auf Vollständigkeit. Es werden nur die Titel aufgeführt, die für die Ausarbeitung vorliegender Arbeit maßgeblich herangezogen wurden.

Zeitschriftenaufsätze von untergeordneter Bedeutung (cf. speziell die Beiträge, die sich mit G. Hanotaux befassen in den Bibliographien von Thieme und Talvart-Place) sind nicht aufgeführt. Wenn sie gelegentlich im Text erwähnt werden, findet sich der genaue bibliographische Nachweis in der Anmerkung.

Als Abkürzungen in den Zitaten und Anmerkungen werden die Namen der Autoren verwendet. Liegen mehrere Werke ein und desselben Autoren vor, wird der Titel der zitierten Arbeit in Kurzfassung beigefügt.

1) Andrew, Christopher — Th. Delcassé and the making of Entente Cordiale
London/New York, 1968

2) Arié, Rachel — L'Opinion publique en France et la question d'Egypte (1885 - 1904)
Thèse de l'Université de Paris, 1954

3) Aron, Raymond — Paix et guerre entre les nations
Paris, 1968 [5]

4) Barraclough, Geoffrey — Das europäische Gleichgewicht und der neue Imperialismus
in: Propyläen-Weltgeschichte
hrsg. von Golo Mann, t. 8 (1960)
Das Neunzehnte Jahrhundert

5) Baumont, Maurice — L'essor industriel et l'Impérialisme colonial (1878 - 1904)
Peuples et Civilisations Bd. XVIII
Paris, 1949[2]

6) Blet, Henri — Histoire de la Colonisation Française
t. III: France d'Outre-Mer. L'Oeuvre colonial de la Troisième République
Paris, 1950

7) Bourgeois-Pagès — Les Origines et les responsabilités de la grande guerre
Paris, 1922

8) Brunschwig, Henri — La Colonisation française
Paris, 1949

9) Brunschwig, Henri — Mythes et réalités de l'impérialisme colonial français 1871 - 1914
Paris, 1960

10) Brunschwig, Henri — Empires et impérialismes
in: Revue Historique, fasc. 475, Juli-September 1965, p. 111 - 122

11) Chastenet, Jacques — Histoire de la Troisième République
La République Triomphante
1893 - 1906,
Paris, 1955

12)	Darcy, Jean	- France et Angleterre. Cent années de rivalité coloniale Paris, 1904
13)	Daudet, Léon	- L'entre deux Guerres Paris, 1932
14)	Deschamps, Hubert	- Les Methodes et les Doctrines coloniales de la France Paris, 1953
15)	Deschamps, Léon	- Histoire de la Question coloniale en France Paris, 1891
16)	Despagnet, Frantz	- La Diplomatie de la Troisième République et le Droit des Gens Paris, 1904
17)	Dethan, Georges	- Le Rapprochement franco-italien 1896 - 1900 in: Revue d'Histoire Diplomatique Oktober - Dezember 1956, p. 323 ff.

18) Dictionnaire des Parlementaires français (1789 - 1889)
ed. A. Robert, E. Bourloton, G. Cougny
5 Bände, Paris, 1891 ff.

19) Dictionnaire des Parlementaires français (1789 -
ed. J. Jolly
Paris, 1960 ff., Bisher 5 Bände (A - G)

20)	Digeon, Claude	- La Crise allemande de la pensée française (1870 - 1914) Paris, 1959
21)	Duchêne, Albert	- La Politique coloniale de la France (Le ministère des colonies depuis Richelieu) préface de G. Hanotaux Paris, 1928
22)	Etienne, Eugène	- Les Compagnies de Colonisation Paris, 1897
23)	Ferry, Jules	- Le Tonkin et la mère patrie Paris, 1890
24)	Fieldhouse, David K.	- Die Kolonialreiche seit dem 18. Jahrhundert Fischer Weltgeschichte Bd. 29 Frankfurt, 1965

25) Fieldhouse, David K. — The Theory of Capitalist Imperialism (Problems and Perspectives in History) London, 1967

26) Friedjung, Heinrich — Das Zeitalter des Imperialismus 1884 - 1914 3 Bde. Berlin, 1919

27) Ganiage, Jean — L'Expansion coloniale de la France sous la Troisième République 1871 - 1914 Paris, 1968

28) Ganiage, Jean — L'expansion coloniale et les rivalités internationales Centre de documentation universitaire Paris, 1964

29) Gillet, Louis — Gabriel Hanotaux - 19 Novembre 1933 Paris, 1933

30) Girardet, Raoul — L'Histoire du Nationalisme français in: Revue des Travaux de l'Académie des Sciences morales et politiques série 4, a. III, trim. I, 1958 p. 112 - 131

31) Goguel, François — Les Partis politiques en France, in: Encyclopédie politique de la France et du monde Paris, 1951 ^{3}, vol. I

32) Gooch, George P. — Recent Revelations of European Diplomacy London, 1940

33) Gooch, George P. — Geschichte und Geschichtsschreiber im Neunzehnten Jahrhundert dtsch. Frankfurt, 1964

34) Gooch, George P. — Franco-German Relations London, 1923

35) Hallgarten, George W. F. — Imperialismus vor 1914 2 Bde., München 1963 ^{2}

36) Hargreaves, John D. — Entente Manquée; Anglo-french relations 1895 - 1896 in: Cambridge historical Journal 1953, vol. II, Nr. 1, p. 65 - 92

37) Hardy, Georges — Histoire de la Colonisation française Paris, 1931

38) Iiams, Thomas M., Jr.   - Dreyfus, Diplomatists and the dual Alliance - G. Hanotaux at the Quai d'Orsay (1894 - 1898) Genf/Paris, 1962

39) Jakobs, Peter   - Das Werden des französisch-russischen Zweibundes 1890 - 1894 Wiesbaden, 1968

40) Imbart de la Tour   - L'Oeuvre Historique de M. Hanotaux in: Revue des Deux Mondes, t. XXIII (1924) p. 166 - 187

41) Klein, Fritz   - Deutschland von 1897/98 bis 1917 Lehrbuch der deutschen Geschichte (Beiträge) Bd. 9 Berlin, (1961)

42) La Barre, F. L. de; u. a.   - La Vie et l'Oeuvre de G. Hanotaux Abbeville, 1933

43) Lachapelle, Georges   - Le Ministère Méline, Deux années de politique intérieure et extérieure, 1896 - 1898 Paris, 1928

44) Langer, William L.   - The Diplomacy of Imperialism 1890 - 1902 New York, 1951^2

45) Leroy-Beaulieu, Paul   - De la Colonisation chez les peuples modernes Paris, 1882^2

46) Lenin, Wladimir I.   - Der Imperialismus als höchstes Stadium des Kapitalismus (1916) Werke Bd. 22 Ost-Berlin, 1960

47) Loliée, Frédéric   - Gabriel Hanotaux in: Revue Bleue I (1904) p. 15 - 20

48) Madelin, Louis; u. a.   - Gabriel Hanotaux Aix-les-Bains, 1943

49) Millet, René   - Notre Politique étrangère de 1898 à 1905 Préface de G. Hanotaux Paris, 1905

50) Mommsen, Wolfgang J. - Das Zeitalter des Imperialismus
Fischer Weltgeschichte Bd. 28
Frankfurt, 1969

51) Mommsen, Wolfgang J. - Nationale und ökonomische Faktoren
im britischen Imperialismus vor 1914
in: HZ 206 (1968), p. 618 - 664

52) Murphy, Agnes - The ideology of French Imperialism
1871 - 1881
Washington, 1948

53) Pinon, René, u. a. - G. Hanotaux, Créateur de l'empire
colonial français
Académie des Sciences Coloniales
Paris, 1945

54) Poizat, Alfred - Du Classicisme au Symbolisme
Paris, 1929

55) Power, Francis T. - Jules Ferry and the Renaissance of
French Imperialism
New York, 1944

56) Priestly, Herbert J. - France Overseas: A Study of Modern
Imperialism
New York, 1938

57) Renouvin, Pierre - Les Origines de l'expédition de
Fachoda
in: Revue historique, Oktober/Dezember 1948 p. 180 - 198

58) Renouvin, Pierre - La Politique extérieure de la Troisième République de 1871 à 1904
Paris, o. D. (wohl 1950 - 1951),
Centre de Documentation Universitaire

59) Renouvin, Pierre - Histoire des Relations Internationales
Bd. VI, Le XIXe siècle II - De 1871
à 1914
Paris, 1955

60) Salis, J. R. von - Weltgeschichte der neuesten Zeit
Bd. I,
Zürich, 1951

61) Schieder, Theodor - Handbuch der Europäischen Geschichte
Bd. 6 (1968)
Europa im Zeitalter der Nationalstaaten
und europäischen Weltpolitik bis zum
ersten Weltkrieg (1870 - 1918)

62) Sanderson, George N. — England, Europe and the Upper Nile 1882 - 1899; A study in the partition of Africa Edinburgh, 1965

63) Seignobos, Charles — L'évolution de la Troisième République Paris, 1921 t. VIII der "Histoire de la France contemporaine" von E. Lavisse

64) Sieberg, Herward — Eugène Etienne und die französische Kolonialpolitik (1887 - 1904) Köln/Opladen, 1968

65) Siegfried, André — Tableau des Partis en France Paris, 1930

66) Taylor, A. J. P. — The struggle for mastery in Europe 1848 - 1918 Oxford, 1954

67) Taylor, A. J. P. — Prelude to Fashoda in: English Historical Review, t. LXV Januar 1950

68) Tint, Herbert — The Decline of French patriotisme 1870 - 1940 London, 1964

69) Vetter, V. S. — Gabriel Hanotaux in: Some Historians of Modern Europe ed. by B. E. Schmitt Chicago, 1942

70) Vidal-Lablache — Atlas Général - Histoire et géographie Paris, 1894

71) Vignes, Kenneth — Etudes sur les relations diplomatiques franco-britanniques qui conduisent à la Convention du 14. 6. 1898 in: Revue française d'histoire d'Outre Mer, Paris, 1965, t. 52, N°188 - 189 p. 352 - 403

72) Zapp, Manfred — Deutsch-französische Annäherungsversuche und ihr Scheitern in den Jahren 1890 - 1898 Weida 1929, Diss. Leipzig

73) Ziebura, Gilbert — Die deutsche Frage in der öffentlichen Meinung Frankreichs von 1911 - 1914 in: Studien zur europäischen Geschichte aus dem Friedrich-Meinecke-Institut der FU Berlin, Bd. I, 1955

VII. ANMERKUNGEN

zu I, Einleitung

1) Hanotaux selbst definiert den Begriff Imperialismus wesentlich anders. Anfangs sind "les impérialistes" für ihn noch die Anhänger der Bonapartisten (BN, n. a. fr. 13 543, f. 22f., Hanotaux an Reinach, 14. 4. 1886) und dies durchaus im Sinne der ursprünglichen französischen Auffassung des Terminus. Auch später bleibt die Verbindung zu einem "Empereur" oder einer "Impératrice" vorrangig, - somit spricht er nur von englischem oder deutschem Imperialismus - womit er sich schon deutlich vom allgemeinen Sprachgebrauch seiner Zeit entfernt. Erst nach dem Weltkrieg weitet sich auch bei Hanotaux der Begriff, bleibt aber stets rein pejorativ: "Le germanisme en état de conquête c'est l'impérialisme" (Versailles p. 26). Einen französischen Imperialismus gibt es für ihn nicht. Imperialismus ist ihm nie der von uns angenommene wertneutrale terminus technicus.

2) Langer, p. 125

3) Empire, p. 97

4) Charles A. Conant, in mehreren Zeitschriftenaufsätzen, 1898 - 1900,
John A. Hobson, Imperialism, 1902
Karl Kautsky, Ältere und neuere Kolonialpolitik, in: Die Neue Zeit XVI (1897/8)
Otto Bauer, in mehreren Aufsätzen
Rudolf Hilferding, Das Finanzkapital, 1910
Rosa Luxemburg, Die Akkumulation des Kapitals, 1921
Wladimir I, Lenin, Der Imperialismus als höchstes Stadium des Kapitalismus, 1916

5) Eine Zusammenstellung wichtiger Arbeiten aus den Jahren bis 1935, die dieser Tendenz folgen, findet sich bei Langer, p. 68

6) Joseph A. Schumpeter, Zur Soziologie der Imperialismen, 1916

7) Fritz Klein, Deutschland von 1897/98 bis 1917, (1961), p. 403
Den Klassikern des Marxismus-Leninismus kommt zwar auch in den übrigen Bänden dieses offiziellen DDR-Lehrbuchs eine überragende Rolle zu, aber hier ist besonders deutlich, daß Klein nicht nur Leninsche Formeln zum Teil fast wortwörtlich wiederholt, sondern das ganze Schema ohne wesentliche Abweichung übernimmt.

8) W. J. Mommsen, p. 16

9) Barraclough, p. 714

10) Als Zeichen für die Malaise in der Imperialismusdiskussion mag angeführt werden, daß sich bei einem seriösen Autoren wie M. Baumont deutlich sich widersprechende Aussagen finden. Es heißt auf Seite 2 des t. XVIII der Peuples et Civilisations: "Les faits essentiels

de cette période 1878 - 1904 sont la poussée industrielle et l'expansion coloniale, la première déterminant l'autre. "
Auf Seite 3 im gleichen Sinne:
"Les intérêts économiques sont au premier plan des préoccupations, et les forces économiques commandent. "
Auf Seite 59 dagegen werden die Ursprünge der Kolonialexpansion anders gesehen:
"Ce sont surtout des raisons d'ordre politique et sentimental qui sont à l'origine de l'expansion coloniale ... à ce souci de prestige s'ajoutent des préoccupations économiques. "
Die Akzente sind in den hier zitierten Stellen jeweils deutlich verschieden gesetzt.

11) Es muß hier erwähnt werden, daß in der Literatur bisweilen eine bedauerliche Verquickung der Argumente auftritt, wie sie einerseits von den sich rechtfertigenden Imperialisten selbst, andererseits von den den Imperialismus analysierenden Theoretikern und Kritikern vorgebracht werden. Beides liegt auf ganz verschiedenen Ebenen. Diese Verwechslung ist besonders auffällig im Beitrag "Imperialism" von Werner Levi in der Encyclopaedia Britannica, Bd. 12 (1960)

12) Diese Kritik findet sich schon bei Langer, p. 69

13) Langer, .p. 69

14) Er zitiert nur englische Imperialisten; Namen wie Ferry, Leroy-Beaulieu, Etienne tauchen nicht auf. In einer Tabelle mit Lebensdaten wichtiger Gestalten des imperialistischen Zeitalters stehen 8 Engländer, 4 Deutsche, 3 Amerikaner und nur 1 Franzose, und zwar Napoléon III.

15) W. J. Mommsen, "Nationale und ökonomische Faktoren im britischen Imperialismus vor 1914"
in: HZ 206 (1968), p. 618 - 664
Mit eingehender Kritik der Theorien zum britischen Imperialismus

16) Wie wichtig derartige Arbeiten sind, mag eine Stelle aus dem Vorwort Henri Brunschwigs zu seinem Mythes et réalités de l'impérialisme colonial français zeigen:
"La publication de ce livre est prématurée. Désireux de caractériser l'impérialisme colonial français par opposition à celui des autres pays et surtout de l'Angleterre, nous avons disposé d'une bibliographie suffisante pour étudier les origines de cette politique. Mais, passé 1885 et les décisions de la Conférence de Berlin, les travaux sérieux se font de plus en plus rares. Nous avons dû procéder à des sondages forcément rapides. "

17) Eine ausführliche Begriffsklärung findet sich weiter unten in II, 3 wo Hanotaux' innenpolitischer Standort untersucht werden soll.

18) Auf diese Gruppe der Literatur wird in einem besonderen Exkurs eingegangen werden.

19) Wir hatten ursprünglich die Absicht, die reine Faktendarstellung der Hanotaux' schen Politik unter Verweis auf die genannten Arbeiten sehr knapp zu halten. Wir sind jedoch im Verlauf unserer Vorarbeiten auf eine Tatsache gestoßen, die, von diesen Autoren nicht berücksichtigt, uns sehr wesentlich zu sein scheint. Die Tatsache, daß sich ein sehr großer Teil der politischen Aktionen Hanotaux' und besonders wichtige Aspekte seiner Politik gegenüber den europäischen Mächten aus der spezifischen Zielsetzung seiner Politik erklärt, die Ägypten und den Sudan in das Zentrum seiner Bemühungen stellte. Dies führte uns dazu, ein ausführliches Kapitel über Hanotaux' Ägypten-Sudan-Politik in unsere Arbeit aufzunehmen, in dem wir gezwungen waren, auch schon bekannte Tatsachen noch einmal, jedoch in neuem Kontext, zu wiederholen. Für die übrigen konkreten politischen Aktionen (Tunis, Madagaskar, China, Einzelheiten der Balkanpolitik etc.) verweisen wir hiermit auf die genannten Darstellungen.

20) Bei der Interpretation dieser Texte ist zu beachten, daß sie sich einerseits über einen Zeitraum von 60 Jahren erstrecken und andererseits zum größten Teil zu einer Zeit entstanden sind, da Hanotaux sich schon aus der aktiven Politik zurückgezogen hatte. Spätere Äußerungen dürfen nicht unbesehen als Motive für sein Handeln als Außenminister angesetzt werden.
Es gilt zu untersuchen, ob und wie sich seine Ideen im Laufe der Zeit gewandelt, ob sie sich kontinuierlich entwickelt haben oder ob Brüche festzustellen sind - dies gerade deshalb, weil Hanotaux selbst es stets so dargestellt hat, als hätten sich seine Überzeugungen und Ideen nie geändert.
Es wird sich überdies zeigen, daß er in späteren Darstellungen seiner Politik seine ursprünglichen Intentionen und Zielsetzungen kaschiert hat, um dergestalt ein günstigeres Bild seines Wirkens zu zeichnen. Hier kommt es darauf an, zwischen Wirklichkeit und bewußt oder unbewußt fabrizierter Legende zu unterscheiden.

zu II, Die Person Gabriel Hanotaux'

1) Mon Temps I, p. 75
2) Mon Temps I, p. 76
3) Sein Freund und Biograph Gillet schreibt über ihn auf p. 27: "Quant aux financiers, qui se prennent pour les maîtres du monde, je pense qu'il a peine à croire à des formes de la richesse représentée par un coupon et un jeton de jeu; il conserve la vieille méfiance paysanne pour l'argent qui se gagne sans peine et n'est pas le fruit du bas de

laine ou des biens au soleil. N'est-ce pas lui qui fait quelque part cette observation que la forme française authentique du mot de capital est le vieux doublet de cheptel, comme le nom latin de richesse (pecunia, pecus) est celui qui veut dire troupeau."

4) Du Choix, p. 77
5) Mon Temps II, p. 241
6) Dictionnaire des Parlementaires français, t. III, Paris 1890
7) Eine Randepisode zeigt, daß Hanotaux zu dieser Zeit schon als Befürworter einer aktiven Kolonialpolitik bekannt war. Es war zu einer Wahlanfechtung gekommen, im Verlauf derer die "Associations républicaines" der Kantone Guise, Sains, Nouvion und Wassigny Caffarelli neben Wahlbestechung und lügnerischen Aussagen auch vorwarfen, Hanotaux verleumdet zu haben: "En présentant son concurrent M. Hanotaux comme 'Candidat du Tonkin'". Es war also bekannt, daß Hanotaux Ferrys Indochinapolitik unterstützt hatte. (Arch. Nat. C 5312).
8) Renouvin, La Politique Extérieure p. 236
9) Moulin an Pauffin de St. Morel (19. 10. 1896); Archiv Boisdeffre, cf. Dokumentenanhang
10) Hohenlohe, p. 329; Journal 18. 4. 1897
11) Zur persönlichen Wirkung Hanotaux' cf.:
    - Aff. Etr. Pap. Han. 32, f. 83 Saissy an Hanotaux
    - Besuch des Prinzen Mehemet Ali, des Bruders des Khediven in Paris. Aff. Etr. - Egypte NS 20, f. 16 (17. 3. 98)
    - N. Giers, Memoiren, passim
12) Ein Kapitel in Mon Temps II, p. 34, überschreibt er: "Mon guide et mon maître Richelieu".
13) Colonies VI, p. 172
14) Daudet, L'entre deux Guerres, p. 71 und p. 193
15) Die Wahl für den vakanten Fauteuil Challemel-Lacours fand am 3. 4. 1897 statt. Hanotaux wurde im vierten Wahlgang gewählt; hier die einzelnen Wahlgänge:

Hanotaux	15	17	17	18
Zola	2	1	1	0
Ferd. Fabre	0	2	2	3
Enthaltungen	17	14	14	13

Von den Republikanern mit Wohlwollen aufgenommen wurde Hanotaux von der Rechten wütend angegriffen (Autorité vom 3. 4. 1897), oder mit Geringschätzung bedacht (Ch. Maurras am 26. 3. 1898 in La Gazette de France)

16) Deutlich zeigt sich hier, wie er bemüht war, die als Historiker theoretisch gewonnene Einsicht in die künftige Bedeutung Amerikas in der konkreten politischen Aktion wirksam werden zu lassen.

17) cf. die Bibliographie im Anhang dieser Arbeit

18) - So zitiert er z. B. zweimal Balzacs La Duchesse de Langeais: Hist. Colonies I, p. II: "'Il y a donc des Français partout' dit un soldat."
La France Vivante, p. 27: "Il y a donc de la France partout"...
Das zweite der beiden Zitate gibt den Balzac'schen Text korrekt wieder, während das erste den Sinn der Aussage deutlich verändert.
- Selbst Ereignisse, bei denen er selbst maßgeblich beteiligt war, gibt er bisweilen inexact wieder.
In dem Aufsatz L'Oeuvre coloniale de la Troisième République in der Revue de Paris 1928, t. IV, p. 496 ff. schreibt er über die französische Chinapolitik: "Cette convention du 11 avril 1898 ... fut signée à Pékin un mois et demi après la convention de Simonoseki. Et ce furent, ultérieurement (sic), les arrangements de 1897.. et les Déclarations de cette même année 1897..."
In Wirklichkeit meint er die Konvention vom 20. Juni 1895. Am 11. 4. 1898 handelt es sich lediglich um ein Schreiben des Chargé d'Affaires in Peking, Dubail, der Hanotaux abschließende Dokumente zu Zusatzverhandlungen vom Frühjahr 1898 übersendet.
cf. de Clercq, t. 21 (1893 - 1896), Paris 1900
- Er ist sich dieses Umstandes bisweilen bewußt und kokettiert sogar damit: "Pour le reste, qu'on pardonne aux fautes de l'auteur. Tout cela est fait un peu promptement, mais cela part du coeur."
La Renaissance provençale, p. X

19) Gabriel Hanotaux in: Fortnigthly Review t. LXIII, p. 173 - 188

20) Deux livres sur l'Energie française:Barrès et Hanotaux in: Revue Latine I (1902), p. 129 - 146

21) Chemins II, Albert Vandal, p. 229

22) Energie, p. 6

23) Henri Martin, p. 296

24) A propos de l'histoire, p. 35 - 43. In einer am 20. 11. 1931 an der Sorbonne gehaltenen Rede.

25) Chemins II, Gambetta, p. 293

26) Hist. Cont. IV, p. VI

27) L. Daudet, G. Hanotaux: Histoire du Cardinal de Richelieu in: La Nouvelle Revue t. LXXXII (1893), p. 396, 399

28) Gillet, p. 123,
Mon Temps IV, p. 121 ff.

29) A propos de l'histoire, p. 16, In einer Rede vom 24. 9. 1931 auf dem "Congrès international d'histoire coloniale."
30) Energie, p. 6 f.
31) Guerre de 14, p. 4
32) Plon - Dossier Hanotaux; 30. 3. 1929, anläßlich der bevorstehenden Publikation seines Buches über Foch.
Bis an sein Lebensende steht das Bemühen seinen Landsleuten Zutrauen in die Geschicke ihres Vaterlandes einzuflößen im Zentrum seiner Bemühungen, wie ein weiterer Brief an Plon vom 5. 1. 1939 zeigt:
"Cher Monsieur et ami
Merci mille fois de vos bonnes félicitations. Voilà de longues années que nous travaillons ensemble et je suis bien sensible à votre bon souvenir. Merci de coeur.
Je sais, par mon fils, que vous avez eu une conversation au sujet de nos projets. Il vous a dit que, puisque nous avons renouvelé la société, il faut faire quelque chose. Vous savez que je ne ménage ni ma peine, ni mes avances. Il faut que le public soit tenu en haleine et nos pages de l'héroisme peuvent être utiles dans les temps actuels. Je vise la jeunesse française, - Tous nos ennuis actuels viennent de la panique exagérée qui a vidé la France de ses milliards en moins d'un an. Travillons! Produisons! Nous verrons bien! ... "
33) Mon Temps IV, p. 69 - 70
34) Colonies I, p. XVII
35) Fleur des histoires, p. 103
36) Digeon, p. 373
37) Mon Temps III, p. 161 f.
38) Im Vorwort der Jeanne d'Arc von 1911, p. I sagt er ausdrücklich, er wolle kein "oeuvre d'érudit" machen. Auf p. III ff. gibt er an, welche intensiven wissenschaftlichen Forschungen noch zu leisten wären, um die Arbeiten Quicherats zu ersetzen. Aber diese intensive Quellenarbeit erscheint ihm wohl doch nicht mehr so wichtig; im Falle Richelieus hat er sie noch selbst gemacht, jetzt überläßt er sie anderen, schreibt aber dennoch sein Buch.
39) De l'Histoire, p. 25
40) Gillet, p. 135
41) Gillet, p. 137
42) Zum hier angesprochenen Phänomen des Entstehens einer betont patriotischen französischen Geschichtsschreibung:
cf. - Digeon, p. 294

- Imbart de la Tour, L'oeuvre de G. Hanotaux, in: Revue des Deux Mondes, t. XXIII, 1er sept. 1924, p. 166 ff.

43) Digeon, p. 376 ff.

44) Digeon, p. 236 f.

45) Mon Temps III, p. 161

46) Mon Temps III, p. 161

47) Charles Seignobos, L'Enseignement de l'histoire dans les Universités allemandes in: Revue internationale de l'enseignement 1881, t. 1, p. 563 - 601

48) Hanotaux verlangt so, daß sein Buch über Foch zu möglichst niederem Preis in möglichst hoher Auflage erscheinen solle. Plon - Dossier Hanotaux; 30. 3. 1929, Hanotaux an Plon.

49) Les Vénétiens ont-ils trahi la chrétienté en 1202? in: Revue Historique, t. 4 (1877) p. 74 - 102

50) Hist. Nat. frç. I, p. VI
Hanotaux hat später nochmals an seine Anfänge angeknüpft, um in Zusammenarbeit mit dem Duc de la Force seinen Richelieu zu beenden. Das Bestreben, das liegengebliebene Werk, das ihm einst die Tore der Académie geöffnet hatte, zu Ende zu bringen, überrascht nicht. Aber der echte Elan war doch nicht mehr vorhanden. Das damalige Vorhaben und vor allem die Art der Bearbeitung entsprach nicht mehr Hanotaux' tieferen Aspirationen. Andere Arbeiten waren wichtiger geworden.
Die späteren Bände sind dementsprechend von der Fachwelt auch wesentlich kritischer beurteilt worden. So meint Vetter: "The latter volumes are not as heavily documented as the earlier, and they are of less signifiance in the field of historical writing." (Vetter, p. 176) Auch Henri Hausers Urteil über den 4. Band des Richelieu ist recht gemischt. Er wirft Hanotaux vor, neuere Forschungsergebnisse ignoriert zu haben, eine veraltete Bibliographie zu liefern und oft nicht über Banalitäten hinaus zu gehen; er notiert auch die Ungenauigkeiten in der Orthographie und der Identifikation der Eigennamen, die von "beunruhigender Häufigkeit" seien. Es seien zwar alles keine Kapitalfehler, aber "l'accumulation en est gênante."
(Histoire du Cardinal de Richelieu t. IV in: Revue Historique t. CLXXXI, 1937), p. 173 - 175

51) De l'Histoire, p. 41

52) De l'Histoire, p. 41

53) Mon Temps II, p. 1 - 2

54) De l'Histoire, p. 12
In der Hist. Nat. Frç. I, p. XIV schreibt Hanotaux in der Einleitung: "Je tenterai de dégager la leçon de notre histoire et de lever - témérairement sans doute - les voiles de l'avenir. "

55) De l'Histoire, p. 43 "...les fautes politiques sont des fautes d'ignorance, autrement dit des fautes d'histoire. "

56) Aff. Etr. - Pap. Han. VIII, f. 12

57) u. a. in: Diplomatie Coloniale, in: Revue des Deux Mondes, t. XXIV (1924), p. 831

58) BN; n. a. fr. 15558, f. 174 (4. 5. 1923)

59) Die Beziehungen zwischen seiner Aktivität als Politiker und seiner historischen Wissenschaft bewegen sich denn auch gelegentlich rein äußerlich im bloß Anekdotisch-Persönlichen. Er notiert am 20. 12. 1913 eine "note bibliographique":
"Rochon. Voyage à Madagascar, à Maroc, aux Indes Or^{les}. Exemplaire de Napoléon Ier.
Ayant eu à terminer, par la conquête comme ministre des affaires Etrangères, l'affaire de Madagascar, il m'était particulièrement agréable de rencontrer le livre ayant appartenu à l'Empereur Napoléon Ier, et où il a pu étudier la situation de la Grande Ile Africaine... "
(BN, n. a. fr. 15558, f. 176)
Durch das äußerliche Zeichen des Buches stellt sich für Hanotaux eine innere Kontinuität der historischen Ereignisse her.

60) Aff. Etr. - Pap. Han. I, f. 18, Journal 1882 (?)

61) Illustration vom 9. 12. 1939, p. 368, Appel aux Neutres et aux Non-Belligérants

62) Versailles, passim

63) Paix latine, p. XXVII

64) G. de B., Henri Martin in: Polybiblion XLVIII (1898), p. 75 - 77

65) Poizat, G. Hanotaux et l'évolution de sa pensée religieuse, in: Correspondant, 15. 11. 1935, p. 258

66) cf. Aff. Etr. - Pap. Han. VIII, f. 11 ff, Mémoire Hanotaux' über die Jesuiten in Frankreich

67) Man kann darauf hinweisen, daß Hanotaux 1871 eine Art "Notabitur" abgelegt und im Lycée nie Philosophieunterricht gehabt hat.

68) Mon Temps III, p. 509; cf. auch allgemein Kapitel IV, p. 459 ff. "L'incrédulité et la Religion de 'mon Temps' ".

69) Jeanne d'Arc 1911, p. 121
70) G. Goyau, La "Jeanne d'Arc" de M. Hanotaux in: Revue Hebdomadair IX (1911) p. 289 ff.
71) La Canonisation de Jeanne d'Arc in: Revue des Deux Mondes, 1920, t. 58, p. 673 - 694, hier: p. 694
72) La Canonisation de Jeanne d'Arc a. a. O. p. 694
73) a. a. O., p. 673
74) Jeanne d'Arc 1929, p. 19
75) a. a. O., p. 74
76) Jeanne d'Arc 1938, p. 7
77) Jeanne d'Arc 1938, p. 72
78) a. a. O., p. 73
79) Poincaré, p. 70
80) a. a. O., p. 74
81) Gillet, p. 134
82) La Manoeuvre de la Marne, in: Revue des Deux Mondes t. L (1919), p. 281 - 332, hier: p. 286
83) L'Encyclique Pontificale in Illustration (11. 11. 39) p. 264
84) Pie XII, Pape de la Paix in Illustration (18. 3. 39) p. 323
85) Pour la Paix Future in: Illustration (10. 8. 1940), p. 2
86) Mon Temps IV, p. 121 ff.
87) Hist. Cont. II, p. 556
88) Nicht von ungefähr publiziert Hanotaux sehr viel in der von Brunetière geleiteten Revue des Deux Mondes.
89) Mon Temps I, p. 245
90) Charles Maurras, Devant l'Allemagne éternelle, Paris, 1937 p. 63 - 93
91) cf. Institut, MS 1988, Correspondance Régnier
92) Er widmet ihnen im 2. bzw. 3. Band von Mon Temps je ein langes Kapitel und bezeichnet sich wiederholt als Schüler der beiden.
93) Robert, Dictionnaire alphabétique et analogique de la Langue Française, Stichwort "Opportunisme", t. IV, Paris, 1969

94) Ein Brief Paul Bourgets vom 1. 5. 1896 - das erste von den Radikalsozialisten gebildete Kabinett unter Ministerpräsident Léon Bourgeois war gestürzt und durch eine von dem Opportunisten Méline geformte Regierung ersetzt worden - zeigt recht deutlich, daß er Hanotaux eher für einen Konservativen hielt, und daß die Opportunisten zu jener Zeit keineswegs als eine eindeutige Linksgruppierung gelten konnten.
(Aff. Etr. - Pap. Han. XIII, f. 41)
"Vous voilà de nouveau ministre, mon cher ami, et je suis très heureux que vous entriez dans un cabinet qui nous délivre d'un affreux cauchemar. Quel mal on a fait au pays depuis ces six mois en posant sous une forme si absurde d'insolubles problèmes! (Impôt sur le revenu, Anmerk. des Verf.) Vous aurez, vos amis et vous une belle tâche devant vous. Je ne suis pas sûr qu'ils oseront à l'intérieur cette politique de conciliation conservatrice qui me paraît nécessaire. Mais je suis sûr que vous ferez, vous, de la politique extérieure où la vieille France se retrouve. Vous devez sentir avec bien de la joie que le pays a confiance en vous pour tout ce qui touche à l'honneur national. Quelle récompense de votre noble jeunesse qui a voulu la science et accepté l'action ... Défendez nous bien, mon cher Hanotaux, contre les rivaux du dehors et contre les révolutions du dedans ... "

95) Hist. Cont. II, p. 696 f.

96) Chemins II, Gambetta, p. 304

97) Hist. Cont. II, p. 697

98) Richelieu II, p. 487 - 489

99) Hist. Nat. frç V, p. 613

100) Richelieu II, p. 487

101) Hist. Cont. II, p. 696

102) F. Loliée, G. Hanotaux in: Revue Bleue t. I (2. 1. 1904) p. 15 - 20, hier: p. 18

103) - Paléologue, p. 7, 8, 19, 21
In der Hist. Nat. frç V, p. 635, schreibt Hanotaux, er habe sich als einziger im Ministerrat gegen die gerichtliche Verfolgung ausgesprochen: "Il (Hanotaux) attirait l'attention du Conseil sur les suite probables d'une décision qui soulèverait, à l'intérieur, des divisions implacables, et qui pouvait donner lieu à de graves complications extérieures."

104) Bezeichnend ist, daß sich Hanotaux während der Dreyfusaffäre entgültig von G. Monod trennt. Während letzterer sich eindeutig auf Seite Dreyfus' stellte, zog Hanotaux es vor, nicht Partei zu ergreifen.

105) Hist. Nat. frç V, p. 631
106) Revue Hebdomadaire XII (1913) p. 5 - 18 Le concordat de la Séparation und p. 433 - 445 L'Eglise et l'Etat
107) a. a. O., p. 439
108) a. a. O., p. 7
109) Revue Hebdomadaire X (1913), Le Protectorat de la France sur les catholiques en Orient, p. 27
110) Après le traité de Latran in: Revue des Deux Mondes t. L (1929) p. 280 ff.
111) Hist. Cont. II, p. 696
112) Aff. Etr. - Pap. Han. III, f. 94 ff, hier: f. 100, o. D.
113) Démocratie et travail, p. XLI
114) a. a. O., p. XXXVII, XLIX, LXI
115) Wie es mit seinen Kenntnissen des Sozialismus bestellt war, zeigt folgendes Zitat aus Guerre de 14, t. I, p. 67; über "Socialisme en Allemagne":
"C'est un socialisme de tout repos. Ainsi tout, dans l'Allemagne moderne, aboutit à l'argent, c'est le pays où la thèse révolutionnaire a pour Bible un livre qui s'appelle l e C a p i t a l : or, ce n'est pas à coups de marks que l'on fait les révolutions. "(!)
116) F. Loliée, G. Hanotaux in: Revue Bleue, t. I (2. 1. 1904), p. 18
117) Empire, p. 341 "les gouvernements, seuls arbitres qualifiés du bonheur des peuples."
118) Après le traité de Latran in: Revue des Deux Mondes, t. L (1929), p. 292
119) L'Edit de Nantes des Partis, in: Illustration 3. 9. 1938, p. 9

zu III, Die Theorie der Kolonialexpansion

1) Pinon, G. Hanotaux, Créateur de l'empire colonial, p. 1
2) F. Loliée, G. Hanotaux in: Revue Bleue (2. 1. 1904) p. 19
"L'une des idées dominantes de M. Hanotaux et à laquelle il revient constamment en ses propos comme à travers ses articles, est celle de la vitalité française. "
Loliée berichtet an der gleichen Stelle p. 17 über die Genesis der Energie française: Hanotaux unternahm im Rahmen seiner Richelieustudien eine Reise durch Frankreich, die ihn ungemein stark beeindruckte. "Il s'était enflammé, sur le chemin, d'une grande ardeur à célébrer en patriote optimiste sa foi entière dans les

ressources de vitalité de la race française."

3) Girardet, p. 116
4) Mon Temps III, p. 173 ff.
5) Madagascar, p. 114; Exposé fait à la Chambre des Députés 13. 11. 1894
6) Fachoda, p. 189
7) Fachoda, p. 187
8) Energie, p. 365
"Il ne s'agit pas seulement d'une vaste ostentation de conquêtes, il ne s'agit pas même de l'accroissement de la richesse publique et privée; il s'agit de répandre au-delà des mers, sur des terres hier barbares, les principes d'une civilisation dont l'une des plus vieilles nations du globe a bien le droit de se glorifier; il s'agit de créer, auprès de nous et loin de nous, autant de F r a n c e s n o u v e l l e s ; il s'agit de sauvegarder notre langue, nos moeurs, notre idéal, le renom français et latin, parmi l'impétueuse concurrence des autres races, toutes en marche sur les mêmes chemins."
9) Fleurs des histoires, p. 115, 131; France Vivante, p. 121, 124
10) Balkans, p. 448 (6. 2. 1914); cf. p. 307 f. (25. 5. 1913)
11) Diplomatie Coloniale in: Revue des Deux Mondes, t. XXIV (1924), p. 832
12) Empire, p. 292
13) G. Hanotaux (A propos de son 90e anniversaire) par XXX. in: Revue des Deux Mondes, t. 72 (1942), p. 299 - 304 hier: p. 304
14) Hierauf wird ganz besonders bei der Behandlung der Prinzipien der Hanotaux'schen Außenpolitik ausführlich zurückzukommen sein.
15) cf. u. a. Après les élections in: Revue des Deux Mondes, t. LV (1920), p. 78
16) Richelieu IV, p. 503, 534 ff.
17) Da diese Interpretation sich im vierten Bande des Richelieu findet, kann man sich fragen, ob sie von Hanotaux selbst, oder von seinem Mitarbeiter, dem Duc de la Force, stammt. Da sich Hanotaux aber in La France Vivante über Richelieu als Kolonialpolitiker schon fast in demselben Sinne äußert, kann als fast sicher angenommen werden, daß der Grundgedanke von ihm selbst stammt.
18) France Vivante, p. 118

19) Diplomatie Coloniale, in: Revue des Deux Mondes, t. XXIV (1924), p. 839

20) "Un mouvement irrésistible emporte les grandes nations européennes à la conquête des terres nouvelles ... La France ne peut pas être absente au partage du monde. "
zitiert nach: Blet, p. 12

21) "Mais les années 1889 et 1900 furent employées avec une telle ardeur par nos rivaux anglais, allemands et italiens à reconnaître, à explorer, à revendiquer toutes les terres vierges du globe que la France dût au soin de sa grandeur et de ses destinées africaines et asiatiques d'agir à son tour pour éviter d'être distancée, refoulée, annihilée un jour, dans les étroites limites qui avaient suffi à ses premières ambitions coloniales. "
Etienne, Compagnies, p. 8

22) Fachoda, p. 3

23) Equilibre, p. 56

24) Zum Vergleich seien drei sehr verschiedene Zeugen zitiert
   a) Lenin, p. 273
   "... ist für den Imperialismus wesentlich der Wettkampf einiger Großmächte in ihrem Streben nach Hegemonie, d. h. nach der Eroberung von Ländern, nicht so sehr direkt für sich, als vielmehr zur Schwächung des Gegners und Untergrabung s e i n e r Hegemonie. "
   b) Victor Bérard, zitiert nach Baumont, p. 59
   "le jeu - qu'on nomme la grande politique - consiste à prendre, prendre le plus possible sans savoir ce qu'on en fera, par précaution, prendre ce que les autres veulent, le prendre parce qu'ils le veulent et pour qu'ils ne l'aient pas. "
   c) Waddington, anläßlich des Sansibar-Madagaskar-Niger-Vertrags. Aff. Etr. - Pap. Ribot, t. III, f. 230 ff. ; Waddington an Ribot, 23. 7. 1890
   "Pour la France qui n'a pas d'excédents de population à déverser sur ses colonies, qui n'a pas la ressource des grandes compagnies coloniales anglaises, je trouve que le fardeau qu'elle va assumer sera fort lourd, et à tout prendre plus onéreux qu'utile. Mais enfin, il est absolument nécessaire d'empêcher nos rivaux de prendre la place, et à mes yeux c'est un argument capital. "

25) Fachoda, p. 3

26) Hist. Cont. IV, p. 392

27) Colonies I, p. VI - cf. auch p. V, VII

28) Colonies I, p. XIX

29) Colonies VI, p. 567
30) Fleur des histoires, p. 103
31) Hist. Nat. frc. I, p. XXXVI ff.
32) Hist. Nat. frc. V, p. 145
33) Fleur des histoires, p. 312
34) Union, p. 2
35) Jeanne d Arc 1938, p. 8
36) Equilibre, p. 338
37) Hist. Cont. III, p. 104
38) Madagascar, p. 239
39) Madagascar, p. XVIII
"Une terre devenue française doit, h i c e t n u n c , faire figure de pays civilisé. "
40) DDF 11 - 191, Delcassé an Monteil, (13. 7. 1894); dazu das Original: Aff. Etr. - Afrique, Questions gén. NS 5, f. 232
41) Henri Martin, p. 95
42) - Erwähnenswert ist, daß Hanotaux seinen Franzosen gerade Wilhelm II als Vorbild hinstellt, der die Bedeutung Amerikas erkannt habe. cf. Equilibre, p. 225 - 245
- Einen Hinweis darauf, daß Hanotaux sehr früh die Bedeutung der Vereinigten Staaten erkannt hat, mag man in einem Tagebucheintrag aus dem Jahre 1887 sehen, wo er über ein Zusammentreffen mit Blaine, dem ehemaligen Außenminister und republikanischen Präsidentschaftskandidaten berichtet. In diesem Gespräch habe er versucht, Hinweise auf die amerikanische Haltung zu den verschiedenen großen Weltkonflikten zu erlangen und ganz speziell im Hinblick auf einen eventuellen Krieg zwischen England und einer anderen europäischen Macht.
Aff. Etr. - Pap. Han. I, f 31 - 32
43) Institut, MS 1988, Hanotaux an Regnier (14. 1. 1909)
44) Une Campagne, p. 19
45) Union, p. 18
= L'Union de la France et de l' Amérique, in: Revue Hebdomadaire XI (1917), p. 148
cf. auch: L'Amérique française in: Revue Hebdomadaire VI (1916), p. 161
46) Mon Temps II, p. 512 ff.
47) Aff. Etr. - Pap. Han. XXIII, f. 89/90, o. D.

48) Empire, p. 193
49) Girardet, p. 114
50) cit. nach Blet, p. 14
 - Zu dieser "humanitaristischen" Rechtfertigung der Kolonialexpansion in Frankreich siehe Brunschwig, Mythes et Réalités, p. 136/7 und 173 - 177
51) Nachweise und Belege vor allem bei:
 Langer, p. 91 ff., dazu auch:
 Hallgarten I, p. 51 - 53
 W. J. Mommsen, Nationale und ökonomische Faktoren ...
 HZ 206 (1968), p. 618/619
52) Fritz Fischer, Griff nach der Weltmacht. Die Kriegszielpolitik des kaiserlichen Deutschland 1914 bis 1918
 Düsseldorf 1964³, p. 18
53) "Das Erfreuliche an den Kolonien ist gerade, daß sie ein verhältnismäßig freies Feld geben für die uneingeschränkte Bestätigung eines zivilisierten Volkes, wie des deutschen, nach der Richtung der Übertragung der ethischen Ideale, der kulturellen Fortschritte, seiner vorgeschrittenen wirtschaftlichen Entwicklung."
 Bernhard Dernburg, Zielpunkte des Deutschen Kolonialwesens, Berlin 1907, p. 3 ff.
 Vortrag vor einer "Freien Vereinigung von Gelehrten und Künstlern" gehalten am 8. 1. 1907
54) Versailles, p. IV
55) Energie, p. 295
56) Guerre de 14, I, p. 23
57) Guerre de 14, I, p. 24
58) L'Empire des 100 millions d'âmes, in: Illustration
 27. 4. 1940, p. 406
59) Mangin, p. 1, p. 31 - 41 (Kapitel: "Les Troupes Noires")
60) - Mangin selbst veröffentlichte im Rahmen seiner Kampagne zwei Arbeiten: Troupes noires (1909) mit einem Vorwort von Hanotaux, und La Force noire (1910).
 - Mangin erscheint auch als Mitarbeiter an der von Hanotaux herausgegebenen Histoire de la Nation française
 - Im Gegensatz zu Hanotaux und Mangin sah John A. Hobson in der Zusammensetzung des Heeres aus Angehörigen der Kolonialvölker ein Schwächemoment der imperialistischen Staaten, Anzeichen für ihr parasitäres Dasein, welches unweigerlich, wie einst im Falle Roms, zu Verkümmern und Absterben führen müsse.
 J. A. Hobson, Imperialism, A study, 1938³, p. 366 f.

61) France Vivante, p. 120
62) zitiert nach: France Vivante, p. 118
63) Etienne, p. 13, 14
64) cf. Fieldhouse, Brunschwig, Schieder
65) T. F. Power, p. 199 und passim
66) Die ökonomische und speziell die leninsche Theorie von den wirtschaftlichen Ursprüngen des Imperialismus ist auch nicht dadurch zu widerlegen, daß man nachweist, Frankreichs Kolonien und die der anderen Kolonialmächte hätten im ganzen betrachtet der Nation nichts eingebracht. Eine Minderheit hat sehr wohl Geschäfte in den Kolonien gemacht, während die Kosten von der Mehrheit getragen wurden. Andererseits ist fraglich, ob schon eine endgültige Bilanz gezogen werden kann. Die Kolonialmächte sind vielleicht erst nach dem Verlust ihrer Kolonien dort richtig ins Geschäft eingestiegen.
67) Madagascar, p. 272
68) Fachoda, p. 174
69) Versailles, p. 63
70) cf. hierzu die "rapports consulaires" in den Archives Nationales, Serie F^{12}, die einen recht guten Einblick in Hanotaux' damalige Tätigkeit bieten.
71) Energie, p. 286 - 295
72) Energie, p. 292 f.
73) Duchêne, p. XV
74) France Vivante, p. 6 f.
75) Colonies I, p. XXXV, Unterstreichung von uns.
76) Richelieu IV, p. 556
77) - Partage, p. 62
    - Unter "Merkantilismus" versteht Hanotaux einerseits diejenige Konzeption, die in den Kolonien lediglich Objekte der Ausbeutung sieht, Lieferanten von Bodenschätzen und Rohstoffen, andererseits aber, weiter gefaßt, eine nur auf Erwerb von Reichtum, Profit und materiellen Gütern gerichtete Geisteshaltung, also etwa das, was im heutigen, volkstümlichen, nicht-wissenschaftlichen Sprachgebrauch der Begriff "Materialismus" ausdrückt. Es ist eben die Einstellung, die Hanotaux stets als minderwertig kritisiert hat.
78) France Vivante, p. 126
79) Gerade im "Merkantilismus" sah Hanotaux die Hauptschwäche Englands. Hist. Nat. Frç. I, p. XXXVIII

80) Colonies I, p. XXXV; Richelieu IV, p. 559
81) Etienne, p. 16
82) Etienne, p. 24
83) - Hinzu kommt, daß der gewiegte Diplomat Hanotaux dem undiplomatischen, hemdsärmeligen Vorgehen der groupe colonial distanziert gegenüberstand.
- Die Meinungsverschiedenheiten mit Etienne scheinen verhältnismäßig spät aufgetaucht zu sein, denn bevor Hanotaux Minister wurde, muß das Verhältnis der beiden Männer recht eng gewesen sein, wie etwa folgender Brief aus der Korrespondenz Etiennes zeigt:
BN - n. a. fr. 24327, f. 20 - 21; Hanotaux an Etienne, 12. 3. 92
"Cher Ami,
On t'aura dit probablement que j'étais allé à ton cabinet, avanthier, pour te serrer la main avant ton départ. Je n'ai pas besoin de te dire très sincèrement que je l'ai vivement regretté. Je suis certainement en très bons termes avec Jamais et je ne doute pas que nos affaires n'aillent bien comme par le passé. Mais nos anciennes relations, ta bonne camaraderie et par dessus tout la promptitude et la netteté de ton intelligence et de ta résolution nous étaient d'un très grand secours pour tout ce qui demandait le concours réciproque des deux administrations. Quoiqu'il en soit, tu n'as pas perdu ton temps dans le passage, trop court encore, que tu as fait aux Colonies. Ton oeuvre est considérable et tu peux te retourner avec fierté vers le chemin parcouru. Je te regrette vivement et le pays doit te regretter encore plus que moi. Je n'ai pas besoin d'ajouter que je ferai le possible pour mener à bon port ce que nous avions entrepris ensemble.
Si, un jour, tu pourrais passer au ministère, je serais bien heureux de te parler de nos affaires et de te dire de nouveau, combien je reste ton dévoué
$\qquad$ Gabriel Hanotaux"
Allein die Tatsache, daß Hanotaux Etienne duzt, ist bemerkenswert, da dies ein recht seltenes Phänomen in der Hanotaux' schen Korrespondenz darstellt. Um so auffälliger ist, daß keinerlei Anzeichen für engere Kontakte zwischen Hanotaux und Etienne aus späteren Jahren vorliegen.

84) Daß Frankreich gleichzeitig mit seinen Besitzungen in Amerika und Kanada auch seine bedeutenden Einflußgebiete in Indien an England verloren hat, erwähnt Hanotaux bezeichnenderweise so gut wie nie.

85) Mon Temps II, p. 111 ff.
"De ce jour, je fus attaché à Brazza pour la vie. Il m'apprit l'Afrique; je connus par lui l'exemple du bienfait et le savoir-faire de la paix"

86) z. B. Colonies VI, p. 560
    cf. auch: Empire 281 ff, Kapitelüberschrift: "Sauver le paysan noir"

87) a. a. O., p. 139 t. XXXVII (1927)

88) In diesem Sinne etwa wäre das "Chanson de Roland" als "apport intellectuel" der Araber zu bezeichnen, während der Einfluß der arabischen Architektur, Mathematik und Philosophie außer acht gelassen würde.

89) Fachoda, p. 62 f.
    Ähnlich bezeichnet auch Ferry die Kolonialmächte als "races supérieures". Rede vom 27. 3. 1884, zitiert nach Blet, p. 14

90) Colonies VI, p. 559

91) Empire, p. 141 ff.

92) Empire, p. 250 f.

93) Madagascar, p. 294

94) cf. hierzu: Fieldhouse, Die Kolonialreiche, p. 258 ff.
    Schieder, Handbuch, p. 101
    Brunschwig, La Colonisation, p. 264 ff.
    Deschamps, Methodes, p. 142 ff.

95) Empire, p. 303 ff.

96) Madagscar, p. 294

97) H. Deschamps, Methodes, pp. 173, 277, 340, etc.

98) Balkans, p. 76 (12. 8. 1912)

99) Georg Dahm, Völkerrecht, Bd. 2, Stuttgart (1961), p. 129 - 135

100) Madagascar, p. 265

101) cf. Colonies I, Einleitung, u. a. p. XV: "Les 'Colonies' de terre sainte, de Syrie, d'Orient, de Grèce."

102) Empire, p. 146 f.

103) Rede vom 20. 10. 1884, zitiert nach Blet, p. 14 f.

104) Madagascar, p. XVII

105) Madagascar, p. IX

106) Madagascar, p. 294

107) Madacascar, p. 265 f.

108) Equilibre, p. 48 (Oktober 1907)

109) Versailles, p. 209 - 215
     Das Memorandum steht in dem allgemeinen Zusammenhang der

völkerrechtlichen Diskussion um den Inhalt des Mandatsrechts.
Diese Diskussion soll nicht referiert werden. Das Memorandum
wird hier aber erwähnt, weil es zusätzliches Licht auf Hanotaux'
Konzeption des Protektoratsregimes wirft.

110) Versailles, p. 211

111) Empire, p. 43

112) Empire, p. 146 f.

113) Empire, p. 232

114) Versailles, p. 169

115) Die drei Artikel aus Le Journal sind sowohl in La Paix latine (1903), in dem Kapitel L'Islam, p. 89 - 130, als auch zusammen mit der im Kairoer Blatt Al Moayaâ erschienenen arabischen Erwiderung, in L'Europe et l'Islam (1905) abgedruckt.
Zum selben Thema ist auch heranzuziehen:
Empire, L'Islam, p. 135 - 141
Balkans, Kap. I, VII (1912)

116) Empire, p. 135

117) Bei sehr genauer Lektüre stößt man bisweilen auf kleine aber recht signifikante Varianten. In dem Islamartikel in Le Journal, wo es Hanotaux um die Festigung der französischen Kolonialherrschaft geht und es sein Ziel ist, die Franzosen zu einer einheitlichen Verhaltensweise gegenüber dem Islam zu bringen und er die Lösung des Protektorats vorschlägt, schreibt er, wie oben gesehen:
"Il existe une terre qui est en train d'échapper insensiblement à La Mecque et au passé asiatique, une terre où un esprit nouveau naît dans la jurisprudence etc..."
Drei Jahre später übernimmt er diesen Artikel in sein Buch La Paix latine, wo er stark für eine Versöhnung der Mittelmeerländer und ihrer Völker eintritt und allgemein Verständnis und religiöse Toleranz predigt. Der oben zitierte Satz wird dann entsprechend verändert, p. 112: "Il existe une terre qui sans échapper au point de vue religieux à La Mecque et au passé asiatique voit naître un esprit nouveau dans la jurisprudence etc..."
Die Formulierung wird offenbar der jeweils anderen Zielsetzung angepaßt. Gleichzeitig ist dies ein weiterer Beweis für Hanotaux' uneinheitliche Haltung.
(Die Unterstreichungen sind von uns)

118) Empire, p. 250

119) Balkans, p. 66

120) Equilibre, p. 33

121) Bezeichnend ist in diesem Zusammenhang eine Bemerkung in
Pour l'Empire colonial français , p. 165, wo er über eine Reise
durch Tunesien berichtet und die unter der französischen Herrschaft
gemachten Fortschritte aufzeigen will: "Rien que la route est un
spectacle. Plus large que n'importe quelle route nationale française,
solidement construite, bien égalisée, bien entretenue, avec son
autostrade au milieu, ses deux bas côtés pour les indigènes. "
Die Naivität ist schwerlich zu überbieten.

122) Artikel zusammengefaßt in L'Europe et l'Islam

123) Balkans VII, p. 83

124) Empire, p. 214

125) Mon Temps IV, p. 118

126) Vergleichen wir abschließend die in diesem Abschnitt aufgezeigten
Ideen Hanotaux' mit folgenden Sätzen, die Brunschwig über die
"Doktrin der Assimilation" in seinem Buch La Colonisation française
auf Seite 264 schreibt: "Généreuse, sans doute, et imprécise comme
souvent les grands idéaux; doctrine universelle dérivée des déclarations de 1789, humanitaire, renovée par l'émancipation des esclaves
en 1848, métropolitaine enfin, distillée par vingt siècles des civilisation humaniste et chrétienne ... idéal plutôt que doctrine de
l'assimilation et dont le sens varie avec la bouche qui l'exprime ...
... Sa persistance est un effet de l'esprit logique des Français. Ils
sont si intimement persuadés de la valeur universelle de leurs principes qu'ils les appliquent partout. Détenteurs de la vérité, ils con-
çoivent pas que son évidence puisse échapper à des peuples étrangers.
Ces apôtres de la tolérance en arrivent à paraître aussi tyranniques
que les inquisiteurs, qui envoyaient leurs frères au bûcher, pour
le plus grand bien de leurs âmes. Ce rationalisme impénitent a
permis aux principes de l'assimilation de subsister même au temps
où la doctrine s'en écartait. A lire attentivement les textes des pro-
moteurs du protectorat, il est rare qu'on n'y décèle pas les traces
d'un espoir, souvent inconscient, en une assimilation future. "
Man kann wohl sagen, daß diese allgemeine Aussage Brunschwigs
durch unsere Untersuchung - also durch eine der speziellen Arbeiten, deren Fehlen er in seinem Vorwort zu Mythes et réalites
de l'impérialisme colonial français bedauert hatte - für den Fall
Hanotaux weitgehend bestätigt worden ist.

zu IV: Die Praxis der Kolonialexpansion

1) - Charles Seignobos, La signification historique des élections françaises de 1928, in: L'Année politique, Juli 1928, p. 261
"On peut dire sans exagérer, que jusqu'en 1914 les relations avec
l'étranger se renfermaient dans un enclos réservé aux professionnels

de la diplomatie, où pénétraient tout au plus le président de la République, le ministre des Affaires étrangères, parfois le président du conseil. Ni les électeurs, ni les députés ne cherchaient à y entrer, à peine connaissaient- ils le nom des Etats étrangers. Leur politique extérieure se résumait dans l'horreur de la geurre, sans aucune pensée sur les moyens pratiques de l'éviter. "
- André Siegfried, Tableau, p. 97, zitiert diese Stelle und fügt auf p. 99 aus eigener Erfahrung hinzu, daß Wähler im Wahlkampf nie nach außenpolitischen Dingen gefragt hätten, und er folgert auf p. 120: " ... la France n'aime que la politique intérieure... "
- Ziebura kommt zu demselben Ergebnis und verweist darauf, daß Delcassé seine Politik über Jahre hin, ohne Rücksicht auf Parlament und öffentliche Meinung hätte führen können.
Gilbert Ziebura, p. 11, Anmerkung 6
- Von Hanotaux selbst kennen wir ebenfalls Klagen über diese Haltung der französischen Öffentlichkeit.
La Diplomatie de l'avenir, in: Revue Hebdomadaire II (1909), p. 201 ff.

2) Vignes, p. 399
"A l'exception de quelques cercles limités où se rencontrent notamment les animateurs de "Comité de l'Afrique française" et du "Parti Colonial", le gouvernement ne rencontre au point de vue politique et financier, ni de la part du Parlement, ni auprès de l'opinion publique, l'appui qu'il pourrait souhaiter. "

3) Fachoda, p. 72

4) Fachoda, p. 121

5) Den Nachweis erbringt Rachel Arié in ihrer Arbeit: L'Opinion publique en France et la question d'Egypte (1885 - 1904), Thèse de l'Université de Paris, 1954. Die Autorin untersucht dabei ganz besonders die Haltung der französischen Presse. Einleitend stellt sie fest: "La place de la politique extérieure - et plus spécialement de la politique coloniale - est assez restreinte: les lecteurs s'intéressent plutôt aux événements de l'histoire intérieure du pays" (p. 9). Die kleine Zahl der Zeitungen aber, die sich für Außenpolitik interessiere, wende sich eher an ein "public aisé et cultivé", als an die breiten Massen. Dieses Publikum beschäftige sich mit Ägypten im Wesentlichen in seiner Eigenschaft als Gläubiger der ägyptischen Staatsschulden. Später, ab etwa 1892/93 seien es dann vor allem die "milieux coloniaux" gewesen, die die ägyptische Frage wachgehalten und im Zusammenhang mit den französischen Expansionbestrebungen in Richtung Sudan geblickt hätten. Diese Kreise, stets nur einen kleinen Teil der Öffentlichkeit repräsentierend, hätten dann immer wieder versucht, allerdings mit sehr geringem Erfolg, die breite Masse der Franzosen ebenfalls für diese Frage zu interessieren (p. 102 ff.). Besonders im Hinblick auf den Sudan seien alle Be-

mühungen erfolglos gewesen. Arié meint abschließend: "La question d' Egypte fut l' apanage des milieux coloniaux" (p. 203).

6) zitiert nach Arié, p. 202

7) Aff. Etr. - Egypte / Soudan II, NS 27, f. 106 ff, anonym

8) Die Tatsache des Desinteresses der französischen Öffentlichkeit an außenpolitischen und besonders kolonialen Fragen stellt ein bedeutendes Argument gegen die von A. J. P. Taylor und J. D. Hargreaves vertretene These dar, derzufolge die französischen Politiker nie ernsthafte Absichten in Ägypten und im Sudan verfolgt hätten, daß alle Aktionen in diesen Gebieten vielmehr nur bestimmt gewesen wären, die öffentliche Meinung, die das Scheitern von 1882 nicht hätte verwinden können, zufriedenzustellen.
Zu dieser These: Taylor, Prelude, p. 79
Taylor, Struggle, p. 380
Hargreaves, p. 66
Die öffentliche Meinung aber hätte Marchand nie nach Faschoda geschickt, dies war allein der Entschluß der politischen Führung, die in diesen Jahren stark von den genannten "milieux coloniaux" beeinflußt war. Die öffentliche Meinung hat auch den immerhin anderthalb Jahre dauernden Marsch Marchands mit nur äußerst geringem Interesse verfolgt. Erst als es zum Zusammenstoß gekommen war, interessierte und passionierte sich auch die öffentliche Meinung, zumal Frankreichs Ehre angesprochen war und echte Kriegsgefahr bestand. Nicht die Öffentlichkeit hat die führenden Kreise zu offensiver Politik in Ägypten und im Sudan gedrängt, sondern diese führenden Kreise haben versucht, die breite Masse der Franzosen mit sich zu ziehen.

9) Aff. Etr. - Pap. Han. XXIV, f. 155/6, Lavertujon an Hanotaux, 6. 1. 1896

10) In ähnlichem Sinne schreiben und bestärken ihn auch andere seiner zahlreichen Korrespondenten, cf. :
Aff. Etr. - Pap. Han. XIX, P. Cambon, f. 42, 24
XVI, A. Pillet, f. 184
XXV, Millet, f. 115; H. Marcel, f. 50

11) u. a. Les Carnets de G. Hanotaux, in: Revue des Deux Mondes, Mai 1949, p. 215, 217, herausgegeben von G. Jaray

12) Der Duc de la Force schreibt einmal: "Son passage à la Chambre fut bref et ne lui inspira nulle admiration pour le régime parlementaire. "
G. Hanotaux, in: Revue des Deux Mondes, 1944 (81), p. 150

13) F. Loliée, G. Hanotaux in: Revue Bleue, 2. 1. 1904, p. 18

14) Correspondance Cambon, passim
u. a. p. 372, 24. 5. 1894: "...nous avons une démonstration nouvelle

de l'impossibilité de gouverner la France sous la forme d'une démocratie parlementaire. Les illusions que nous avons pu nourrir s'évanouissent peu à peu."
p. 385, 15. 2. 1895: "Nos Chambres ne sont bonnes qu' aux récriminations et aux proscriptions mutuelles et cette tendance naturelle à la démocratie ne fera que s'accentuer jusqu'à ce qu'une violente réaction contre ce prétendu parlementarisme ne nous soumette à un régime analogue à celui de 1852."

15) GP IX, 2357, Münster an Hohenlohe, 28. 5. 1895
16) Aff. Etr. - Pap. Han. I, Journal, f. 24
17) Auf den folgenden Seiten gibt er sich Verhaltensregeln, wie das angestrebte Ziel am besten zu erreichen sei:
"Je ne puis trop lutter contre ce bavardage, ce papotage qui est mon défaut."
"En politique c'est la recherche de la banalité qui est le salut."
"Le temps est venu de dissimuler ma science de la vie. Pourquoi parler de Machiavel à des imbéciles, pourquoi parler."
18) Aff. Etr. - Pap. Han. I, Journal, f. 59 (18. 10. 1893):
Er fährt fort:
"On trouvera, dans les pages qui précèdent, les traces nombreuses de ce que j'ai fait sous le ministère Ribot. Develle qui vient de tomber du pouvoir avait peut-être encore plus de confiance en moi."
Ein Jahr zuvor hatte er schon geschrieben (a. a. O. f. 42):
"J'ai conquis à la force du poignet la confiance de Spuller, puis celle de Ribot; celui-ci me traite très bien et ne fait rien sans me consulter (cela ne veut pas dire qu'il suive toujours mes conseils). Cependant j'ai une certaine influence sur lui et par là j'ai réalisé jusqu'à un certain point par une voie détournée, le but que je me proposais en écrivant la première page de ce cahier."
19) Die "Spuren", auf die Hanotaux anspielt, sind im einzelnen:
a) Journal f. 29/30
Im Jahre 1887 hat der Minister Flourens angeblich Hanotaux' Rat angenommen, die Umgebung des Sultans zu bestechen, um das Zustandekommen der anglo-türkischen Konvention über Ägypten zu verhindern.
b) Journal f. 51 ff. (23. 8. 1892)
"J'ai de longues conversations tous les soirs avec Ribot au sujet du grand travail de l'Alliance Russe."
Das Journal zeigt aber auch, daß Hanotaux dieser Allianz skeptisch gegenüberstand. Überdies gibt er selbst zu, daß sein Einfluß nur gering war: "Je n'ai d'ailleurs été mis au courant de détail qu'alors que les choses étaient très avancées."
c) Journal f. 54 (8. 12. 1892)
Als "sous-directeur des protectorats" handelt er einen Grenzvertrag mit dem Kongofreistaat aus.

d) Journal, f. 60 (2. 7. 1893)
Hanotaux unterzeichnet eine von ihm ausgehandelte Handelskonvention mit Rußland.

20) Mon Temps II, p. 62 ff.

21) Gérard, Mémoires, p. 64

22) GP XI, 2691, Marschall an Hatzfeld, 27. 2. 1896
GP XI, 2848, Holstein an Münster, 23. 4. 1896
Holstein IV, p. 19, Holstein an Hatzfeld, 12. 4. 1897

23) DDI, I, 6 - 12. 3. 1896: "... il signor Hanotaux che conserva tutta la sua autorità ed esercita larga influenza al Ministero degli Affari Esteri... "
DDI, I, 95 - 6. 5. 1896: "... durante il tempo in cui egli non rivestiva più funzione politiche, ma rimaneva tuttavia consultente desiderato ed ascoltato nel Gabinetto del Quai d' Orsay... "

24) Aff. Etr. - Pap. Han. XIII, f. 119, Déroulède an Hanotaux 19. 3. 1896

25) Aff. Etr. - Pap. Han. XIV, f. 261 ff., Lucien Herr an Hanotaux, 27./28. 2. 1896
Aff. Etr. - Pap. Han. XV, f. 25 ff., mehrere Briefe Ernest Lavisses an Hanotaux

26) La Fondation définitive de l' Indo-Chine française in: Revue de Paris 1929, I, p. 16
- cf. auch Le Journal (14. 5. 1900), wo er in dem bereits mehrmals genannten Artikel sein Plädoyer für die Diplomatie in eine allgemeine Auslassung über die Möglichkeit entgegengesetzte Meinungen durch Miteinanderreden, durch Ausklammern und Ausräumen von Mißverständnissen, zusammenzuführen, einbaut: "En tous cas, j' ai toujours pensé que, même dans les matières les plus graves il n' y avait pas de question tellement complexe et embrouillée qui ne contînt en elle-même sa solution équitable et pacifique. "

27) Mon Temps IV, p. 206

28) GP IX, 2327, Radolin an Hohenlohe, (19. 10. 1895)

29) cf. Fachoda, Annexes, wo er alle von ihm ausgehandelten und unterzeichneten Verträge, Abkommen und Konventionen zusammenstellt.

30) Equilibre XVIII, p. 308

31) Balkans XXXIX, p. 400 (7. 11. 1913)

32) La Fondation définitive de l' Indo-Chine française, in: Revue de Paris, 1929, I, p. 5 - 16

33) Grey I, p. 24

34) Grey I, p. 15
35) Hist. Cont. I, p. 121
36) Equilibre I, p. 21 ff. (1907)
37) Besonders in Versailles, passim
38) cf. Equilibre, Balkans - passim; dazu besonders:
N. M. Butler, L. Esprit international, Paris, 1914, préface von G. Hanotaux
39) Le projet d'union et de coopération européenne, in: Revue des Deux Mondes LVIII (1930), p. 755 - 779
40) Equilibre X, p. 173 (Dez. 1908)
41) Equilibre IX, p. 168 (Okt. 1908)
cf. auch: Equilibre IV, p. 63
Balkans II, p. 28
42) Wenn auch Hanotaux unermüdlich das Loblied dieses Systems singt, so darf nicht übersehen werden, daß es, und gerade im osmanischen Fall und zur Zeit, als er selbst Außenminister war, keineswegs immer so gut funktioniert hat. Dies zeigt insbesondere ein Blick in den Briefwechsel des damaligen französischen Botschafters in Konstantinopel, Paul Cambon (Correspondance I, p. 441, 414 ff, 418, 419 f. (1896)), in dem dieser wiederholt bedauert, daß kein echtes europäisches Konzert zustande käme. So meint er einmal, p. 428: "Le concert européen est dans une situation bien piteuse."
43) - Empire, p. 340 f.
- Zu bemerken ist am Rande, daß bei Hanotaux gelegentlich der Gedanke auftaucht, die Solidarität der Europäer, das "concert européen" sei nötig, um sich gegen die neuen Mächte Asiens und Amerikas, insbesondere gegen Japan und die Vereinigten Staaten zu behaupten. Equilibre IV, p. 62 (Nov. 1907)
44) Richelieu II, p. 487
45) Equilibre XXII, p. 376 (30. 9. 1911)
"Suivant avec attention le jeu de bascule qui se produisait devant elle, elle se portait, tantôt d'un côté, tantôt de l'autre, selon les circonstances et selon le calcul de ses intérêts, combinés avec ceux de son allié. Ce système nous avait permis de constituer notre empire colonial: Tunisie, Indo-Chine, Madagascar, Niger, Congo. Peut-être eût-il mieux valu ne pas s'en départir sitôt."
46) DDF 12 - 157, Hanotaux an de Courcel
47) DDF 14 - 129, Hanotaux an Cambon (5. 4. 1898), cf. Bd. 14 passim Anfang April 1898
48) Aff. Etr. - Pap. Han. II, f. 125

49) GP XIII, 3435
50) cf. auch: GP XII, 3118, 3135, 3147 und passim
51) Aff. Etr. - Pap. Han. XIX, f. 54 ff.
52) Interessant ist es, zu sehen, daß Hanotaux diese Politik auch anderen Mächten zur Nachahmung empfahl. Dem japanischen Botschafter in Frankreich rät er anläßlich eines Gesprächs über die Verhandlungen, die dem japanisch-chinesischen Frieden folgten: "Pour moi, ai-je ajouté, si j'avais à traiter une pareille situation au point de vue de votre Gouvernement, je m'arrangerais de façon à laisser toutes les fenêtres ouvertes pour les solutions de l'avenir et à ne pas m'enfermer dans une ligne étroite qui me subordonnerait nécessairement à une seule politique et me lierait fatalement à telle ou telle combinaison ou à telle ou telle Puissance."
DDF I, 12 - 114 (3. 8. 1895)
53) Richelieu I, p. 538
54) Mon Temps II, p. 245
55) Henri Martin, p. 109
56) Equilibre, Avertissement
57) Equilibre, XXV - XXVII, und Avertissement
58) GP XX, 6386 (1. 10. 1904)
59) GP XXXI, 11562 (27. 2. 1912); 11568 (28. 5. 1912)
GP XVIII, 5885 (23. 10. 1902)
60) DDF III, 4 - 136 (12. 10. 1912), cf. auch: DDF III, 2 - 105, 295
61) Les Carnets de G. Hanotaux, in: Revue des Deux Mondes (15. 11. 1949) hersg. von G. Jaray, p. 205
62) Wir müssen demnach Taylors Meinung zurückweisen, der behauptet: "In other words, Hanotaux was grouping towards the E n t e n t e C o r d i a l e ." (A. J. P. Taylor, Prelude, p. 66 - Ähnlich auch J. D. Hargreaves in: Entente Manquée)
Nichts kann angeführt werden, um einen grundlegenden Wandel in Hanotaux' Einstellung zu einer Entente mit England zwischen den Jahren 1898 und 1905 nachzuweisen.
In Hanotaux' Carnets findet sich eine nicht datierte "Note de G. Hanotoux pour lui-même en vue d'un entretien avec Lord Salisbury" (Revue des Deux Mondes, Mai 1949, p. 208 ff, Les Carnets de G. Hanotaux, hrsg. von Gabriel Jaray)
"Ligne générale: La France se tient sur la réserve; peu de choses la divisent de l'Angleterre. Si ce peu de chose était réglé, l'entente cordiale se referait spontanément...
Dies bedeutet aber keineswegs, daß Hanotaux die Entente tatsächlich

angestrebt hat; es beweist lediglich, daß er solch eine Taktik in seinen Gesprächen mit Salisbury verfolgen wollte!

63) Aff. Etr. - Pap. Han. I, f. 30 (Journal) 1887

64) La Nation 1887, Nummern vom 29./30. Juni und 1./2./5./7./9./ 12./16./19. Juli

65) Aff. Etr. - Pap. Han. I, f. 24, Journal, 24. 8. 1891

66) Aff. Etr. - Pap. Han. I, f. 52, Journal, 23. 8. 1892

67) cf. Dokumentenanhang - Privatarchiv de Boisdeffre:
Montebello an de Boisdeffre 1. 6. 1895
De Boisdeffre an Montebello 4. 6. 1895
Montebello an de Boisdeffre 10. 6. 1895
Montebello an de Boisdeffre 14. 6. 1895
Anzumerken ist, daß Boisdeffre im Gegensatz zu Montebello klar gesehen hat, daß Hanotaux letztlich fest zur Allianz stand. Das eigentliche Motiv für Hanotaux' Reserve, nämlich die Ideologie der Politique de l'équilibre, scheint aber auch er nicht gesehen zu haben. Dies Motiv hat wesentlich mehr Bedeutung als die von de Boisdeffre angeführte Opinion publique und die Presse.

68) cit. nach Baumont, p. 314; Schreiben an den Zaren 1898 nach einer Parisreise

69) cf. hierzu infra Kapitel IV, 2 b

70) Fachoda, p. 131

71) DDF 12 - 383 (7. 5. 1896)

72) Paul-Boncour, p. 28

73) Gillet, p. 101

74) Albin, p. 70; Le Coup d'Agadir, Paris (1912)

75) Stuart, p. 3/4, French Foreign Policy, 1889 - 1914; New York (1921)

76) Maurras, Grandeur et décadence d'une considération in: Soleil, 1. 4. 1897

77) Aff. Etr. - Pap. Han. I, f. 115; Ausschnitt aus der Zeitung Le Nord, 2. 6. 1894

78) GP XIII, 3554, 3552, 3430

79) Fachoda, p. 105

80) Chastenet, t. III, p. 363

81) Iiams, p. 27

82) Vetter, p. 179

83) Grey I, p. 11
84) Vergleiche die ausführliche Interpretation dieser Aufzeichnung auf p. 142 ff.
85) Fachoda, p. 68
86) Fachoda, p. 84
87) Fachoda, p. 79
88) In dem Buche R. Millets <u>Notre Politique étrangère de 1898 à 1905</u>, zu dem Hanotaux das Vorwort schrieb, wird die säkulare Gegnerschaft Frankreichs und Englands ganz stark betont, p. 128: "Jusqu' à ces derniers temps, l'abaissement de la France était resté la maxime fondamentale du cabinet de Londres."
89) Fachoda, p. 65
90) Fachoda, p. 113
91) cf. besonders: Equilibre, Balkans, Fachoda
92) In der <u>Histoire de la Nation Egyptienne</u> werden die Zwistigkeiten Englands und Frankreichs nicht erwähnt oder doch sehr stark beschönigt.
Hist. Egypte I, p. LXXXIX
93) in: <u>La Vie et l'Oeuvre de G. Hanotaux</u> von F. L. de La Barre und anderen, Paris, 1933, p. 22
94) Versailles, p. VI
95) Guerre de 1914, I p. 30
96) Mon Temps IV, p. 234
97) Dies hat ihm in der Presse gewisse Kritik eingebracht. Sein Vorgänger Challemel-Lacour hatte sich intensiv mit deutscher Philosophie beschäftigt und Hanotaux geht recht eingehend auf diese Studien ein. Henri Chérat SJ schreibt dazu in <u>Etudes</u> (t. 75, 1898, 20. 4. 1898, <u>La Réception de G. Hanotaux à l'Académie Française</u>):
"M. Hanotaux a pris la chose au sérieux. Partage-t-il la sympathie du normalien errant pour les gros livres des penseur germaniques?" und etwas weiter heißt es: "Il est au moins bizarre que les éloges de M. Hanotaux aient été à l'Allemagne et aux Allemands."
Dabei ist letztere Bemerkung wieder übertrieben, denn Hanotaux verhält sich in seiner Rede völlig neutral gegenüber der deutschen Philosophie.
98) Hist. Cont. II, p. 612
99) Hist. Cont. II, p. 544 f.

100) Hist. Cont. I, p. 11
101) Hist. Cont. I, p. 256 f.
102) Fachoda, p. 130
103) Equilibre XV, p. 254 (Februar 1910)
104) Balkans XXXVIII, p. 390f. (23. 8. 1913)
105) Besonders wichtig ist hierfür ein Brief Hanotaux' an den französischen Botschafter in Petersburg, Montebello, in dem er über ein Gespräch mit dem in Paris weilenden russsischen Außenminister Murawjow berichtet. Murawjow war am 13. 1. Außenminister geworden, es handelt sich um eine erste Kontaktaufnahme mit dem französischen Verbündeten, Anlaß zu einer Darlegung der leitenden Prinzipien der französischen Politik. Da es sich um einen internen französischen Schriftwechsel handelt, also die Lage ganz offen besprochen werden kann, gewinnt dieses Schriftstück besondere Bedeutung und wird deshalb sehr ausführlich zitiert:
DDF, 13 - 87 (31. 1. 1897)
"Nous avons d'abord parlé de l'Allemagne. Le comte Mouravieff m'a demandé quelles étaient nos relations actuelles avec l'Empire allemand. Je lui ai dit qu'elles étaient bonnes et correctes. Il m'a posé assez brusquement la question suivante: est-il exact qu'il ait été question récemment d'un rapprochement entre vous et l'Allemagne? Je lui ai répondu qu'il n'en avait été nullement question. Il m'a paru qu'il serait très dangereux de laisser se créer un malentendu sur un point si important et de permettre à mon interlocuteur de croire que le temps ne serait peut-être pas éloigné ou la question d'Alsace-Lorraine présenterait plus pour nous qu'un intérêt historique. J'ai donc ajouté que notre intention arrêtée était de vivre en paix et d'observer vis-à-vis de l'Allemagne toutes les règles de la correction et même de la courtoisie, mais que pour ce qui est d'un rapprochement, nous ne saurions en envisager l'idée, tant que la question qui nous tient le plus au coeur, celle de l'Alsace-Lorraine, n'aurait pas été réglée. J'ai confiance, ai-je ajouté, comme diplomate, dans l'oeuvre de la diplomatie et je ne considère pas comme impossible une solution pacifique de ce problème. " Auf die Frage Murawjows, ob Frankreich sich gegebenenfalls einer gemeinsamen Politik Rußlands und Deutschlands anschließen würde, fährt er fort: "Formulant donc ma pensée avec plus de précision, je lui dis: Mon avis est, que notre politique, tout en restant résolument pacifique, ne peut s'engager en quoi que se soit dans le sens d'un rapprochement, à moins que les questions qui séparent au fond les deux pays ne soient réglées ou du moins envisagées. Cependant, je crois pouvoir ajouter, à titre personnel que, si, dans une circonstance donnée, sur un point particulier, alors qu'un intérêt précis pour la France et primordial pour elle serait en jeu, ou bien s'il s'agissait de la paix générale, je ne

me refuserait pas à entrer au besoin dans une conversation et même à suivre le cas échéant une marche parallèle. "
Ähnlich drückt sich zweieinhalb Jahre zuvor der französische Botschafter in Berlin in einem Schreiben an Hanotaux aus.
cf. DDF, 11 - 223 (20. 8. 1894)

106) GP XIII, 3470

107) GP IX, 2331
GP XIII, 3593 ff.

108) DDF, 11 - 349 ff.
DDF, 12 - 5 ff.
GP IX, 2343 ff.

109) DDF, 13 - passim
GP XII, passim

110) DDF, 14 - passim
GP XV, passim

111) DDF, 11 - passim
GP IX, passim

112) Chastenet III, p. 273

113) Vignes, p. 370, Anmerkung 2

114) L'Oeuvre coloniale de la Troisième République, in Revue de Paris, 1. 8. 1928, p. 492
cf. auch: Mangin, p. 3, 92 - 95, 237

115) Mangin, p. 92 - 95
Mon Temps II, p. 111 ff.

116) Ferry, p. 36

117) Baumont, p. 274
Ganz eindeutig und lapidar: "Le Quai d'Orsay n'a pas renoncé à l'Egypte. "

118) Zum Vergleich sei die Anzahl der Bände genannt:

a) für die Zeit von Juni 1894 bis Ende 1896:

Allemagne	16	Japon	8
Angleterre	28	Madagascar	10
Autriche	7	Russie	12
Chine	12	St. Siège	7
Egypte	11	Turquie	16
Italie	13	USA	5

b) für die Jahre 1897 bis 1914 (NS)

| Allemagne | 105 | Italie | 42 |
| Autriche | 47 | Russie | 76 |

199

Egypte	106	St. Siège	90
Espagne	56	Turquie	404
Gde. Bretagne	65		

Besonders die erste Serie ist für einen Vergleich interessant, da hier die genaue Zahl der Bände während der Zeit als Hanotaux Minister war, angegeben werden kann, dank der rein chronologischen Ordnung der Dokumentenbände. In der Nouvelle Série ab 1897, die nach Sachgebieten geordnet ist, besteht diese Möglichkeit nicht mehr, dennoch sind auch hier die Zahlen recht bemerkenswert. Beim Vergleich der Zahlen der ersten Reihe ist überdies zu beachten, daß es sich während dieses Zeitraumes für Ägypten im wesentlichen um laufende Geschäfte handelte, nicht um bestimmte präzise, durch schwere Krisen provozierte Verhandlungen, wie es etwa für China, die Türkei und Madagaskar der Fall war; unter diesen Umständen ist besonders der Vergleich mit Österreich und Rußland aufschlußreich. Diese Zahlen zeigen zumindest recht deutlich, daß sich der Quai d'Orsay nicht von Ägypten abgewandt hatte.

119) Aff. Etr. - Pap. Han. I, f. 54, Journal

120) Aff. Etr. - Egypte 143, f. 362 (16. 5. 1896)

121) Aff. Etr. - Pap. Han. XXV, f. 87/88

122) Aff. Etr. - Pap. Han. XV, f. 110

123) Aff. Etr. - Pap. Han. XIX, f. 15 f.

124) Aff. Etr. - Gde. Bretagne NS 8, f. 48
- Wir müssen nach dem hier Gesagten A. J. P. Taylor sehr energisch widersprechen, der mehrmals (Struggle, p. 380; Prelude, p. 79) behauptet, kein vernünftiger französischer Politiker hätte je geglaubt, Ägypten für Frankreich zurückgewinnen zu können oder auch nur die Engländer von dort zu vertreiben.

125) Mon Temps II, p. 426 ff.

126) Lebon, Politique de la France, p. 58/59

127) Etienne, Compagnies, p. 10, Note

128) DDF, 11 - 325, 412, 413, 429, 432
12 - 93, 129

129) Das Abkommen wurde am 15. 1. 1896 unterzeichnet als Berthelot Minister war, war aber im wesentlichen unter Hanotaux ausgehandelt worden und die uns interessierende Klausel geht ziemlich sicher auf Hanotaux' Initiative zurück, schrieb er doch schon am 21. 10. 1895 an de Courcel:
"Je tiens à le dire immédiatement, le résultat que nous nous proposons ne serait pas atteint si nous ne recevions simultanément l'assurance que l'arrangement éventuel des difficultés indo-chinoises

sur les bases indiquées n'est qu'un premier pas dans le sens du règlement amiable d'autres difficultés pendantes entre les deux pays. " Im Folgenden nennt er dann ausdrücklich die Nigerfrage. (DDF, 12 - 179)

130) DDF, 12 - 468 und DDF, 13 - 40, 46

131) Lebon, Politique de la France, p. 66

132) Aff. Etr. - Gde. Bretagne NS 11, f. 72 (Pol. étr. - Rel. France) Copie Télégramme, Paris 4. 7. 1897; Ambassadeur français à Londres. Schreiben Hanotaux' "Confidentiel"
"J'ai déjà eu l'occasion de dire, il y a une huitaine de jours, à M. Gosselin que nous étions disposés a reprendre avec l'Angleterre les pourparlers relatifs au Niger. Vous connaissez mon vif désir de voir régler dans un esprit de conciliation, et d'après les principes politiques d'un ordre supérieur, auxquels Lord Salisbury fait allusion, les questions pendantes avec l'Angleterre, Tunisie, Niger, Côte d'Or etc... "

133) GP XIII, 3457 (7. 4. 1897)
DDF, 11 - 372 (19. 2. 1895)
12 - 291 (31. 1. 1896), 294 (3. 2. 1896)

134) Fachoda, p. 114

135) DDF, 14 - 59, 65, 84
- Ganz allgemein scheint die Koordination zwischen den einzelnen verantwortlichen Stellen nicht immer gut funktioniert zu haben. Am 23. 12. 1893 etwa verlangt der Präsident Casimir-Perier von Ribot Auskünfte über den Kommandanten Mizon, der laut eines englischen Protestes seine Kompetenzen im Nigergebiet überschritten haben soll. Hanotaux antwortet für Ribot und gibt zu, daß der englische Protest wohl nicht unbegründet war: "Je ne suis pas sûr qu'il y ait eu toujours complète entente entre le commandant Mirzon et le sous-secretaire d'Etat aux colonies. L'un ne disait que ce qu'il voulait dire. Les autres comprenaient ce qu'ils voulaient comprendre. "
Aff. Etr. - Pap. Ribot IV, f. 137 ff. Casimir-Perier - Ribot f. 140 ff. Hanotaux - Casimir - Perier (26. 12. 1893)
cf. auch: Andrew, p. 36 - 39

136) BD I, 157 (30. 12. 1897)

137) BD I, 162 (20. 1. 1898)

138) DDF, 14 - 35 (1. 2. 1898)

139) Lebon, Politique de la France, p. 66

140) DDF, 14 - 80 (12. 3. 1898)

141) BD I, 182 (15. 6. 1898)

142) BD I, 163 (28. 1. 1898)

143) DDF, 14 - 61 (22. 2. 1898)

144) BD I, 164 (31. 1. 1898), 166 (19. 2. 1898)

145) DDF, 14 - 207 (1. 6. 1898)
- Hanotaux scheint sich nicht besonders stark für einen französischen Zugang zum schiffbaren Niger, was ursprünglich wirtschaftlichen Überlegungen entsprang, eingesetzt zu haben.

146) So erscheint die Schlußfolgerung Ganiages (L'Expansion coloniale de la France, p. 135 ff.) nicht völlig zutreffend zu sein, daß England die bedeutenderen und größeren Zugeständnisse gemacht habe. Die jeweiligen Zugeständnisse liegen auf ganz verschiedenen Ebenen.

147) BD I, 186 (4. 8. 1898)

148) DDF, 11 - 303, 319, 396, 429, 432
12 - 3, 142, 306, 373, 442
13 - 40, 100
14 - 236
besonders: DDF, 13 - 40 (11. 12. 1896), wo de Courcel in einem Schreiben an Hanotaux die englische Taktik sehr gut schildert.

149) DDF, 11 - 139 (11. 6. 1894), Anmerkung des Herausgebers

150) Fachoda, p. 89

151) Aff. Etr. - Pap. Han. I, f. 54
cf. supra p. 87

152) Bezeichnenderweise schreibt Hanotaux "Congo Belge" und nicht "Etat libre du Congo"!

153) Aff. Etr. - Pap. Han. II, f. 87/8

154) DDF, 11 - 194 (15. 7. 1894)

155) DDF, 11 - 303 (3. 12. 1894) Annotation Hanotaux'

156) DDF, 11 - Seite 520 (9. 1. 1895) Note 1

157) Keiner der Nachfolger Ferrys, beziehungsweise der Vorgänger Hanotaux' konnte zu den milieux coloniaux gerechnet werden. Im Gegensatz zu Hanotaux war auch keiner von ihnen aus der Diplomatenkarriere hervorgegangen. Beides unterscheidet ihn wesentlich von Flourens, Goblet, Spuller, Ribot, Develle und Casimir-Perier, die zum überwiegenden Teil eine politische Karriere als Abgeordnete gemacht hatten.

158) Allgemein zum Kongovertrag: DDF, 11 - 107 bis 222

159) DDF, 11 - 133

160) DDF, 11 - 138, 143, 169, 176

161) DDF, 11 - 127, 146, 155, 164, 171

162) DDF, 11 - 139
- In der Parlamentsdebatte, in der Hanotaux gegen den Vertrag protestierte, betonen auch die beiden Hauptredner des groupe colonial, Etienne und Deloncle, diese Oberhoheit des Sultans. Regierung und Kolonialkreise sind sich in ihrer Haltung gegenüber England also völlig einig.

163) DDF, 11 - 142 und GP VIII, 2049

164) DDF, 11 - 151 (17. 6. 1894)

165) DDF, 11 - 153 (17. 6. 1894)

166) DDF, 11 - 160

167) DDF, 11 - 217

168) DDF, 11 - 217, Anmerkung

169) DDF, 11 - 65 (7. 3. 1894), Monteil an Lebon

170) DDF, 11 - 191 (13. 7. 1894), Delcassé an Monteil

171) DDF, 11 - 191, Annexe des Herausgebers zu den Monteilinstruktionen

172) Allgemein hierzu: DDF, 11 - 234 bis 285; dazu auch A. J. P. Taylor, Prelude to Fachoda.
Zwischen dem Abschluß der französisch-belgischen Konvention am 14. 8. und dem Beginn der englisch-französischen Gespräche Anfang September liegt jedoch eine Zeitspanne, wo Hanotaux' Haltung in der Frage der französischen Expeditionstätigkeit nicht völlig zu klären ist. Monteil war entsandt worden, um gegenüber den Belgiern die französischen Ansprüche zu betonen. Als Belgien auf das umstrittene Gebiet offiziell verzichtet hatte, war Monteils Tätigkeit in diesen Regionen nicht mehr so dringlich, und er wurde am 22. 8. abberufen. Nach den im vorausgehenden Kapitel zitierten Instruktionen Hanotaux' an Monteil müßte diese Maßnahme durchaus im Sinne der Hanotaux' schen Politik gewesen sein. An dieser Stelle taucht aber ein Aktenstück auf, dessen Interpretation recht große Schwierigkeiten bereitet. Es handelt sich um ein Schreiben Haussmanns, des bereits erwähnten Beamten des Kolonialministeriums an Hanotaux vom 22. 8. 1894 (Aff. Etr. - Pap. Han. XXXII; nicht numeriertes Schreiben zwischen den Blättern 16 und 17 !) Haussmann schreibt hier: "Mais je veux tout d'abord vous parler de Monteil et des ordres donnés pour son retour, que vous semblez désavouer et regretter. " Er fährt fort mit der Bemerkung, Hanotoux sei in mündlichen Unterredungen mit der getroffenen Maßnahme einverstanden gewesen: "Sur ce qui touche le rappel de Monteil je vous en ai parlé une première fois avant même d'en causer avec

M. Delcassé. Vous m'avez encouragé à insister dans ce sens. Quelques jours après revenant sur cette question vous m'avez dit: 'il faut que Monteil rentre; les Anglais lui prêtent des projets d'expédition sur le Nil. Si nous le maintenons là-bas après avoir reglé le litige pendant avec l'Etat Indépendant, nous semblerions autoriser cette hypothèse.'" Im weiteren Verlauf des Schreibens meint er, es sei aussichtslos zu versuchen, vor den Engländern am Nil zu sein, sie verfügten über mehr Mittel und hätten einen zu großen Vorsprung. Er warnt: "Croyez-moi, ne poussez pas à une exagération de nos forces militaires dans l'Oubangui, ni à des démonstrations trop belliqueuses."

Die hier angenommene brüske Schwenkung Hanotaux' kommt für Haussmann offenbar ebenso überraschend wie für uns. So muß versucht werden, diese Episode zu erklären. Es fällt uns schwer, zu glauben, daß Hanotaux jetzt auf einmal die vorher abgelehnte Expedition an den Nil befürwortet haben soll, zumal er vor den lange gesuchten Gesprächen mit England stand und der englische Botschafter ihn erst am 29. 6. vor einem militärischen Vorstoß an den Nil gewarnt hatte. (DDF, 11 - 178) Die Mission hätte diese Gespräche nur kompromittieren können. Wir neigen zu der Ansicht, daß Haussmann, wenn es sich nicht gar um ein bloßes Mißverständnis handelt, - wir wissen nicht, wie er von der angeblichen Meinungsänderung Hanotaux' unterrichtet worden ist - eine Bemerkung Hanotaux' über- oder falsch interpretiert hat. Es ist durchaus möglich, daß Hanotaux allgemein bedauert hat, daß die französischen Mittel zu gering seien, daß es nicht möglich sei, den Engländern ebenbürtig zu begegnen. Hier kann angemerkt werden, daß am Tage zuvor, am 21. 8., Nisard in einem Schreiben an Hanotaux auf die "pénurie" der Franzosen im Wettstreit mit den Belgiern und Engländern hingewiesen hatte (Aff. Etr. - Pap. Han. XXVII, f. 35 f) - Haussmann kann daraus gefolgert haben, Hanotaux wünsche eine Verstärkung des französischen Engagements, während dieser aus eben demselben Grund weiterhin für die Abberufung Monteils plädierte. Der von Haussmann angenommene völlige Umschwung Hanotaux' erscheint uns, besonders im Lichte seiner Politik, wie sie sich vor und nach dieser Episode darstellt, als recht unwahrscheinlich.

Dieser Erklärungsversuch muß aber Hypothese bleiben, nachdem uns nicht genügend Quellen vorliegen, um die Frage wirklich definitiv zu klären.

173) DDF, 11 - 234 (5. 9. 1894); cf. auch supra p. 90
174) DDF, 11 - 237 (29. 9. 1894)
175) DDF, 11 - 240, 243, 245 (9./10. 10. 1894)
176) DDF, 11 - 260 (30. 10. 1894)

177) - DDF, 11 - 285 (17. 11. 1894) Note du Ministre (Hanotaux)
"Le Conseil a décidé, sur les observations de M. Delcassé et conformément aux indications que je lui ai fournies sur la marche des négociations relatives au Haut-Nil, que nous ne pouvons que laisser suspendues les négociations relatives à cette région, ainsi que le Cabinet de Londres lui-même le désire; mais que l'administration des Colonies devait prendre les précautions nécessaires pour que l'occupation par la France des régions dont il s'agit fût accomplie autant que possible avant la prise de possession par la mission Colville. M. Delcassé a dit que M. Liotard, parti le 25 octobre, pensait pouvoir être sur le Nil dans un an environ."
cf. Renouvin, Les Origines de l'expédition de Fachoda.

178) DDF, 11 - 415 bis 435; dazu Grey, Twenty-five years

179) DDF, 12 - 318 bis 384

180) DDF, 12 - 152, 153, 190, 192, 197, 210, 219, 312
- Zu beachten ist, daß Marchand nicht ganz aus eigener Initiative gehandelt hat, wie aus einem Schreiben des Kolonialministers Chautemps an Hanotaux hervorgeht:
"Je ne me dissimule pas, cependant l'importance qui s'attacherait, à divers points de vue, à l'extension plus large de notre sphère d'influence, en particulier dans la direction du Nil, et j'ai reçu à ce propos de M. le Capitaine Marchand, que j'avais chargé d'étudier la question, un intéressant rapport traçant tout un plan de mission."
DDF, 12 - 152 (21. 9. 1895)

181) DDF, 12 - 153, Note du Département (s. d.) Anmerk. 3

182) Dies kommt auch im Inhaltsverzeichnis der DDF zum Ausdruck. Band 11 trennt folgende Kapitel: III: Egypte et Proche Orient; IV Questions Extra-Européennes e) Congo, Haut-Nil. Band 12 dagegen faßt in Kapitel III zusammen: L'Egypte et le Haut-Nil

183) Fachoda, p. 89

184) vor allem: DDF, 14 - 236 (21. 6. 1898) - Text im Quellenanhang.
Dazu auch:
DDF, 13 - 61 (10. 1. 1897)
DDF, 13 - 360 (16. 11. 1897)

185) Aff. Etr. - Egypte NS 19, f. 31 ff. (Konzept)
Aff. Etr. - Pap. Han. X, f. 17 - 56 (Reinschrift mit Karte auf f. 56)
cf. auch: Aff. Etr. - Pap. Han. IX, f. 226 ff
Aff. Etr. - Afrique NS 15, f. 23 (Karte)

186) Beiliegende Karte (nach p. 104) soll die französischen Pläne verdeutlichen:

Anmerkungen zur Karte nach p. 104
1) Die geographischen Angaben sind aus einem modernen geographischen Atlas übernommen.
2) Die Grenzlinien wurden aus der dem "Projet de règlement" Beaucaires beigegebenen Karte übertragen.
3) Zu der Karte Beaucaires ist zu bemerken:
   Es handelt sich um eine von Hand gezeichnete Karte, die zahlreiche Ungenauigkeiten in ihren geographischen Angaben enthält, weswegen sie auch nicht im Original wiedergegeben worden ist:
   a) Der Djuba läuft in ihr parallel um 40 Längengrad, in Wirklichkeit liegt er weiter östlich, etwa parallel zu 42° 30'.
   b) Die Wasserscheide zwischen Schari und Bahr el Arab wird etwa beim 20. Längengrad angesetzt, liegt aber weiter östlich bei 21° 30'.
   c) Die Flußläufe sind zum Teil ungenau wiedergegeben, zum Teil nur gestrichelt, unbekannten Verlauf andeutend.
   d) Hieraus resultiert zum Teil Unbestimmbarkeit der geplanten Grenzen, besonders der Westgrenze des England zugesprochenen Teils des Sudan und der Grenze zwischen Uganda und Somalia.
   e) Wir sehen hier, daß die europäischen Politiker über Länder zu entscheiden hatten, die zum Teil noch völlig unbekannt waren und in jener Zeit erst langsam von Forschungsreisenden und Militärs erschlossen wurden.
4) Aus Punkt 1 - 3 folgt, daß die hier beigegebene Karte von beschränktem Wert ist und nur einen groben Überblick bieten kann, was im vorliegenden Falle aber ausreicht.
5) Zum Vergleich kann auch die Karte herangezogen werden, die sich ebenfalls im Archiv des Quai d'Orsay befindet:
   Band: Afrique - Questions Générales - Missions d'Exploration - Commandant Marchand III; NS 15, f. 23 Annexe à une Note pour le Ministre 10. 2. 1897
   - Sie weist dieselben geographischen Unstimmigkeiten auf.
   - Darüber hinaus sind die Grenzen Ägyptens gegenüber der Beaucairekarte verändert. Ägypten ist über seine alte Westgrenze weit nach Westen hin ausgedehnt, ebenso läuft die südliche Grenzlinie vom 5. Katerakt ab steiler nach Süden.

187) Aff. Etr. - Egypte NS 19, f. 32 (Beaucaire-projet)

188) DDF, 12 - 474 (14. 10. 1896)

189) DDF, 13 - 93 (9. 2. 1897)

190) DDF, 14 - 11 (13. 1. 1898)

191) DDF, 13 - 360 (16. 11. 1897)

192) Aff. Etr. - Egypte NS 19, ff. 80, 90, 123 (April/Juni 1897)

193) Aff. Etr. - Egypte NS 19, f. 66 ff. (Frühjahr 1897)
194) DDF, 13 - 360 (16. 11. 1897)
195) DDF, 11 - 392 (4. 3. 1895)
196) Aff. Etr. - Egypte 138, f. 395 ff. - 139, f. 9, 69, 161
197) DDF, 14 - 11 (13. 1. 1898)
198) Aff. Etr. - Pap. Han. XXV, f. 114
199) DDF 12 - 418 Hanotaux an Cambon (1. 7. 1896)
13 - 62 Hanotaux an Montebello (12. 1. 1897)
13 - 205 Hanotaux an Cambon (21. 4. 1897)
Aff. Etr. - Pap. Han. II, f. 15 - 20 (27. 6. 1896) Notiz
über die osmanische Frage
Aff. Etr. - Pap. Han. XIX, Correspondance Cambon, passim
200) Aff. Etr. - Pap. Han. XIX, f. 80 (12. 12. 1896)
Ähnlich drückt sich Hanotaux in einem zweiten Schreiben vom nächsten Tage aus, wo er resümiert: "Je préfère le statu quo amélioré."
Aff. Etr. - Pap. Han. XIX, f. 85 (13. 12. 1896)
201) Aff. Etr. - Egypte NS 17, passim
202) Aff. Etr. - Pap. Han. II, f. 168 f.
(Aufzeichnung Hanotaux', Conseil du 19. 4. 1897)
203) Aff. Etr. - Pap. Han. X, f. 57 ff.
(Notes diverses sur la Syrie; Feb. - Aug. 1897)
204) Aff. Etr. - Pap. Han. XI, f. 6^1 - 6^{11} (29. 8. 1896)
205) Aff. Etr. - Pap. Han. XI, f. 7 - 12; Note pour le Ministre
- Projet d'Arrangement avec la Russie au sujet du sort futur de la Syrie en cas de partage. (11. 8. 1897)
"On croit superflu d'insister ici sur les embarras et les dangers qui, dans la situation présente de l'Europe, s'attacheraient pour nous à l'acquisition de la Syrie ... M. Hanotaux y exprimait toutefois l'avis que si, par malheur, les événements rendaient inévitable un partage de l'Empire ottoman, aucun cabinet français ne pourrait faire admettre par l'opinion que nous dussions pratiquer la politique des mains nettes. Dominés par les événements, nous risquerions donc d'être acculés à des résolutions dont nous n'avions ni le temps ni le pouvoir de mesurer les conséquences, et force nous serait, sans doute, de prendre ou d'accepter notre part d'héritage, avec les charges plus ou moins périlleuses qu'elle comporterait. Le ministre trouvait dans ces prévisions une raison de plus de penser que nous devions nous attacher avant tout à maintenir le plus longtemps possible l'intégrité de l'Empire ottoman."

206) DDF, 13 - 343; Note du Ministre lue à Mohrenheim, 23. 10. 1897

207) Millerand sprach in der Kammer von einem "Dialogue de sourds" um die unterschiedliche politische Meinung des Ministers und seines Botschafters zu kennzeichnen. (23. 2. 1897) zit. nach: Cambon, Lettres à F. Faure, p. 6, Note

208) DDF, 13 - 343 (23. 10. 1897); Note du Ministre lue à Mohrenheim

209) P. Quillard et L. Margery, La Question d'Orient et la politique personnelle de G. Hanotaux, Paris 1897
Juliette Adam, Les Erreurs de M. Hanotaux, in: Nouvelle Revue, 15. 2. - 15. 3. - 1. 4. 1897

210) Aff. Etr. - Pap. Han. XIX, f. 90 ff. (11. 2. 1897);
- desgl. P. Cambon, Correspondance I, p. 410 (9. 7. 1896) an Hanotaux:
"Vous vous imaginez que nous pouvons agir sur le Sultan et lui faire comprendre la nécessité de réformer son Gouvernement. C'est une illusion."

211) P. Cambon, Lettres à F. Faure, p. 14

212) Aff. Etr. - Pap. Han. XIX, f. 66 ff (3. 12. 1896)

213) Aff. Etr. - Pap. Han. XIX, f. 81 (12. 12. 1896)

214) DDF, 11 - 122 (1. 6. 1894) und Kongovertrag

215) DDF, 13 - 343 (23. 10. 1897), Note du Ministre lue à Mohrenheim

216) Aff. Etr. - Pap. Han. XXVI, f. 91 ff. (20. 11. 1896); Entwurf eines Schreibens an Montebello.

217) DDF, 12 - 468 (3. 10. 1896)

218) cf. u. a. Anhang: Archives Boisdeffre - Moulin an de Boisdeffre (29. 12. 1895) Memorandum

219) DDF, 12 - 462 (30. 9. 1896)

220) DDF, 13 - 54 (30. 12. 1896), Note Hanotaux'

221) DDF, 13 - 50, 62, und p. 93 note 2

222) DDF, 13 - 193 (10. 4. 1897)

223) GP XI, 2731 (30. 4. 1896)

224) DDF, 11 - 344 (18. 1. 1895); 370 (13. 2. 1895)

225) DDF, 11 - 370 (13. 2. 1895)

226) DDF, 12 - 448 (30. 8. 1896)
Lozé berichtet über ein Gespräch Lobanows mit Goluchowski:
"Un des points qui nous intéressent parmi ceux qui ont été traités est la situation de l'Egypte et du canal de Suez. Le prince Lobanoff

estime que cette question est des plus graves et des plus intéressantes pour la Russie. "
cf. das schon erwähnte Memorandum Moulins im Anhang

227) DDF, 12 - 467 (2. 10. 1896) Gespräch mit Schischkin
472 (12. 10. 1896) Gespräch mit dem Zaren
474 (14. 10. 1896) Gespräch mit Schischkin

228) DDF, 13 - 4 (22. 10. 1896)
5 (24. 10. 1896)
6 (24. 10. 1896) an Cambon (bes. wichtig)

229) Giers, Memoiren II, 3 (1968) p. 389, 382

230) DDF, 13 - 21 (12. 11. 1896)
25 (21. 11. 1896)
28 (23. 11. 1896)
88 (2. 2. 1897)
Aff. Etr. - Pap. Han. XXVI, f. 91 f. (20. 11. 1896)

231) Giers, Memoiren II, 3 (1968), p. 390

232) Aff. Etr. - Pap. Han. XXVI, f. 100 ff (14. 12. 1896)

233) DDF, 13 - 87 (31. 1. 1897)

234) Aff. Etr. - Pap. Han. II, f. 78 ff. (26. 1. 1897)

235) Aff. Etr. - Pap. Han. II, f. 182 - 185

236) Ein Schreiben Hanotaux' an Vauvineux vom 10. 9. 1897 sagt ebenfalls, daß es bei der gemeinsamen Aktion in Abessinien in erster Linie darum geht, ein Bollwerk gegen die englisch-italienische Expansion zu schaffen.
DDF, 12 - 321

237) Aff. Etr. - Pap. Han. II, f. 129

238) Aff. Etr. - Pap. Han. II, f. 135

239) DDI, III, I - 285 ff. und passim

240) Zum einleitenden Überblick cf. vor allem:
DDF, 12 - 99 (Note du Ministre, 23. 7. 1895); p. 129, Note 3; dazu auch 121, 155

241) - de Clercq, Recueil, t. 15, Supplément 1713 - 1885, Paris 1888, p. 340
- Aff. Etr. - Ethiopie NS 18, f. 2 (Relations avec France I)
In dieser anonymen Note über den Vertrag von 1843 heißt es, daß es unter der Julimonarchie nicht üblich gewesen sei, Verträge mit "exotischen" Ländern zu ratifizieren, daß Menelik den Vertrag aber noch als gültig betrachte.

242) DDF, 12 - 474 (14. 10. 1896); dazu auch:
DDF, 13 - 16 (5. 11. 1896)
Zu Meneliks Bitte um Vermittlung:
DDI, I - 183 (1. 9. 1896) weiterhin: 179, 180, 187, 266, 270

243) In der Instruktion heißt es unter anderem: "Vous ne perdrez pas de vue, pour ce qui concerne l'intérieur, l'intérêt que nous avons à assoir notre influence pacifique an Abyssinie (...), et vous ne négligerez rien pour nous concilier des amitiés solides dans le pays."
DDF, 13 - 35 (30. 11. 1896)
Der Entwurf Lebons zu diesen Instruktionen vom 24. 11. (Aff. Etr. - Ethiopie NS 18, f. 65) enthält an der von uns durch eine Klammer angedeuteten Stelle den vielsagenden Einschub, der das Motiv der verfolgten Politik klar ausspricht: "en prévision d'événements importants sur le Haut-Nil et en Egypte." Dieser Satz findet sich ebenfalls noch in dem eigenhändig von Hanotaux korrigierten Konzept des Außenministeriums vom 30. 11. (Aff. Etr. - Ethiopie NS 18, f. 67) und ist erst in der zweiten Abschrift des an Lebon weitergeleiteten Schreibens gestrichen (Aff. Etr. - Ethiopie NS 18, f. 69 - 71).
Der Sinn der Instruktion wird durch die Streichung keineswegs berührt, lediglich die Zielsetzung wird nicht mehr klar ausgesprochen, zweifellos eine Vorsichtsmaßnahme, falls das Schreiben in falsche Hände geraten sollte.

244) Eine der abenteuerlichsten Gestalten, die hier als Beispiel kurz erwähnt werden soll, ist der Russe Leontieff, der an den überraschendsten Stellen auftaucht:
Ende 1896 macht er dem französischen Geschäftsträger in Petersburg, Vauvineux, Eröffnungen über einen eventuellen gemeinsamen Vorstoß der Franzosen und Abessinier an den Nil. (DDF, 13 - 44) Kurz darauf warnt der russische Botschafter in Paris, Leontieff sei eine äußerst suspekte Figur (DDF, 13 - 66). Etwas später kommt eine Meldung aus Djibuti, derzufolge Leontieff dem Negus und dem Sultan von Raheita russische Hilfe beim Bau eines Hafens in Raheita angeboten habe (DDF, 13 - 128), zur gleichen Zeit meldet Lagarde, Leontieff solle Briefe des belgischen Königs und des Zaren an Menelik überbringen (Aff. Etr. - Ethiopie NS 18, f. 148). Sechs Monate danach erscheint er in der Begleitung des Prinzen Henri d'Orléans bei einem Besuch beim Khediven. Der Prinz plante eine eigene Expedition in Abessinien, Leontieff selbst war zu diesem Zeitpunkt Gouverneur der abessinischen Äquatorialprovinz und auf dem Wege nach Konstantinopel (DDF, 13 - 291). Im Frühjahr 1898 schließlich berichtet der Pariser Bankier Nicolas Notovitch, Leontieff plane die Gründung einer Handelsgesellschaft in Abessinien mit englischem Kapital (DDF, 14 - 190), einen Monat später wird berichtet, er gründe jetzt eine Gesellschaft mit belgischen Geldern

(DDF, 14 - 229)
Zu bemerken bleibt, daß dieser Leontieff keineswegs eine Einzelerscheinung war, wenn er seine Intrigen vielleicht auch auf etwas höherer Ebene als die Masse seinesgleichen betrieb.

245) So beschwert sich Bonvalot, der eine französische Expedition durch Abessinien an den Nil leitete, über mangelnde Hilfe Lagardes "qui regarde plus ses propres intérêts que ceux de la France."
DDF, 13 - 281 (24. 7. 1897)

246) DDF, 13 - 126, 133, 291
14 - 32

247) DDF, 14 - 190, 200, 204, 229

248) DDF, 13 - 76 (März 1895/Februar 1896); Menelik an Faure

249) Die Vorkehrungen gegen eine überraschende Initiative des russischen Verbündeten waren nicht unwichtig, haben wir doch anläßlich der Affäre des russischen Hafens im Roten Meer gesehen, daß die Russen ihren französischen Partner keineswegs immer auf dem Laufenden hielten; darüber hinaus wissen wir, daß der italienische Botschafter in Petersburg, Maffei, am 1. 9. 1896 nach Rom gemeldet hatte:
"Il Negus dichiarerebbe essere in altre disposto accettare il protettorato della Russia."
DDI, I, 183

250) DDF, 13 - 44 (15. 12. 1896)

251) DDF, 14 - 70 (2. 3. 1898)

252) DDF, 14 - 216 (11. 6. 1898)

253) DDF, 13 - 137 (5. 3. 1897)

254) DDF, 13 - 149 (14. 3. 1897)

255) DDF, 13 - 159 (20. 3. 1897)

256) Aff. Etr. - Afrique, Questions Générales, NS 15, f. 210
(10. 2. 1898)

257) DDF, 14 - 55 (17. 2. 1898)

258) DDF, 13 - 281 (24. 7. 1897)

259) DDF, 12 - ab 368
13 - passim
DDI, I, II - passim

260) Die Verhandlungen um den Tunisvertrag sind hier nicht zu behandeln. Eine Episode kann aber erwähnt werden, die zeigt, daß Hanotaux mehr Bereitschaft zu handelspolitischen Zugeständnissen zeigte, als seine Kabinettskollegen. Die Italiener strebten von vornherein die

Kombination des Tunisabkommens mit einem Handelsvertrag an.
Die französische Seite lehnte dies gemäß der protektionistischen
Politik Mélines entschieden ab. Nun zeigt uns eine Aufzeichnung
Hanotaux' (DDF, 12 - 412, (24. 6. 1896)), daß er sich in dieser Frage
persönlich wohl zuvorkommender gezeigt hätte, daß aber das französische Kabinett bei seiner starren Haltung blieb. Diese Konzessionsbereitschaft Hanotaux' in handelspolitischen Fragen, die seiner allgemeinen Haltung entspricht, sind wir schon bei den Nigerverhandlungen begegnet.

261) DDF, 11 - 321, 344, 359 - dazu passim: Berichte Billots

262) DDF, 12 - 404, 405, 408

263) DDI, I - 285 bis 362 (November 1896 - Februar 1897)

264) DDI, II - 90 (9. 6. 1897)

265) DDF, 13 - 255 (16. 6. 1897)

266) DDF, 13 - 363 (20. 11. 1897)

267) DDI, II - 343, 345, 356, 377 (Januar/Februar 1898)

268) GP VIII, 2049 (13. 6. 1894), Aufzeichnung Marschalls

269) Aff. Etr. - Pap. Han. XXIII, f. 178 (13. 6. 1894)

270) DDF, 11 - 152 (17. 6. 1894)

271) DDF, 11 - 151 (17. 6. 1894) Hanotaux an Herbette
153 (7. 6. 1894) Herbette an Hanotaux

272) DDF, 11 - 154 (17. 6. 1894)

273) Wir haben im Kapitel über die Nigeraffäre gesehen, daß Hanotaux
seine Togoverhandlungen mit Deutschland als "mouvement tournant", d. h. als taktisches Manöver in seinen Gesprächen mit England interpretiert hat. Dies mag in gewissem Sinne stimmen, da
auffällt, daß er gerade in diesem Moment auf frühere deutsche Anregungen zu Verhandlungen zurückkommt. Hanotaux erreichte damit
zweierlei: Einmal verbesserte er seine Beziehungen zu Deutschland,
zum anderen zwang er England, welches ein engeres deutschfranzösisches Zusammengehen fürchtete, wieder an den Verhandlungstisch. Die beiden Motive, die ihn zu diesen Verhandlungen um
Togo führten, schließen sich keinesfalls aus.

274) DDF, 12 - 386 (13. 5. 1896)

275) Aff. Etr. - Egypte NS 27, f. 132; Note demandée par le Ministre:
Affaires d'Egypte (30. 9. 1896)

276) DDF, 12 - 442 (13. 8. 1896)
"Il disait il y a peu de jours, non pas à moi, mais à un intermédiare de confiance qui me l'a répété, que l'Allemagne, directement

sondée à ce sujet par la Russie il y a quelches mois, avait péremptoirement refusé de s'engager sur la question de l'Egypte. "

277) GP XI, 2739, 2744, 2840

278) DDF, 12 - 435 (31. 7. 1896)

279) DDF, 13 - 106 (13. 2. 1897)

280) GP XI, 2837 (22. 6. 1896)

281) GP XI, 2838 (23. 6. 1896)

282) GP XI, 2841 (21. 8. 1896)

283) GP XI, 2842 (19. 9. 1896)

284) GP XI, 2843 (3. 12. 1896)

285) DDF, 12 - 469 (8. 10. 1896)

286) Aff. Etr. - Pap. Han. XXIII, f. 155 ff. Briefe Hansens an Hanotaux
Diese Briefe zeigen, daß Hansen gelegentlich tatsächlich als Mittelsmann Hanotaux' tätig war und mit vertraulichen Missionen beauftragt wurde. Allein die recht vertrauliche Anrede "mon cher Hanotaux" ist beachtenswert.

287) GP XI, 2844 (8. 12. 1896)

288) DDF, 13 - 343 (23. 10. 1897)

289) DDF, 14 - 223 (14. 6. 1898)

290) GP XIV, 3813 (18. 6. 1898)

291) DDF, 14 - 228 (18. 6. 1898); 232 (19. 6. 1898)

292) GP XIV, 3814 (19. 6. 1898)

293) Aff. Etr. - Pap. Han. XI, f. 150 ff

294) DDF, 14 - 245 (30. 6. 1898);
cf. auch: Aff. Etr. - Pap. Han. XI, f. 151 ff (19. 6. 1898)

295) F. Faure, Fachoda 1898
Wir müssen uns in diesem Zusammenhang mit einer Aufzeichnung Felix Faures vom Dezember 1898 auseinandersetzen. Er behauptet dort, Hanotaux' Vorwürfe an Delcassé seien völlig unbegründet, da auch er, Hanotaux, nicht auf die deutsche Initiative hätte eingehen wollen. Diese Behauptung können wir nicht unwidersprochen lassen und müssen sie widerlegen, wenn wir die im vorausgehenden vorgebrachte Darstellung der Hanotaux' schen Politik aufrechterhalten wollen, zumal sich Andrew auf diese Aufzeichnung Faures stützt, um Delcassé gegen Hanotaux zu verteidigen, indem er auf "Hanotaux's unwillingnes to come to an agreement with Germany" hin-

weist. (Andrew, p. 96) Faure beruft sich auf ein Gespräch mit Hanotaux vom 15. Juni 1898. Hanotaux habe berichtet, er hätte in einer Unterredung mit Münster die deutsche Zumutung zurückgewiesen, ein gemeinsames deutsch-französisches Ultimatum an England zu richten. Stattdessen hätte er eine diskretere Aktion befürwortet: (Faure, Fachoda 1898, p. 31 - 32) "Nous aurons donc dans la circonstance une action parallèle à celle de l'Allemagne si nous n'avons pas une action concertée mais nous agissons dans le même sens." Hanotaux habe sich gerühmt "qu'il avait ainsi sauvé la France du piège que lui tendait l'Allemagne en nous pressant encore de mettre notre signature au pied d'un même acte, ce que le Pays ne comprendrait pas." Abgesehen von der Tatsache, daß Faure dieses Gespräch auf den 15. Juni ansetzt, während die Initiative Münsters erst vom 19. Juni datiert, was die Glaubwürdigkeit des Berichts nicht gerade erhöht, sind verschiedene Bemerkungen zu machen. Zunächst ist anzuführen, daß Faure einerseits Hanotaux keinerlei persönliche Sympathien entgegenbrachte, daß er andererseits ein entschiedener Gegner verschiedener Aspekte der Politik Hanotaux' war. (Faure, Le Ministère L. Bourgeois, p. 16) Er trifft sich insbesondere mit Paul Cambon in der Ablehnung der Hanotaux'schen Haltung gegenüber dem osmanischen Reich, (P. Cambon, Lettres à F. Faure, passim) und lehnt überdies die Politik der kolonialen Expansion ab. (Faure, Fachoda 1898, p. 34) Hinzu kommt als weiterer Punkt, daß der Note Faures eine ganz bestimmte politische Absicht zugrunde liegt. Er will nachweisen, daß die Außenpolitik eigentlich vom Präsidenten der Republik geleitet werden solle. Er betont u. a. ganz stark die Rolle, die er bei der Entscheidung Delcassés für die Aufgabe Faschodas gespielt hat und folgert: (Faure, Fachoda 1898, p. 33) "Tout concourt d'ailleurs à prouver la nécessité de l'extension des Pouvoirs du Président." (cf.: Cambon, Lettres à Faure, p. 204) Hanotaux aber hatte sich ganz gewiß einer Einschränkung der Befugnisse des Außenministers energisch widersetzt, es sei nur an die Episode des Rücktritts Casimir-Periers erinnert. Vor allem aber ist zu betonen, daß Faure ganz offensichtlich Hanotaux' Politik nicht begriffen hat. Die von Faure wiedergegebenen Äußerungen Hanotaux' widersprechen ja gerade nicht der oben herausgearbeiteten Grundkonzeption der Hanotaux'schen Politik. Wenn er es ablehnt, ein Ultimatum, womöglich schriftlich, zusammen mit Deutschland in einer identischen Note, an England zu richten, so befürwortete er ja ausdrücklich eine "action parallèle" mit Deutschland. Ihm ging es darum, zu wissen, daß Deutschland, wie Frankreich, die englischen Pläne ablehnte, daß auch Deutschland gegen sie protestieren würde. Diese gemeinsame Grundhaltung konnte gewisse Absprachen in Bezug auf die einzuleitenden Aktionen möglich machen. Dazu war es gar nicht nötig, eine direkte, ganz manifeste Frontstellung zusammen mit Deutschland gegen England, wie es ein Ultimatum dargestellt hätte, zu schaffen. Dies würde

Hanotaux der französischen Öffentlichkeit nicht zugemutet haben, zumal ihm durch ein derartiges Vorgehen auch der Spielraum für die Verhandlungen und Beziehungen mit England allzusehr und unnötig eingeschränkt worden wäre. Aus der Ablehnung eines formellen Ultimatums zu folgern, wie dies Faure und mit ihm Andrew tun, Hanotaux habe die deutschen Anregungen einfach unter den Tisch fallen lassen wollen und in keiner Weise auf sie zu reagieren, wie es Delcassé später getan hat, beweist unserer Meinung nach eine deutliche Unkenntnis der Hanotaux'schen politischen Grundlinie. Es soll allerdings zugestanden sein, daß Hanotaux' Äußerungen gegenüber Faure von Juni 1898 und vom November desselben Jahres in ihrem Tenor wohl erkennbare Unterschiede aufweisen. Seine bekannte Eitelkeit, seine von ihm selbst zugegebene Neigung zu schwatzen (bavarder) haben ihn gewiß dazu verführt, seine Geschicklichkeit bei der Beantwortung der deutschen Anfrage zu sehr zu betonen, zu behaupten, die deutsche "Falle" erkannt und vermieden zu haben. Andererseits betonte er nach dem Faschodadebakel natürlich ganz besonders stark, daß er, Hanotaux, im Gegensatz zu Delcassé die Absicht gehabt hätte, die deutsche Fühlungsnahme aufzunehmen. Die gleiche Haltung und Entscheidung wird einmal unter-, einmal überbetont, wodurch Faure auf einen nicht vorhandenen Widerspruch geschlossen hat. Angesichts dieser hier angeführten Beobachtungen können wir behaupten, daß die Faurenote nicht geeignet ist, unser aus den obengenannten besseren Quellen gewonnenes Urteil umzustoßen.

296) Fachoda, p. 107

297) Während des Siamkonfliktes schreibt er an de Courcel:
"Il nous est impossible de nous contenter de négocier pendant que les Anglais affermissent ainsi leur situation dans cette région. J'examine avec le Ministre des Colonies s'il n'y a pas lieu de faire occuper militairement notre extrême frontière."
DDF, 12 - 22 (22. 5. 1895)

298) Mangin, p. 247

299) DDF, 11 - 404 (12. 3. 1895); Note (2)
"Du jour où l'Angleterre manifestait des dispositions à vouloir rester en Egypte, notre devoir était de pénétrer tout droit dans le centre africain et d'y lier notre action la plus vigoureuse à notre protestation continue et persévérante contre l'occupation anglaise de la Haute et Basse-Egypte ... Aujourd'hui que nous nous sommes ouvert un accès vers le Haut-Nil ... nous sommes en bonne posture pour prendre à revers certaine position de nos rivaux et fournir ainsi à notre diplomatie des éléments nouveaux pour la négociation que je considère ... comme indispensable dans un bref délai en vue d'aboutir enfin à l'évacuation tant promise des territoires du Khedive ... Aujourd'hui le rêve anglais de posséder le Haut-Nil et le Soudan égyptien est, je crois, à jamais troublé ..."

300) DDF, 12 - 192; Note du Capitaine Marchand

301) Wir lassen dahingestellt, ob Marchand voll hinter den in seiner Note ausgedrückten Gedanken stand, ober ob auch er weitergehende Ziele verfolgte und sich nur Hanotaux gegenüber, dessen Haltung bekannt war, vorsichtig ausdrückte, um die notwendige Zustimmung zu erlangen.

302) DDF, 14 - 4 (8. 1. 1898)

303) Aff. Etr. - Pap. Han. XXIV, f. 139 ff.

304) Fachoda, p. 109

305) Aff. Etr. - Pap. Han. XI, f. 176

306) Fachoda, p. 136 ff.

307) Aff. Etr. - Pap. Han. XVII, f. 118 ff.

308) Über die Ablösung de Courcels wurde seit längerer Zeit gesprochen und er war nur auf besondere Bitte Hanotaux' im Amt geblieben.

309) Ein Schreiben des französischen Vize-konsuls in Manchester zeigt uns, daß diese Differenzen bekannt waren. Surrel zitiert einen Artikel des Manchester Guardian, worin gefragt wird, ob Marchand überhaupt die Billigung Hanotaux' habe. Es sei ja schon geschehen, daß Offiziere im Auftrage des Kolonialministeriums vom Außenministerium desavouiert worden seien.
DDF, 14 - 3 (7. 1. 1898)

310) Mangin, p. 277

311) Aff. Etr. - Egypte 139, f. 73 f. (12. 4. 1895)

312) Aff. Etr. - Afrique NS 15, f. 201 (18. 1. 1898)

313) Delcassé versuchte im Dezember 1898 durch Vermittlung Huhns und Hansens in Kontakt mit Bülow zu treten und während des Burenkrieges hat er sich intensiv um eine russisch-deutsch-französische Intervention bemüht mit dem Ziel, die Ägyptenfrage neu aufzurollen. Erst als Bülow mit der Forderung des endgültigen französischen Verzichts auf Elsaß-Lothringen diese Versuche zum Scheitern gebracht hatte, hat Delcassé sich zur Ententepolitik mit England entschieden.
Andrew, p. 46 ff, p. 112 ff, p. 158 ff, p. 173 ff

314) Andrew, p. 96 - 98

315) Monts, p. 355 (10. 7. 1898)

316) Renouvin, La Politique extérieure, p. 284

317) Die Haltung der europäischen Mächte zur Ägyptenfrage verdiente in einer eingehenden Darstellung untersucht zu werden.

318) DDF, 11 - 290 (22. 11. 1894)

319) de Courcel, France et Angleterre, p. 56 (23. 8. 1895)

320) Aff. Etr. - Pap. Han. XX, f. 118 (bis) (20. 3. 1897)

321) DDF, 11 - 416 (29. 3. 1895)

322) DDF, 12 - 28 (23. 5. 1895)

323) Aff. Etr. - Grande Bretagne NS 11, f. 117 ff. (9. 2. 1898)

324) Aff. Etr. - Grande Bretagne NS 11, f. 132 ff. (12. 3. 1898)

325) Despagnet, p. 706

326) BD I, 188 (8. 9. 1898)

327) Grey I, p. 40

328) cf. auch: Renouvin, <u>Les Origines de l'expédition de Fachoda</u> p. 183

329) In "Fachoda" schreibt er auf p. 78 zur Abberufung Monteils:
"Pour la seconde fois, un projet de mission, décidé par le gouvernement avec le concours du parlement et à une époque encore opportune, avortait."

330) <u>Jules Méline</u>, in: <u>Revue des Deux Mondes</u> XXXI (1926), p. 450

331) Hist. Nat. Frç V, p. 636 f.

332) Hist. Nat. Frç V, p. 639/640

333) Aff. Etr., Grande Bretagne NS 11, f. 132 (12. 3. 1898)

334) Hist. Nat. Frç V, p. 636

335) Hist. Nat. Frç V, p. 637

336) Fachoda, p. 104

337) Lebon, <u>La Mission Marchand et le Cabinet Méline</u>, in: <u>Revue des Deux Mondes</u> CLVIII (1900), p. 274 - 296
Auf p. 275 heißt es am 24. 2. 1896 seien die Instruktionen für Marchand auf Drängen Berthelots hinausgegangen:
"Pour lever ces multiples objections, il ne fallut rien moins que l'extrême insistance du ministre des Affaires étrangères; il cherchait sans doute de ce côté un commencement de réparation aux déboires qu'il avait éprouvés en ne réussissant pas à empêcher les préparatifs de l'expédition de Dongola."
Weiter hinten, auf p. 280, heißt es dann aber:
"Le cabinet Méline n'avait aucune raison de condamner et de répudier l'initiative de ses prédécesseurs."
Und auf p. 289 nennt Lebon die Marchandmission:

"suprême étape d'une politique suivie sans désemparer dans les dernièrs années."

338) cf. hierzu u. a.:
Holstein III, p. 533 f. (9. 3. 1896), Münster an Holstein
DDI, I, 22 (18. 3. 1896), Tornielli an Caetani
DDF, 12 - 306 (19. 2. 1896), de Courcel an Berthelot
DDF, 12 - 320 (13. 3. 1896), de Courcel an Berthelot
Aff. Etr. - Egypte 142, f. 210 ff, (1. 3. 1896), Note pour le Ministre

339) DDF, 12 - 320 (13. 3. 1896), de Courcel an Berthelot

340) F. Faure, Le Ministère L. Bourgeois, p. 24 ff. (15. 3. 1896) de Courcel an Faure

341) Aff. Etr. - Pap. Han. XXVI, f. 53 (3. 5. 1896), Montebello an Hanotaux
- Die Äußerung eines anonymen Autors, der zweifellos nicht zu Hanotaux' Freunden zu zählen ist, bestätigt unsere Feststellungen:
"The little mistakes (purposely exaggerated) made by M. Berthelot, Ministre of Foreign Affairs in the Bourgeois Cabinet (November 1st 1895 - March 8th 1896) only served to give greater authority to the voice of M. Hanotaux."
Fortnigthly Review, t. LXIII (1898), p. 179
G. Hanotaux

342) A. Poizat, G. Hanotaux et l'évolution de sa pensée religieuse in: Correspondant t. 1 (15. 11. 1935), p. 257 - 261
hier: p. 258

342a) cf. Text im Dokumentenanhang pp. 148 - 150

343) cf. supra p. 66

344) Die Tatsache, daß Hanotaux an anderer Stelle frühzeitig auf die Bedeutung Amerikas hingewiesen hat, ist ein weiteres Zeichen dafür, daß hier der Historiker der europäischen Geschichte, der Frankreich in das Zentrum der Welt stellt, über den nüchterner denkenden Politiker obsiegt.

345) Aff. Etr. - Pap. Han. I, f. 31 - 32, Journal
Der Ton dieser Aufzeichnung läßt auch bereits eine nicht gerade englandfreundliche Einstellung bei Hanotaux erkennen.

346) Aff. Etr. - Pap. Han. XXXI, f. 76 ff
(März bis Mai 1898)